海外中国研究文库

[美] 齐锡生 / 著
杨云若 萧延中 / 译

中国的
军阀政治

1916—1928

WARLORD POLITICS
IN CHINA 1916–1928

中国人民大学出版社
·北京·

译者序
中国军阀与政治文化
——一个解读中国近代历史的政治学路径

《中国的军阀政治（1916—1928）》是美国北卡罗来纳大学政治系齐锡生教授于1976年完成的一部学术专著。在我们看来，这部专著是中国近代军阀史研究领域里的一家之言，因为直到目前为止，在这一领域内还没有形成一种为大多数学者共同接受的统一见解。当然，这在人文学科范围内是再自然、再正常不过的现象了。在这个意义上讲，所谓"一家之言"实际上就与"具有特色"几乎成了同义语。我们的任务不是对这部自成体系的著作进行全面的学术评价，而仅仅想就给我们印象较深的几个主要论点，向读者作一简要介绍。

一

任何一项专题研究都有其明确的对象，军阀史研究当然也不例外。因此，首先在学理上对"军阀"作一界定，就是十分必要的了。

"军阀"一词基本上是一个现代汉语词汇。据陈志让先生考证，它大概最早见于梁启超的著述之中，当时使用的是"部落"一词，胡适在20世纪20年代初直接使用了"军阀"一词，后来在中国国民党和中国共产党的文献中也沿袭了这一提法。目前，关于"军阀"的一般诠释，是指拥兵自重，割据一方，并以军队控制政权，自成派系的军人或军人集团。[①] 这一解释大体上是正确的，但仍有失之笼统之嫌。站在政治学的视角上，齐锡生教授认为，"军阀"不仅是一个概念，而且是一种体制或体系。它可以指某个持有兵权的独立政治角色（militarists）；也可以指一个制造战争的罪魁

[①] 《辞海》，372页，上海，上海辞书出版社，1980。

（warlord）。前者是中性词，"只是在某种体系中行使权力的角色"，而后者则带有贬义，它"表示中国现代史的一个时期"。作者如此地区分"军阀"概念，其用意是试图解释本书的研究方法。因为，对逐个军阀人物进行考察的研究角度，固然也可以称作"军阀史"，但关于军阀的历史研究不能只是单个军阀行为与观念的简单相加，而应当是对中国近代一段历史时期的概括。这样，所谓政治学视角的"军阀史"，本质上就不仅仅是军事史，而是包括军事、政治、经济、思想，甚至社会心理等因素在内的全方位的社会透视。显然，这样的一种考察视角，只能采取系统分析的方法，个别军阀的个案研究将成为系统历史分析不可缺少的条件、要素和基础，但这不能取代最终的整体分析。为此，齐锡生教授强调指出："要了解中国这个'国家的'政治，军阀之间的相互关系的范式比他们内部统治的特殊方面显得更为重要。任何政治制度都不是不偏不倚的，政治角色常常是根据自己的意志指导自己的政治行为，而他们的行为常常是受超出他们控制的某种制度的约束。""专门集中研究军阀个人或政府的危险倾向之一，会使研究者太深地陷于琐事之中，对于中国政治产生一系列杂乱且支离破碎的感觉。"

基于这一认识，作者又引出了"军阀主义"（militarism）的概念，并沿用了C.M.威尔伯关于"军阀主义"是"一种有组织的政治体系，其中武力通常是权力分配和制定政策的决定因素"的定义。这样，军阀政治统治时期的社会关系，以及由这种关系所形成的政治系统，就成为作者主要关注的对象了。换言之，对个别具体的军阀的政治行为进行描述，并不是（或并不仅仅是）本书的研究要旨，而是通过"角色"的分类，然后加以系统分析的方式，从而凸显历史描述与政治分析的最佳结合点。用作者自己的话说就是，本书的研究路径是"避免对角色作出评价"，而重点在于对体制进行分析。

通观全书的总体结构，应当说作者基本上实现了这一意图。第一章作者提出了自己的方法论框架，论证其理论体系的依据；第二章从历史实证的角度，简单叙述了中国军阀派系的起源；第三章至第七章从关系、兵源、训练、武器及其经济等诸多侧面，对中国军阀政治系统的各项要素作出了较详细的分类研究；第八章则在上述各章的基础之上，简要概括出军阀政治行为的基本准则；最后，在第九章中，作者又运用国际政治理论的"权力均势"范式，试图从中进一步抽象出中国军阀政治发展的一般性历史模式。很显然，作者对全书的这种总体安排是经过深思熟虑的，它已初步构成了别具一格的分析框架和认识格局。正如美国政治学者 G. 吉勒卡 (Donald G. Gillcia) 评价的那样："这是一本特别有价值的书，该书引用了几乎所有的中文和英文的第二手资料，同时也引用了大量的第一手资料，对1916—1928年间的中国军阀时期的政治，进行了动态的、有根据的、有思想的，并引人入胜的探讨。"① 当然，如前所述，本书概括方式的合理性并不都为学者们所认可，例如加拿大籍华裔著名历史学家陈志让教授，就曾间接地对本书的方法论框架给予了批评，认为"以1916年袁世凯死后和1928年蒋介石执政之间为军阀的统治时期，这样的分期不能说明中国近代军—绅政权的形成，也不能解释它的衰落"，"最不适当的是……把中国的分崩离析看成一个国际体系"②。

综上所述，本书作为"一家之言"，无疑是透视中国近代军阀政治的一本非常重要的研究成果。

二

任何一个社会团体或集体组织的形成，都需要某种外部刺激条件和内部凝聚向心力，整体和部分之间的联系要靠某种共同接受的力量相互牵引，利益、价值和组织被整合为一个整体，从而维系着这一系统的运转。众所周知，清末民初，延续数千年的中国政治制度突然解体，作为权威象征的王权体制遭到了空前的怀疑和冲击，在更深刻的层面上，被学者称为"东方符号系统"的"宇宙论王权"开始动摇，意义危机随之而起。③ 中国陷入了一种制度断裂、价值混乱和意义迷惘的多重困惑之中。无独有偶，中国军阀主义的兴起，恰恰处于这一特殊的历史情境之中。换言之，

---

① 见《亚洲研究》，第36卷，第3号（1977年5月）。
② 陈志让：《军绅政权》，6～8页，北京，三联书店，1980。
③ 关于"东方符号系统"和中国的"宇宙论王权"的具体解说，参阅张灏：《危机中的中国知识分子——寻求秩序与意义》，7～10页，太原，山西人民出版社，1988。

"旧有的"已不完全起作用了，而"崭新的"又无从谈起。军阀主义的兴起正处于这一历史阶段的"盲点"之上，同时也是这一历史"盲点"的必然结果。那么，随之而来的问题就是：如果说，"传统断裂"和"制度失范"是军阀派系得以产生的外部条件，那么，维系其系统关系的内部向心力又是什么呢？

与作者着重分析"军阀之间的相互关系的范式"的意愿相同，我们认为，本书第三章"军阀派系的构成"最有特色，也最引人入胜。作者在分析这些关系时，把它们划分为"个人关系的结合""自身利益的考虑""意识形态上的联系"三个层面，最后再进一步作出综合性考察。作者的研究视角在这里明显地侧重于政治文化层面，从一些细微、琐碎的史实中抽象和提炼出若干发人深思的理论原则，可以说是颇具匠心。作者承认，"在中国传统的社会观念中，家庭是社会的主要基石。它是人们相互交往的基本社会单位，也规定了每个人在这个社会中的权利和义务，每个人在道义上要尽最大的能力去照顾自己的子孙或亲戚"，"血亲原则"是中国传统社会的重要特征。但作者并没有满足于这样的一般性描述。作者指出军阀派系行为的实际运作要比这复杂得多。出于利益整合的需要，表面上的权力分配和人事安排可能违背血亲政治原理，但实际上这样的安排却又恰恰是这一原理隐蔽表现形式。例如，常有某个大军阀宁可让其家庭成员"闲着"，而把重要的职务交给有才能的人去干。显然，这并不符合中国传统政治文化之"情理"。作者指出，对这些现象应做进一步考察，要对当时军阀所面临的具体政治情境进行分析。"当政治作为一种有限制的，并具有解雇和危险性的职业时"，在多数情况下，军阀首领就可以给其亲属较次要的位置，但同时却要保证他们具有良好的荣誉和经济待遇。这样，其亲属就可以既不冒风险，又可以不负责任，但却可以获得高于其他非亲属部下的享乐权利。"但是，当政治活动具有战略意义时，也就是说，当一个人的政治前途不再取决于明确的制度上的标准，而是取决于人们在失去行动准则且充满敌意的环境中的生存能力时，家庭和家族才像最团结的社会集团那样，发挥巨大的政治作用。"这就是说，"家庭主义"社会模式固然是影响政治状态的重要因素，但在具体的运用中仍有一些值得深究的"道理"。正是这些明显具有"实用"功能的要素，构成了军阀政治的

"骨髓"。

作者的精到之处还不限于此。他还认为，家族主义的复活是中国政治失态的表征之一。特别是废除"科举制"和"回避制"（避亲）之后，在家族主义得不到制度约束的前提下，血缘体系立即就会肆无忌惮，变本加厉，空前泛滥，从而严重侵害社会有机体。这样，对中国古代政治制度本身的规则及其潜规则之社会整合功能作出概括，就显得十分必要了。诚如作者指出的，中国传统政治系统是一个"血亲""利益""观念"三个要素所构成的有机体，把握它们之间的均衡运动将成为分析军阀之间相互关系的关键。所以用单纯的"家庭类推法"（the family analogy）去概括军阀之间的政治关系，往往会以偏赅全。"例如，'大元老'这一名词（长者，老前辈，通常是指家族组织中的长者）也曾用来称呼某些军人。在军阀派系中，依据年龄和在北洋军队中的资历，可以把某些人看成老前辈，他们由此得到声望，但不一定同时拥有权力。在社会上他们得到适当的尊敬，但是如果手中没有军队，他们在政治上就极少或根本没有权威。在政治斗争中，'有枪才有权'，而不是凭资历，这与家族中的'大元老'的作用很不相同。家族中的'大元老'既有声望又有权力。"把荣誉与权力区分开来，并构成二者的制约和均衡，在某种意义上甚至已成为中国政治游戏的重要规则。如果说所谓"调虎离山""明升暗降""厚礼释权"实际上是自先秦法家就运用自如的韬晦策略，那么，在现代军阀手中，这些伎俩就已上升到内部关系的战略层次上了，阴谋与投机已成为其政治生活的基本准则。我们认为这些评论是有说服力的。

最后，作者根据自己的分类法，将军阀的内部关系大致划分为三大类十二种形式，第一类离血缘关系最近，第三类则离血缘关系最远，依次排列如下：

第一类：1. 父—子；2. 兄—弟；

第二类：3. 师—生；4. 恩人—被保护人；5. 家族亲人；6. 姻亲；7. 结义兄弟；

第三类：8. 直接的上下级；9. 同乡或同县；10. 同事；11. 来自同省；12. 同学。

作者根据"皖系""直系""奉系"师以上干部的档案资料，对三大军阀集团的内部人际关系进行了详细的分类，概括出了三种具体的政治关系模型。从作者所给出的示意图来看，从关系的复杂程度讲，"直系"最为复杂，"皖系"其次，而"奉系"最为简单。而在战争的实践中，越是简单的内部关系，其专制程度就越高，相对而言其军事效率也就越强。正如作者所说："懂得了这些道理，我们就可以更多地了解中国派系政治中个人的属性。一支队伍的特性应该归于其领导人的属性，政治效忠的焦点是首领，而不是政治观念或制度。"这无疑一语道破了传统中国政治的核心机制和基本精神。

三

《中国的军阀政治（1916—1928）》的价值不仅在于建立了独特的分析模式，而且还以扎实的史料为依据，纠正了一些前人似乎已成定局的结论。在一般人的印象中，在旧中国，当兵仿佛是一种具有强烈被动色彩的强制性行为，所谓几丁抽一，人是在逼迫下当"壮丁"被拉走的。上升到政治层次，则甚至把它看成是"阶级压迫"的表征之一。经由系统的研究，作者认为这一理解具有明显的片面性，甚至是脱离历史语境的某种想象或误解。因为，近代中国本质上处于农耕社会向现代社会转化的过渡阶段，遍及全国（包括城市和农村）的极端的贫困状况，大量的失业和半失业是诸多社会矛盾最集中的体现。在这种情况下，"当兵"虽然具有充当"炮灰"的巨大风险，但对于挣扎在赤贫状态之中的阶层来说，与其饿死，不如冒险。所以"无家可归的农民和城市失业工人，一般都乐于当兵，因为这不需要特殊的技能"。而且，贫困不仅是吸引人当兵的一种动力，也是使农民继续留在军队里的重要因素。因为，当兵不仅能够"吃粮"，有时还能存点零花钱，甚至还存有一线"升迁"的希望，而这在平庸的日常生活中是绝对不可能的。作者同意社会学家费里德·H.默顿的著名见解："在中国社会中，军队的主要职能，是为想改进自己社会、政治、经济地位的人提供选择的机会。但他们懂得，低下的地位、职业和能力，并不能常常带来成功。"只是当经济条件较好时，"好铁不打钉，好男不当兵"的观念才产生传统的束缚作用，但是当生存都无法保障时，当兵就常常成了赤贫阶层求生的唯一出路。所以，"在20年代的经济和社会现实生活中,中国农民没有理由轻视军队,事实上,参加军队提高了他们的社会地位"。

一般来说,学者似乎更多地从政治的角度考察军阀问题,但在本书中我们一再看到作者总是从社会整体的角度讨论问题。从社会系统角度考察军阀问题的优势与合理性在于,它可能通过社会要素的抽象和排列,总结出政治行为的因果关系,进而奠定历史解释的基础。例如,如果我们要解释为什么"贫家子弟构成了军阀组织的主要成分"这样一般性的历史现象,那么,在社会系统的框架下,我们则可顺理成章地给出有说服力的答案:人们的政治行为首先是对其生存需求的一种反应。在极其贫困的状态下,无业者(包括农民、失业工人,特别是游民)的直接需求是"吃饭",如果其他生存方式比在家务农或游街乞讨能够得到更多、更好的"吃饭"资源,那么,他们就会作出趋利避害的选择。显然,"当兵"要比"务农"和"乞讨"可能获得更多的生存机会,于是这些赤贫阶层的大量存在,就构成了"军阀组织"和"军阀政治"产生、存在和发展的基础条件。所以,赤贫阶层,特别是社会游民构成了军阀的基本成分。为何"当兵"以及加入何种军队是次要的、后发性的问题,而关键所在是"当兵"本身所具有的"生存"含义。

按照这一分析路径,我们还可以顺利地解释军阀军队中普遍存在的一些恶劣的反道德行为,诸如抢掠成性、烧杀奸淫、朝秦暮楚、经常性反叛和随意性"开小差"等现象,其原因与"当兵"的动机和目的直接关联。道理似乎很简单,既然当兵不是为了义务,更不是为了信仰,而仅仅是谋生的一种手段,是一种地道的"冒险性职业",那么,从"风险—收益"的简单换算定律考虑,"卖命"所预付的高昂代价必须以大大超过其日常收益所获的实惠,才能得到补偿。"卖命"的收益远比"卖命"的渠道更有意义。只要收益大于成本,那么为谁"卖命"则并不重要。"当兵吃粮"是一笔投机性极大的暴利生意,是一项地地道道的"流氓职业",所以上述扭曲行为就不仅难以避免,而且在所必然。"当兵"生涯实际上是用性命为赌注,其预期的后果全凭运气,极不确定,因此及时行乐、能捞就捞、疯狂挥霍、肆意杀戮、施暴力以自娱等等,自然成为军阀行为的"理性选择"。长久支持社会正常秩序的日常伦理在此语境中会突然消失,取而代之则是烧杀抢掠、奸盗横行。正如作者所指出的："节约这个美德在军队中是绝无仅有的。职业的不牢靠，使军人们抓住一切机会积聚个人财富，以便一旦失去这些机会时生活能有所保障。"这样，不捞不抢，且捞得不足或抢得不够，都将失去"当兵"的意义，更不用说怂恿当兵的抢劫还可以解决实际上军饷不足的矛盾呢！

在作出了上述的分析以后，作者进一步指出，军阀主义产生的根源是经济发展的低下（当然还有政治和其他方面的原因），而军阀主义的发展之路却是一个僵死的恶性循环，它不会给民族的生存和发展带来任何益处，反而愈走愈糟。一般来说，军阀们最为重视的是如何维护自己在国家政治生活中的权力和地位。要实现这一目的，关键就在于手中的实力，要有一块由自己控制的地盘。为了保住这块地盘，就得招兵买马，不断扩充军队。相应的，军队规模愈大，给养问题就愈重要，这就又需要不断扩大财源。"因此，军阀们往往被驱使去推行扩张主义政策。他们的力量愈强大，他们的政治地位就愈有保证。但是他们愈是强大，他们需要满足下级日渐增长的报酬也就愈多。所以，防守地区的需要常常要求有更多财源与更大地区，而它们又反过来造成更多的防守需要。"要想满足财政上的需要，军阀们只能把负担转嫁到农民身上，土地与人口的比率日趋紧张，失业人口和贫困程度相应增加，造成了"传统农业中国的社会组织和经济均势无法弥补地遭到破坏"。最后，失业人口再次"合理地"充当新兵源。由此可见，从生产力水平低下，经扩大地盘、招兵买马、军费增大、盘剥农民、形成兵源，到更加严重地破坏社会生产力，这就完整地构成了一幅军阀主义发展的恶性循环图。

我们说，作者上述的精彩分析之所以值得称道，就在于他没有停留在一般性政治谴责和道德评判的议论上，而是更进一步着眼于历史运动的内在逻辑，从而使人们对于军阀主义的行为原理有了更加深刻的认识。这样，结合书中所给出的各种具体数据，作者关于"军阀主义是一种社会破坏力量"的结论，就在史实和逻辑两个方面更加具有说服力了。

四

从文化分析角度展开对军阀行为方式的研究，是本书最具特色的部分之一。特别是作者没有就文化而谈文化，而是把抽象的文化积淀与军阀的行为准则紧密地联系在一起，通过行为反映文化，又通过文化说明行为，从而给人以一目了然、身临其境的历史感。

在理论上，作者首先把"正统的儒学思想与其通俗化的解释""经典文化与民俗文化""'大'渠道与'小'渠道"等文化层次区分开来。认为"除了家族和家族体系及其大众信仰的宗教活动对农村社团成员产生很大的影响以外，群众性流传的内容和大众化文娱活动的形式，对社会个人也产生巨大的影响。换句话说，传统的故事、民间歌曲和戏剧，可能比孔子经典对形成大众的价值取向和态度模式，产生更大的影响"。除最上层的军阀主帅以外，军阀中下层领导阶层中当然不乏舞文弄墨的骚人，甚至还有秀才，但从总体上看，他们中间受过正规儒学教育的并不多见，有些人根本就是"白丁"。因此，在这一时期中，"绝大多数军阀的社会准则是来自'小'渠道的，通过民间传说和对正统孔子思想的通俗解释而得到的"。当时用白话编成的小说、戏剧、辞书，包括《三国演义》《水浒传》《西游记》《彭公案》《七侠五义》《岳飞传》，以及《西厢记》《红楼梦》，等等，成为民俗文化最典型的教本，这其中体现了大量中国传统的道德伦理标准，为人们提供了应当追求和模仿的价值范本。

关于民俗文化体系对军阀的具体影响，作者做了如下讨论：其一，传统小说中的英雄常常成为军阀们模仿的榜样，他们"会设法详细了解这个英雄，并根据这个英雄面临的相似的问题来理解他自己的问题。在这个过程中，这个人就在自己的内心中树立了一个特殊的形象，并逐渐把这一形象强加到当前的政治现实中去。中国的军阀当然选择前几个世纪的军人作为他们的榜样"。诸如，关羽、岳飞等形象都体现了"忠""孝""廉""义"的传统价值，军阀行为至少在形式上都与这种取向有关。其二，"义"的观念使军阀们"把个人忠诚与政治忠诚分离开来"，"通常，军阀对待个人忠诚相当认真，而对政治忠诚则迥然相反。政治利益会造成暂时的结合或敌对，但决不会允许它们伤害紧密的个人关系"。这就是说，私人交情高于政治原则，忠于首领个人往往比政治信念更为重要。在这里"家族"关系的影子得到再次显现。其三，军阀们自觉或不自觉地都倾向于"高度的戏剧性和超凡的个人魅力"，认为这样可以加强他们在民众心目中的合法性。根据中国的民俗传统,不平凡的人物一定具有不平凡的体态、习惯和特征,这些可以作为军阀"天生就是一个人物"的证明。因此,许多军阀都以夸张自己的特点为自豪,诸如"长腿将军""狗肉将军""快马""大舌头""青天"等等绰号,都反映出中国武侠小说中的某些联想。其四,就是把"侠气"和"绅态"组合在一起的怪异行为,比如,在豪华盛宴之上大骂脏话,穷奢极欲的挥霍浪费,都是军阀行为的常规表现,给人们留下了极其深刻的印象。"特别值得注意的是,因为许多军阀出身于下层社会,过去过的是艰苦生活,现在有权之后,就挥霍浪费。这不仅是因为他们要享受一番,而且也因为他们认为铺张的生活会博得人们的尊敬。"显然,本质上这是"打天下者坐天下"极其合理的逻辑结果。

更有意思的是,作者指出,在某种程度上军阀们的政治行为表现为一种"职业性的互相对抗,而非出于个人之间的相互敌意"。例如,军阀双方在前面交战,而两方首领甚至可以同时在一张桌子上打麻将,双方的下级随时来到桌前报告前方战争的进展情况,这时则没有军事秘密可言。麻将打完了,军阀首领们仍像朋友一样分手,并自觉地保护失败一方军人的家属安全。此时,战争仿佛就是一场智力与实力的"游戏",而互相残杀似乎退隐到了剧场的后台。我们推测作者之所以强调这一现象,实际上暗示着现代意识形态在社会观念中占统治地位之前,中国传统政治文化运作的真实状况。

应当说,作者的文化分析的确还是初步的,但也是深刻的,因此,其论证思路和问题视角,都切中要害并富有启发。就政治历史的研究方法论而言,它的实际意义已远远超出了中国军阀史的专题研究范围。

除了从民俗文化角度探寻军阀人格的行为逻辑外,作者还从整体的民族性角度讨论了军阀政权的内在矛盾性。作者指出,"国家应该统一的原则得到全国从学者到农民的一致的赞同,成为一条毋庸置疑的信念。这个观点指导和规定中国人的思想和行为,一个政治组织如果敢于违背这个全国一致赞同的信念,它就别想得到人民对其权威的承认"。换句话说,国家统一的信念,甚至已成为高于法律的、不成文的社会规则,也内在地成为评价某一政权合法性的必要条件。显然,军阀们的分裂割据、自辖一域,有悖于这一原则。这样,一方面,放弃割据,军阀就会失去其生存的条件和依据；另一方面，割据称王又要背负"分裂"的罪名。于是军阀们"陷于既希望保持其政治独立性，又无法否认国家统一原则的矛盾之中"。

军阀政权矛盾性格的一个直接结果，是中央政府与实际政治在权力上的分离。北京作为中国好几个朝代的首都，自然在习惯上被视为统一的象征，在过去的年代里，它是国家权威的中心。因此各派军阀都企图控制中央政府，这起码可以在形式上增加自己的合法性。但是，军阀政治本质上是以地方实力为基础的，中央政府只起某种装饰作用，它除了意识形态和政治符号上的价值功能外，几乎与实际上的政治强力控制无关。这也就是说，中央政府的象征意义只是政治权力交易中的砝码，而远不是政治实力本身。正如作者在"导言"中所说，"中华民国建立 13 年以来，至少有四种不同的宪法，在它们颁布后不久就立即成为一张废纸。其他的法律和规章也很少显示政府的性质和职能。政治体制常有变动，在这段短暂的时期中，政府历经了君主制、共和制、摄政制等等变化。……1916—1928 年间，有 24 次内阁改组，26 个人担任过总理。任期最长的是 17 个月，最短的是 2 天；平均存留时间是 3~5 个月。……根据共和国的根本法，内阁并不是一个独立的制定决议的机构；它是军阀将其意志强加在中国人民头上的最驯服的行政工具"。因此，在军阀们相互间关于"法统"之争的背后，其实是军事实力的角逐与较量。实力较强的军阀总是高喊"统一"，而实力较弱的军阀则倡导"自治"。随着政治、军事或实力的变化和转移，各派军阀都轮番地使用着这两种武器，没有谁不是双重人格。"增强合法性的需要，迫使所有具有强大力量和野心的军阀都为统一国家而努力。这个普遍法则的存在使军阀们不可能满足于有限的目标，迫使他们竞争，直到其中有一个达到了重新统一的目的。这是 20 年代经常发生战争的主要原因之一。"

我们认为这些意见和解释是深刻和中肯的。这是作者依据历史事实，但又超越了文献表层，且经过自己心智转换所"读出"的可能信息。在军阀相互之间一片歇斯底里和讥讽挖苦的道德指责和叫骂声中，作者发掘出了军阀政治性格中的矛盾性与虚伪性的真实嘴脸，从而使问题的研究深入了一步。

五

虽然《中国的军阀政治（1916—1928）》一书通过具体分析，已给我们带来了足够多的历史和知识启示，但是，也存在着若干有待商榷的问题。最后我们提出一些简单的意见，以就教于作者与读者。

首先，本书的方法论预设值得商榷。《中国的军阀政治（1916—1928）》与众不同的突出特点之一，就是试图以社会科学的理论范式为解释工具，以此对中国军阀这一历史现象进行分析。这种研究方式的意图显然是要改变历史研究通常的叙述模式，既不想仅作编年史的脉络梳理，也不想通过"讲故事"的方式，在平实的语言中透露史家体悟人生旅程的遗迹，而是在某种"一般性"政治学框架的指导下，从历史过程中抽象出若干具有原理性的政治行为规则。作为美国芝加哥大学政治学家邹谠教授的门人，作者良好的知识训练为其实现这一愿望奠定了基础。恰好，莫顿·A.卡普兰（Morton A. Kaplan）教授也是芝加哥大学著名的比较政治学家和国际政治理论系统学派的开拓者，所以，作者选择用国际政治理论的系统论方法透视中国军阀政治的历史，是完全可以理解的。

本来作者在前几章的分析中，已对中国军阀的政治行为作出了精彩的归纳，从中使读者了解到了中国军阀的政治行为规则和支持这些规则的价值基础，"中国政治"的特殊性已跃然纸上。但在最后一章中，作者又再次直接套用卡普兰"权力均势"系统理论及其角色行为的规则框架。① 尽管作者在书中再三强调，"选择卡普兰的范型并不是说我们把中国的情况看成历史上完善的'权力均势'的情况。我们只是利用这个范型，说明在这种情况下走向稳定的若干条件，并证明历史情况和范型之间的差异是造成前者不稳定的原因。使用范型只是为了有意义地说明历史材料"，但即使如此，全书总结的一章似乎仍然难以化解"套用"范型以诠释历史所可能引发人们的深度疑虑。

众所周知，现代国际政治理论是以"民族—国家"为其基本分析单位

---

① 参阅卡普兰:《国际政治的系统和过程》，北京，中国人民公安大学出版社，1989。

的，而军阀政治恰是中国从帝国政治向"民族—国家"转型过程中的产物，新兴政治价值体系还处于建构的过程之中。"民族—国家"所具有的清晰主权意识以及国民的普遍认同程度，则是国际政治均衡理论的基础。而中国的军阀混战，其目标既不是维护国家主权，也不能说军人个体的效忠对象就是民族整体，而生存危机实为导致军阀混战的直接原因。这样，套用现代国际政治理论解释中国前现代政治行为，就难免使人觉得有些文不对题。例如，作者有意无意地运用卡普兰系统理论中行为规则的第3项和第6项的内容①，一方面认为，"军阀们共同分享一种特殊的政治亚文化，即一种政治运动员精神，因为他们中间有多种错综复杂的个人联系；背信弃义的行为会遭到同代军阀的指责。冒犯者所得到的直接好处会被社会的排斥、公众的谴责以及报复行为所抵消"；另一方面，作者在同一章中又认为，"军阀一般是有理性和讲求实际的政客。在现代中国政治生活中，他们可能是最缺乏思想倾向性的集团。他们制定政治计划和决定战争与和平这样重要的问题，不是根据个人的思想观点，而是根据力量的对比。他们认为自己是在进行一种'游戏'（game），参加进去是因为各自权力地位的需要"。显然，在由于害怕社会舆论而不敢"背信弃义"和"最缺乏思想倾向性"，政治行为的依据不是思想，而仅"根据力量的对比"这两种相反的结论中，我们不知道究竟哪一项更具有实质性？

我们认为，与其这样套用国际政治理论，不如在更为宽广的知识背景下对中国军阀的政治文化根源进行深入的拓展。例如，"军阀政治为什么会产生在这一历史时期""军阀政治的本质要素的历史根源在哪里""中国传统价值取向如何约束军阀政治的行为系统结构"等等，都值得进一步深究。虽然作者在本书第二章，简单地描述了军阀派系的起源和过程，也在第八章中论及军阀意识形态与民俗文化系统的关系，但应当说，那些评论

---

① 卡普兰把国际关系中的所谓"均势"系统的行为规则概括为6项内容。齐锡生引用了其中的两项规则。其内容是："3. 战争以不消灭某个基本的国家行为体为限度"；"6. 允许被击败或受限制的基本国家行为体作为可接受的角色伙伴重新加入系统，或设法使某些原先是非基本的行为体升级为基本的行为体。必须把所有基本的行为体都当做可接受的角色伙伴来对待"。参阅卡普兰：《国际政治的系统和过程》，23页。

都是铺垫性、介绍性和议论性的，不能说是在探讨中国军阀政治产生的社会动力和历史根源。

毋庸讳言，中国军阀政治的确有着自身的系统，但这个系统却离不开中国现代政治这一更大的系统。如果将研究的视野扩展到更大的历史场景中去，或许能解决局限于小系统中所不能解释甚至不能发现的某些问题。如果从结构的角度看，中国传统政治中存在着"王""吏""绅""民"四重角色要素，在系统中，每一要素都相应地发挥着各自独立的功能，并相互联系和制约，从而在"礼"的规定中共同构成社会有机体的正常运转。一旦某些要素的组合发生变异和错位，就会出现社会动荡。纵观历史，大体上每次大规模的社会动荡，都体现出"绅"与"民"相结合的特点，前者提供"理论"，后者充当动力。中国军阀政治时期也处于"礼崩乐坏"的境况之中，"绅"与"民"的结合一再显示出来。我们看到，本书中对"绅"与"民"这两个重要因素都没有特别地展开，自然，"绅＋民＝军"这样的法则也就无法深入地展开探讨了。

其次，从中国近现代史的角度看，在太平天国起义到义和团运动之后一段时间内，似乎出现了一段历史空白。从逻辑上讲，如果引起农民起义的社会矛盾没有得到根本化解，那么农民不会如此长期地保持"沉默"。很明显，恰恰就在这段历史空白中，出现了中国军阀政治的历史时期。因此，我们有理由作出如下的假设：中国军阀政治是农民起义运动之扭曲、变形的历史形态。生活在赤贫线以下的农民和游民，依赖超越自身的权威力量，以参加军队的形式维持生存的最低条件。"主义"对他们来说意义不大，信仰比起生存来说也降低了位置。换句话说，能保持一定生存能力的农民，仍受制于自给自足、天人合一的自然经济的约束，过着质朴、封闭、与世无争、清心寡欲的生活；而那些一无所有、富有野心和铤而走险的人则游荡于社会空隙之间，时刻在谋求意外的"暴发"机会。显然，军队是后一种人求之不得且得心应手的适当场所。正因为此，赤贫阶层的所有意愿和特征，都在军阀政治行为中暴露无遗，应当说，他们才是中国军阀政治得以产生和存在的真正基础。中国民俗曰"兵匪一家"，说的正是这个道理。诸如财产、传统、道德、责任和法制精神，这一切现代宪政所必备的基础要素，在军阀政治中不仅一概荡然无存，而且反而成为其得以存在和发展的基本前提。作者不止一次地涉及了这一深刻的问题,但坦率地说,其在理论的挖掘和分析上,还存在相当大可为余地和讨论空间。所以,我们不仅不尽同意吉勒卡关于本书最后一章"冗长乏味和没有必要的"的评价①,而且反倒认为,恰恰正是这最后的一章,更需要、也更值得进行全面展开和持续性的深入研讨。

---

① 见《亚洲研究》,第36卷,第3号(1977年5月)。

中文版序

作为《中国的军阀政治》一书的作者，得知本书能够以中文出版，当然感到特别欣慰。这还要感谢中国人民大学的几位老师的厚爱，他们仔细求实的翻译工作，以及中国人民大学出版社编辑们在编排校对等工作上的帮助，才使本书得以问世。谨此要向他们再三致谢。

撰写本书的初意，是个人在学生时代对中国近代史的爱好的延伸。最早的构思和初步成品，萌芽于做研究生的时期。成书则是在学校教书的时期。但是对我个人而言，虽然时隔多年，最值得怀念的，还是自己在做学生的时代，因为攻读这个课题而得到的一些启发。

在学生时代，最初找题目当然也经过了一些思考，主要的考虑有两方面：一是可以找到足够的材料去进行研读，二是在当时学术界的成果中还留有空间，允许后学者去做一个有原创性的尝试。剩下来的就是靠自己的努力了。

对于本书所探讨的问题的本质，该说的都已经在书中说了。因此不拟在这个篇幅中继续发挥。倒是当年写此书的过程中，有两三件小事，或许值得向读者们略为报告。

一是师生的关系。看过本书的读者们，一定会熟悉卡普兰（Morton A. Kaplan）教授的名字。他是我做研究生时芝加哥大学的国际关系教授。他在当时刚刚提出了一套新的国际关系理论，和传统学派非常不一样，甚受学术界重视。我作为一个初进研究院的学生，当然也不例外。值得一提的是，他精通国际关系，欧美外交史，博弈论，心理学，音乐和文学，等等，但是偏偏并不十分了解中国。然而经过了几番讨论之后，他表示愿意做我的博士论文指导老师，而我也认为可以在他的指导下，学到许多课内和课外的知识。因此，双方就把关系定下来了。

这种情形或许和今日中国国内高教界的情形颇不相同。国内的博导，需要在课题范围内学有专精，才有资格指导学生。而在国外（特别是美国）的一般情形下，博导和学生的关系，更接近于互相切磋。导师的所谓指导，通常不是就课题的实质内容展开的，更不是由导师牵着学生的手去走路。从选题、找材料，到证明这个课题值得做，以及做出有原创性的成品，这一切基本上都是学生自己的责任，不应该依赖老师。导师的功用可能是更宏观的：就理论架构、研究方法、证据的精准和推理的严谨等方面，提出他的建议和批判。因此，一般的假设是，当博士论文完成后，学生应该是这方面的专家，而他的导师，则未必是。

在当时芝加哥大学的这个学术体制下，卡普兰教授给了我最大的关心和众多的建议与提示，但是从来没有规定我应该如何去写。还有一点让我感激不已的是，当时邹谠教授也是本系的年轻教授，他对中国事务非常熟悉。因此我也不时向他请教，而他也对我尽心地指点。对于我和邹教授的这份亲切的关系，卡普兰教授不但没有任何不快，反而再三鼓励我应该多向邹教授请益。而邹教授也对我这位并不是他指导的学生，尽心尽意地指导。他们两位这么做，唯一的出发点，就是为了帮助学生，彼此之间没有任何门户之见，让我享受了有两位博导的幸运。

二是理论的架构。理论之为物，有时可以是一张详细的地图，或是一本操作的手册。但是对当时的我而言，更恰当的形容应该是有如雾中的灯塔。它并没有向我提供如何从甲点走到乙点的轨迹，但是给我一个大致的方向感，不致走太多的弯路。这在当时对我非常有启发性。

因为凡是涉猎过有关军阀时代书籍的读者都熟知，坊间许多作品的性质，都是掌故谈的形式。我个人也不例外。在看了若干书之后，觉得自己对大大小小的奇闻趣事也能如数家珍，人云亦云，可以增加茶余饭后不少的情趣。但是到头来，一个逃不掉的问题是：知道了这么多的掌故又能怎样？它们只不过能够让我重新堆砌前人的成果而已。

就在这种情况下，理论架构指点了另外的一种研究方式，让我能够摸索出一个新的方向，重新认识自己已经看过的素材的重要性，更迫使我去看许多新的材料，从而借此希望能够提出些微新的观点和分析。

三是卡普兰教授对学问的大度。以一般常理而言，人总是对自己的学说既有信心又有偏爱，正常的心情大概会是希望自己的学说被发扬光大，特别是自己的学生更应如此。更有甚者，或许还想成立一个学派，以学生来光大门户。

但是在我们交往的过程中，我多次向他提出，他的学说不能完全套用到中国的实际情况上，尤其是我所尝试的，是用国际关系理论来解释国内政治。因此我能得益最多的是他在理论上给我的灵感，而对于理论的具体细节，恐怕必须加以修正或是补充。他不但没有任何被忤逆的不快之感，反而非常鼓励我按照自己的思路往前走。他让我很年轻时就受到一个启示，那就是学术作品一旦发表之后，就变成一个公器。无论他人的推崇、问难、质疑、批评或是反对，都是为了把这一门学科向前推展。他的这种雅量既属难得，也是一位好学者应有的风范。他的这份胸怀也影响了我自己的学术态度。

以上这一些事情，虽然都发生在我年轻的时候，但是回想起来依然感到幸运和感激。虽然个人的研究兴趣以后又进入到其他的领域，但是卡普兰教授和邹谠教授对我的"身教"或许比他们对我的"言教"，要来得更重要，其影响也更长远。

本书出版在即，作者的唯一期望是，它能够向喜欢历史的读者们提供一点借镜的作用。尤其是对当前对研究有兴趣的大学生和研究生们而言，在他们身边，既有趣，又有价值，并且又能发挥创意的科研题目，可说是俯拾皆是。因此愿意趁本书和读者们见面的机会，略述自己的经验，谨供参考。

齐锡生
2009年8月11日于美国

献给我的父母

致　谢

在撰写本书的过程中，我一直受益于来自不同学科的朋友和同事的关注，他们是：哥伦比亚大学的 Andrew Nathan；北温斯顿大学的 James Sheridan；北卡罗来纳大学的 Jeffrey Obler 和 Joel Schwartz。我特别要感激完整地审阅本书初稿的芝加哥大学邹谠（Tang Tsou）教授，密歇根大学的 Albert Feuerwerker 教授、Allen Whiting 教授和 Ernest Young 教授，他们所赐予的尖锐批评，促使我改进了终稿的质量。

我也期望对我所得到的财政资助表示一点评价。在芝加哥大学攻读学位期间，我得到了一份在 Morton A. Kaplan 教授手下工作的福特奖学金。Morton A. Kaplan 教授拓宽了我的视野，包括运用国际政治理论分析国内政治问题的潜在能力。1969 年，"美国国家基金会"给我提供了一个在纽约从事一个夏季的研究工作的机会。1970—1971 年，我作为一个合作研究人员，在密歇根大学中国问题研究中心度过了一年时间。在那里我不仅可以自由支配时间，得到了慷慨的秘书奖学金，而且被置身于一些美国最奋发、最有成就的中国专家之中。这种知识氛围是所有人都期望能在其中从事研究的工作环境。

最后，我想感谢我的妻子苏薇（Ssu-wei），甚至在最黑暗的年代里，她也从未放弃过在道义上对我的支持。没有她的乐观、智慧和不知疲倦的鼓励，这项研究将永远不会完成。

目 录

第一章　导言 ··· 1
第二章　军阀派系的出现 ··· 9
　　历史背景 ··· 9
　　1911—1917 年军队的作用 ·· 13
　　1917—1920 年军人派系的产生 ·································· 16
　　结论 ·· 27
第三章　军阀派系的构成 ·· 30
　　个人关系的结合 ·· 30
　　自身利益的考虑 ·· 38
　　意识形态上的联系 ··· 44
　　这些因素在派系结合中的作用 ·································· 46
第四章　军事能力:招募新兵 ··· 62
第五章　军事能力:训练 ··· 73
　　纪律性方面的训练 ··· 73
　　技术训练 ··· 82
　　结论 ··· 92
第六章　军事能力:武器和战术 ·· 94
　　武器 ·· 94
　　战术和战略 ·· 104
　　结论 ·· 117
　　关于地理的重要性 ··· 118
第七章　经济能力 ·· 124
　　固定的收入来源 ·· 125

特殊的收入来源……………………………………………… 129
　　军阀财经政策的评价…………………………………………… 140
第八章　军阀政治的行为准则………………………………… 150
　　个人行为准则的特点…………………………………………… 150
　　对待其他军阀的行为准则……………………………………… 154
　　基于政治合法性价值的行为考量……………………………… 159
第九章　中国的政治系统……………………………………… 163
　　静态分析的局限性……………………………………………… 163
　　军阀政治的系统分析…………………………………………… 167
　　中国军阀政治的发展阶段……………………………………… 171
　　结论……………………………………………………………… 187

附录一　1916—1928年间政治军事领导人年表 ………………… 191
附录二　1916—1927年间各省最高军事长官年表 ……………… 193
附录三　1916—1928年大事年表 ………………………………… 196
附录四　参考书目 ………………………………………………… 202
索　　引 …………………………………………………………… 214
译　　后 …………………………………………………………… 228

示意图和表格

示意图

图 1　克雷奇、魁特费尔德和巴里察依的社会关系模式 ……… 51
图 2　皖系成员关系图 ……… 56
图 3　直系成员关系图 ……… 57
图 4　奉系成员关系图 ……… 58

表格

表 1　1916 年、1924 年师长的教育背景 ……… 84
表 2　1916—1928 年间各省最高军事领导人的教育背景 ……… 84
表 3　1924 年奉系军阀的教育背景 ……… 85
表 4　1923 年和 1928 年关内和东北武器月产量 ……… 97
表 5　1928 年中国公路长度 ……… 107
表 6　1930 年中国政府所有的铁路长度 ……… 107
表 7　1916—1928 年间主要战争中的参加人数 ……… 113
表 8　1916—1928 年间主要战争地区的规模 ……… 113
表 9　1916—1928 年间主要战争中的伤亡情况 ……… 114
表 10　1918—1928 年间盐税收入的分配 ……… 128
表 11　1916—1927 年间中国所借外债 ……… 131
表 12　1912—1926 年间政府公债的收入 ……… 133
表 13　1916—1927 年间奉票的数量和价值 ……… 136
表 14　1924 年和 1927 年 11 省军人的鸦片收入 ……… 137

第一章 导　　言

任何一个稍微对中国现代史有所了解的人都知道，1916—1928年的中国具有两个显著特征：第一，那是一个"军阀"统治的时期；第二，那是一个混乱的破坏性时期。

中国现代政治史对于这个时期的说明，只有很少的报道，往往是介绍民族主义者和共产主义运动的情况。甚至比较专门的研究也往往不能对"军阀"的作用提供完全和确切的说明。造成这种空隙的主要原因，可能是复杂和混乱的情况，掩盖了这个时期政治角色的活动；同时，也缺少合适的工具书。因此，"军阀主义"就成为中国现代史研究领域最薄弱的环节。①

某些学者考察这段时期时只注意传统的、合法的政治制度。他们承认在政治上存在有力的军事角色，但仍认为中国是一个单纯的政治统一体，中央政府是政治活动的中心。这种观点自然导致认为宪法、总统、内阁以及国会都是中国政治的主要组成部分。

如果中国的政治制度是稳定的，这种研究可以使我们了解中华民国的

---

① 在这本书中，"军阀"（militarists）这个名词是指个别的政治角色。虽然"军阀"（warlord）是一个通常惯用的名词，并用来作为这本书的书名，以表示中国现代史的一个时期，但是它含有轻蔑、非难的意思。甚至在20年代，对于究竟谁是一个"军阀"，而谁不是，仍常有争论。其争论的焦点在于"军阀"的含义究竟是什么。一个受人尊敬的军事领导人不会被称为"军阀"，这个名词常用来称呼坏的军事领导人。威尔伯（C. Martin Wilbur）曾定义军阀主义是"一种有组织的政权体系，其中武力通常是权力分配和制定政策的决定因素"（参阅：《1922—1937年国民政府统治下军事分散主义和重新统一的过程》。引自何炳棣：《中国在危急中》第1卷，203页）。在我们下文的叙述中，使用"军阀"一词也只是指在这种政权体系中行使权力的一种角色，而避免对这种角色本身作出价值判断。

基本结构及其发展。但困难在于，在中华民国建立13年以来，至少有四种不同的宪法，在它们颁布后不久就立即成为一张废纸。其他的法律和规章也很少显示政府的性质和职能。① 政治体制常有变动，在这段短暂的时期中，政府历经了君主制、共和制、摄政制等等变化。除了政治制度改变之外，仅在北方，在1916—1928不到12年的时间里，政府首脑改换了9次，平均存在时间不到16个月。在南方，"抢座位"游戏的现象同样在国民党政府中发生。

内阁也是同样地混乱和不稳定。1916—1928年间，有24次内阁改组，26个人担任过总理。② 任期最长的是17个月，最短的是2天；平均存留时间是3~5个月。内阁在位时间不长，不能制定长期的政策，而且，根据共和国的根本法，内阁并不是一个独立的制定决议的机构；它是军阀将其意志强加在中国人民头上的最驯服的行政工具。③

谈及国会可谓更有甚者，在公众眼里它比总统、内阁更不足为信。国会用不正当的办法产生，数次被中止职权，它成为一个完全腐败的、无能的、寄生的机构，充满了无聊的政客。20年代，在国会内部，又分裂为亲北京和亲国民党两派，后来干脆在公众的蔑视中衰败。1923年国会的许多成员接受贿赂使曹锟当选总统，这使他们得到了"猪仔议员"的绰号。很难把这些人当做重要的政治因素加以考量。

以上简短的叙述足以说明，通过传统的、合法的制度去说明中国政治，存在着严重的局限性。因为在这一时期中没有一个立于政权机构之顶

---

① 董霖（William Tung）对1911年至1918年的72件公文进行了总体研究，其中包括宪法、宪法草案、法规以及国家、省和地方政权的正式组织编制。他的结论是，那些法律和规定几乎得不到服从和履行。参阅《现代中国的政治组织》，380~385页，海牙，1964。

② 陈锡璋：《北洋沧桑史话》第2卷，503~508页，台北，1967。

③ 如果内阁确实是国家政权（北方）的一个机构，本可期望北方人能把政权控制在他们同乡的手里。结果，恰恰相反，在26个总理和95个内阁部长中，南方人的数字压倒了北方人，几乎是2∶1。（这些部长们的传略，可参阅陈锡璋：《北洋沧桑史话》第2卷，517~540页。）由于在这个时期的政界中是强调个人关系和地方联系的，对于上述矛盾的解释只能是内阁本身并没有实权。事实上，内阁成员仅仅是强大军阀们的仆役，并可以随意任免。

峰的独立的中央政府，其中的各派军阀都轻视它。政治角色的行为，很少感到有必要遵守任何制度上的规定。最重要的决议不是由北京而是由地方政府独立决定的。

在合法的政治制度的角度研究中还存在另一种可称之为"两极路径"的表现形式，这个路径强调这个国家中的政治分裂，亦即在北方，军阀是很强大的政治力量；而在南方，则处于高度的政治觉醒并结合在国民党的领导之下。在谈及"北"和"南"两方时，他们认为中国有点类似"两极"的局面，即在两个政治地理区域之间存在着直接对抗。① 这种研究方法是一种极大的误解。因为它夸大了南方的作用，并把北方的政治军事力量看成是一个毫无区别的范畴。它还倾向于认为，南方的组织特征就是在这段时期中的大部分时间没有真正掌权。此外，以这种方法进行研究，使不少学者陷于许多争论，例如关于宪政和合法性问题，这对于大部分别的政治角色来说，最多只有一些附带的联系。

"两极"研究路径之所以不能令人满意，其原因有四：其一，所谓"北洋集团"决不是一个统一和巩固的集团，在这个时期的大部分时间里，这个集团的成员之间存在着严重的斗争；其二，南方同样为不断地出现内部的倾轧和骚扰，也不是一个统一的集团；其三，在这两个集团的重要角色之间经常有交叉的联合；其四，一直到这个时期的后期，国民党才在南方真正建立起一个坚强的根据地。它的早期存在是名义上的，无关紧要的。在这些年中，政治活动以某些关键的北洋军阀为中心，国民党的存在（或不存在）对北洋军阀几乎没有什么影响。这种研究方法更多地提供一种胜利者对历史的解释，却很难公正地判断北洋军阀在国民党成为强力角色之前，曾长期地控制着当时的政治局面。

只是在最近，某些学者才开始注意我们对早期中华民国历史知识上所存在的空白。他们自觉或不自觉地改变了过去研究的焦点，探索新的领域和新的因素来说明中国政治。有的人已得出结论，指出最重要的政治现象

---

① 参见陈功甫：《中国革命史》，上海，1931；李方晨：《中国近代史》，台北，1960。

既不是已倒台的北京政府,也不是南北之间的斗争,而是军人在政治中的作用。R. 鲍威尔（Ralph L. Powell）和刘馥已对这种现象作了很有意义的研究。① 至少已有两篇关于个别军阀（冯玉祥、阎锡山）的专著出版,还有若干尚未出版的论述其他军阀的博士学位论文。② 然而,文章毕竟还是很少,1916—1928年这段历史还有待于进一步探索。

帮助我们缩小知识空白的办法之一,是更多地关于这个时期主要军人的传记论文。一般来说,这些专论持有这样的观点,即当时没有全国性的政权,最好把中国政治理解为被强大的军阀统治了不同地区或地方政府。大量收集这样的研究之后,通过归纳使我们对整个中国有一个确切的概念。换句话说,增加对这些个别的军阀和其政权的研究。这样就可以使我们把这些资料集合成一个整体,从中产生一些主张和想法,甚至可能掌握全部关于中国政治的系统知识。

这个计划,必须在进行了大量研究,包括这个国家中大部分重要的地方政权都弄清楚之后才能完成。目前的研究,虽然都很积极,还不能说已接近实现了这个目标。而且,已完成的对少数几个军阀的研究只是当时的典型代表,我们不能通过这几个特殊角色就画出军阀统治下的一张中国总图。我们需要更多地知道大多数军阀统治着中国其他地方的情况,这些地方也是十分重要的。但是,长期以来,这种全面的知识并没有被恰当地得到。③

---

① R. 鲍威尔是最先强调军阀在中华民国中的重要性的作者。他在《1895—1912年中国军事力量的崛起》（普林斯顿,1955）中,对北洋军队的起源给予了详尽的说明。刘馥的《1924—1949年现代中国军事史》（普林斯顿,1956）则集中探讨了民族主义的军事体制（milifary machine）及其政治影响。

② J. E. 谢里登（James E. Sheridan）：《中国军阀：冯玉祥的一生》,斯坦福,1966；D. G. 杰林（Donald G. Gillin）：《1911—1949年：山西军阀阎锡山》,普林斯顿,1967。

③ 白鲁恂（L. W. Pye）的《军阀政治》（纽约,1971）一书的主旨是试图系统地论述军阀政治。虽然该书1971年才出版,但是它的基本研究工作却是在二十年前开始的,主要依据当时的英文资料和少量中文材料,并没有吸收后来出现的大量重要和次要的研究成果。这本书的整个论述都显示出了这个缺憾,并不可避免地影响了理论上的分析。

研究个别军阀确实是了解中国政治的一种正确的方法，但它不是唯一的方法，也不是最好的办法。因为我们即便获得了所有军阀个人和其地方政权的详细材料，还需要弄清许多问题。专门集中研究军阀个人或政府的危险倾向之一，会使研究者太深地陷于琐事之中，对于中国政治产生一系列杂乱且支离破碎的感觉。在大量军阀政府的资料中，必然会有许多分歧和相似之处，需要我们经过提炼、分类，放入适当的范畴中去，以便画出一幅精确的总图。

如果上述的看法是对的——我相信是这样——，那么我们不必为缺少大多数重要军阀的材料而苦恼。因为，要了解中国这个"国家的"政治，军阀之间的相互关系的范式比他们内部统治的特殊方面显得更为重要。任何政治制度都不是不偏不倚的，政治角色常常是根据自己的意志指导自己的政治行为，而他们的行为常常是受超出他们控制的某种制度的约束。换句话说，我们不能否认，政治角色（或指事件、人物）决定行动和目的时，总被某些有力的客观因素所约束。研究这些因素可以揭示军阀活动的重要方面，而如果仅仅研究军阀的内部情况，这些客观的约束因素就很可能会被忽略。本书就是要把研究的视野从个别的军阀政权内部与周围无联系的政治现象转移到研究他们之间的关系，以便对1916—1928年时期的中国政治发展有一个总的了解。我们希望以宏观的观点而不是微观的方法来研究这个时期。①

我们的分析与微观的研究有某些根本的不同。微观的研究往往是研究一个军阀及其政权，往往是折中地组织材料。当作者研究这个人或其政权的某些方面时，他常常并不说明指导此研究的基本理论，也不清晰地说明他所研究的各个不同之方面之间的联系。研究者根据自己的标准选择、排列事实。目前仅有的几个用微观方法研究20世纪初期军阀主义的作者，都有其不同的路径，不同的重点。因此，从他们那里确实很难对军阀主义

---

① 无论进行宏观还是微观的研究的一些理论问题，在戴维德·辛格（J. David Singer）的《国际关系的分析标准》一文中都有所讨论，见克劳斯·诺尔（Klaus Knorr）和西德尼·费巴（Sidney Verba）的《国际制度：理论文章》，77～92页，普林斯顿，1961。

得出一个总的概念。

我们的工作是以系统理论的标准作指导。微观的研究方法是组织历史资料以说明一个军阀或其政权的毫无联系的个别的事件，系统研究的路径则试图把历史资料组织成既有区别而又有联系的范畴。通过对一系列可变因素的选择，树立一个表示特征的行动范型，并把它从周围环境中独立出来。资料根据明确的标准，进行有系统选择和检定。

此项研究基于这样一个前提，对于了解军阀主义来说，某些变化的因素比其他因素更为重要，在本书中就要阐明这些可变因素之间的联系。因此，本书总的来说是对中国军阀主义进行宏观的分析，以大量篇幅讨论我们认为是这个体系的重要方面——组织机构、武器装备、军事训练、财政来源以及这些因素的作用。这个系统的每一个方面都影响军阀们的行动，我们的主要目的不是要告诉读者哪个军阀干了些什么，而是通过说明这些行动向读者提供这些派系是怎样活动的线索。我们的目的是通过系统的研究方法提供一个新的视野来了解中国政治。

读者很快就会了解本书主要是论述军阀政治的一般特性。我们的基本预设是：中国政治的分裂和瓦解是如此地严重，以致我们很难把这一时期的中国看成一个拥有统一政权的国家。有一些证据支持了这个预设。第一，在这个时期中北京政府一直是受到一个或数个相对抗的"政府"的正式挑战。管辖地区的混乱和争论组成了政治活动的主要部分。哪里也没有持久稳定的"全国性"组织机构。第二，政治角色之间的关系并没有被制度准则或稳定的预期所明确规定，因而经常变化，决策过程是分散和非正式的。大多数军阀依靠外交手段、协商、联盟，甚至最终通过战争来建立自己的地位。政治决策往往能决定一个政治团体的生死存亡。第三，相对经常变换的国家政权机构而言，许多军阀派系的内部组织则高度统一、规定明确和更为稳定。组织内部的共同体意识要比组织之间强大得多，并因大量的心理和生理力量而使其得到激励和强化。因此，虽然他们的政治机遇年年有所变化，但他们却仍然能在政治领域中继续发挥作用。

如果这些观察是确切的话（它们将在随后的章节中进一步详细展开），

那么，为理解这个时期就需要使问题概念化，并需要一种新的分析工具。因为1916—1928年时期中国政治的国内关系，看来更像一种国际关系：战争与和平、协商与谈判、联合与分裂的问题，在熟悉了国际关系的知识之后就可以更清楚地理解。因此，在我们的探索过程中，我们将采用国际关系发展中对我们适用的概念、假设和理论。

以上我已说明了指导本书的概念框架，现在再让我扼要地说明本书期望实现的任务。我给自己定了三项任务：

第一项任务是根据个人和社会的特性，确定和规范军阀们在政治系统中的角色。人们的社会经济背景和态度，对他们认知和分析自己所处的政治环境具有深刻的影响。这又转过来形成指导他们政治行动的标准和法则。因此，我们需要回答这些问题：这些军阀都是谁？他们是如何和为何从事军人职业的？什么力量使他们投入不同的政治集团？他们所持价值系统的基本要素有哪些？这些价值因素在他们的政治行为中是如何被体现出来的？

第二项任务是说明环绕着这些军阀的环境。这里所说的"环境限制"（environmental limits）将讨论有关能力的问题。这里，最重要的问题是：军阀的经济来源的种类和数目，它们是怎样被有效地动员、分配和利用的？军事技术怎样影响了军阀们的政治决策？关于能力的更模糊的问题是：军阀们受过什么样的教育？他们的组织纽带有多紧密？他们建立的是哪一类的政治军事组织？他们怎样运用外交手腕？采用什么样的政治和军事领导体制？为了使研究在适当的范围内进行，特别是因为这些角色数量众多，这就需要根据他们的能力进行分类。强大的角色给予较多的注意，力量较小的则很少或不予论述。根据能力来比较这些角色很容易犯错误，但比较是不可避免的。虽然我们不能发现一种科学的衡量方法，但是可以把这些角色排列在适当的位置上，这样，就可以避免把这些掌权角色以数字来表明的严重问题。

第三项任务是要说明和分析这些角色是怎样活动的。我们将证明1916—1928年时期的政治并不像一般认为的几乎无法弄清楚。军人是十分精明和富于计谋的，他们之间的交往都遵循一定的准则。一旦弄清楚了他们的规律和准则，就比较容易理解他们的政治活动了。在最后一章，将分析政治动态，前几章中的许多判断将被综合起来，以说明为什么这些军阀会在20世纪开头20年中兴旺起来，他们的影响又怎样在20年代末衰败下去的。①

---

① 本书终止在1928年并不是因为国民党的北伐成功地消除了中国的军阀主义，而是因为在这一年，政治角色之间相互关系的一种特殊方式已告结束。事实上，造成这种结束的形势和力量对于了解后来国民政府时期的政治具有决定性的意义。

第二章 军阀派系的出现

在论述中华民国的最初年代时,所有的作者都使用"派系"或"集团"的名词来叙述当时军政界存在的广泛冲突。但这些名词的含义却常常含糊不清,其中出现了一些身份误识(misidentification),有些错误的概念也没有引起争论。很清楚,一个名词或一种概念,除非已经弄清楚了它的全部含义,否则是没有多大用处的。因为要分析民国初年的政治,必须着重分析派系斗争,一般来说,就要求我们从下列四个基本方面来收集材料:第一,我们应该对主要派系的起源有一个编年说明;第二,要探索促使军人组成派系的近因,以及它们是怎样组成的;第三,要尽可能准确地弄清主要派系的组成成员;第四,要弄清这些派系内部结合的原动力,或在这方面是否有所欠缺。

为了提供事实根据以更好地了解前两个问题,就需要对这个时期有一个比较详细的历史回顾。至于这些派系的组成和结合力将在以后的几章中加以分析。

本章的目的是要较详细地分析民国初年军阀派系的力量和弱点。第一部分要追溯到清朝的军事发展情况,因为它促成了中国政治中军事力量的兴起。第二部分是要考察1911—1920年间导致军阀派系出现的一些事件。

当袁世凯还活着的时候,虽然在他的主要将领之间存在一些矛盾,但总体而言,北洋军阀具有高度的凝聚力。1916年袁世凯突然去世后,没有一个军事领导人能继承他的衣钵。为了寻找一种既能保持北洋军队的权力,又能镇压南方反抗的方法,段祺瑞和冯国璋之间逐渐分裂,并牵连了大部分北洋军队的领导成员。这样,具有讽刺意味的是开始时本想恢复北洋最高统治权力的努力,结果却以分裂为对立的派系而告终。

历史背景

为了理解产生现代中国军阀的历史和社会政治因素,就需要首先简单回顾清朝军队的来源和组成。

　　清军的前身是由努尔哈赤在1601年所创建的八旗军。后来，成立了另一支军队，因为他们常用绿旗，所以称为"绿营"。从清朝开始一直到1850年，这两支军队成为保卫朝廷的堡垒，合称之为"清旗兵"或国军（national army）。但到了19世纪初，这两支军队都已衰老无用。八旗的世袭制度，把军权垄断在少数精英手里，使其成员感到自己的私人利益与皇朝是结合在一起的。这一状况的长期存在最后对八旗的衰败起了重要作用。这些少数精英的排外性使他们产生了骄傲和自满，他们变得不愿革新，对新事物反应极慢。由于这种差事反正是世袭的，因此不需要为了升官而特别努力地工作。城市生活方式对军队也逐渐产生影响，形成一种更为松懈的氛围，致使军队不可能有严明的纪律。

　　对"绿营"来说，腐化成为一个大问题。军官为了贪污月薪，经常不报队伍中的缺额。在19世纪中叶，军队已经败坏到了如此地步，以至于通常在一支队伍中只有一半或六成人力，但是领取的却是全额军饷。①

　　八旗和绿营这两支军队都缺少有能力的军官。在绿营，只要向朝廷交纳一定的金额，就可以买到一个官位。绿营和八旗的大部分稀疏地散布在全国各地。这种分散状态使他们不能迅速动员起来，以对抗大规模的突发事变。同时也造成集中指挥上的困难。不正当的行为很容易隐瞒北京当局。

　　1851年太平天国革命是对清军的一次检验。事实证明两支军队都完全不能胜任。在很短时间内他们就溃不成军，几乎使朝廷与他们一起灭亡。

　　在这个危急关头，产生了新的军事力量。这主要是1853年曾国藩建立的湘军，1860年左宗棠建立的鄂军，1862年李鸿章建立的淮军。② 这些军队

曾国藩

---

① R. 鲍威尔：《1895—1912年中国军事力量的崛起》，17~18页。
② 孔飞力（Philip A. Kuhn）：《清末的造反者及其他们的仇敌》，第4章，剑桥，1970。

共同镇压了太平天国革命，使清政府得以残生。但是，这些军队的兴起也迅速地改变了国家内部之政治和军事权力的分置，并造成了后来军阀主义的发展。这些军队是由地方士绅组织的地方性武装。当他们刚成立时，清廷对他们的力量持怀疑态度。只是当他们在对付起义中显示了力量之后，清政府才给予他们有限的财政支持。这些因素，造成了1866年起义被镇压以后，清政府很难对他们实行严格的控制。战争的胜利使这些汉人代替了满人，成为主要的军事力量。军事力量的根本变化也给政治上带来深远的影响：在镇压太平天国起义之后，就开始标志着中国在军事指挥方面有才能的人逐渐地掌握了朝廷中的重要地位。①

李鸿章

但是这些曾被称为"勇"的地方武装，当太平天国被镇压后，也就开始堕落。不管怎样使其装备现代化，在与外国军队一系列的交战中，他们仍是一败再败。在1894—1895年第一次中日战争中终于遭受了毁灭性重创。

1895年的失败和耻辱，终于使清朝下决心对军队进行一次彻底改革。战争之后不久，两江总督张之洞提倡训练一支新式军队，并组成了大约3 000人的"自强军"。他以德国军队为典范，聘请德国军官当教官，并以武备学堂的毕业生做助手。1895年10月，清政府正式宣布开始按计划训练军队。天津东南的小站，被选为训练基地，开始训练10个营，大约4 000人。几个月内，37岁的军官袁世凯奉命负责全部训练工作，军队被称为"新建陆军"。在袁世凯有力的领导下，德国军官指导训练了步兵、骑兵、炮兵和侦察兵，采用了外国装备。很快，军队扩充到7 000官兵。其中许多人在后来的20～30年中在中国政治方面充当了重要的角色。

同时，清政府还想建立各省的新式武装力量，称为巡防营，鼓励各省训练他们自己的新式军队。由于小站计划是由北洋大臣监督指导的，也因

---

① 梅谷（Franz Michael）：《太平天国造反时期的中国军事组织和权力结构》，见《太平洋历史评论》第18卷，478～483页，1940。

为袁世凯后来担任该职，因此，凡是与小站或袁世凯个人有关系的军队都被称为"北洋军"。在南方，建立了许多各省的军队，有时被称为"南洋军"。实际上，后者不成为一支军队，因为这些南方的军队并不像北方军队那样有一个统一的指挥系统。

湖北新军

当南方军队发展很慢时，在北方，新建陆军尽量发挥外国教官的才能，指导使用现代武器，改进士兵伙食和生活条件，提高他们的战斗力和组织纪律性。清朝官僚荣禄于1899年2月去小站视察，留下深刻的印象，回来向慈禧太后大大夸奖了袁世凯的训练功绩。很快，勒令成立一支庞大的军队——武卫军，袁世凯是其四个军中之一军的指挥官。每一军大约有9 000官兵。虽然全军的组织和训练都以袁世凯为榜样，但其他三个军对于新的规定和精神响应迟缓，改组工作进行得毫无生气。义和团起义时，这支新军队的大部分被击溃或歼灭。但袁的军队除外，它没有参与这个战役。

1901年1月，两江总督（刘坤一）请求皇帝建立一支现代化军队，于是勒令改组军队。袁世凯的军队，现在称为北洋常备军，奉命再次回小站训练。不久，李鸿章死去，袁世凯继任直隶总督兼北洋大臣。

在小站，除了进一步改组和加强训练外，袁世凯创办了北洋军校，又于1903年在保定建立了一所短期训练的军校。由于在北方不仅有受过最好训练的军队，而且由军校教育出来的军官率领，于是，他对北方军事力量的统治得到了加强。1905年，北洋军队增为6个镇，每镇约1.25万人，其中至少有5个镇是由忠于袁世凯的部属所指挥的。

晚清时期的袁世凯

拥有如此雄厚的力量不可避免引起了朝廷的惊慌。1905年，清政府宣布建立了36镇新军的计划。每个省都要建立训练新军的机构。1907年，清陆军部制定了编练36镇新军的章程。同年，袁世凯失掉了直隶总督的职位，

北洋新军

1908年末，他被迫处于半隐退状态。但那时，袁世凯早已培养了相当多的军事追随者。1911年辛亥革命前夕，全国共有16个镇和16个混成协。其中，大约有7个镇和4个混成协是忠于袁世凯个人的。其余的则分散在全国，由各省统辖。

1911—1917年军队的作用

新共和国政治秩序的建立证明了军人的力量，因为它的成功可以直接归因于1912年1月26日袁世凯与新建陆军的上层领导合作策划的逊请清帝退位。袁世凯当大总统时，北洋军阀野心更大，并日益扩大其在政治领域的地位。北洋的军官在任命、提升和经济报酬等各方面，都享有优厚的待遇。但是，当北洋体系愈来愈扩大和强盛时，在其内部却逐渐出现了关系的紧张和矛盾。

在中华民国成立后的开始5年中，袁世凯在北洋军中的个人声望和地位以及他的总统权力，对军人们的野心起了暂时抑制的作用。但是，甚至是袁世凯本人，也并不能经常成功地制止这些军人对国家和地方事务的不断干涉。部分原因是因为袁世凯自己常常以军队的支持为王牌，以对

北洋时期的袁世凯

付其他的政治集团。同样，政治上的反对派也凭借武装来抵制袁世凯的压力。如1912—1913年的"二次革命"就是个例子。这种利用武装来解决政治冲突的倾向，造成了日益增多的人企图依靠军队和地方武装蠢蠢欲动的现象。这也刺激了军人想在国家政治中扮演更为强大角色的欲望。

只要袁世凯活着，只要他的北洋机构是统治军队的力量，就能维持国家表面上的统一。1916年袁世凯死后，那些被抑制的力量开始活动。这些军人立刻卷进了国家政治的旋涡之中。他们开始争夺领土和资源。中央政府当时由黎元洪任总统。他不属北洋体系，于是很快便失去了对国家的控制权。

北京政府和国民党反对派之间的分裂，由于新旧约法之争而尖锐化。关于总统任期和应否召开旧国会的争论使情况进一步复杂化。北京政府内部，总统黎元洪和总理段祺瑞之间，也由于个性不同以及是否对德宣战的意见不同，而互相对立。因此，政治上陷于完全混乱的状态。

正是在这个时候，带有巨大破坏性的军队开始在各省和地方活动，加速了其瓦解的趋势。国家被分割成许多分离、独立或半独立的地区，每个地区有一个军阀拥有最高权力。渐渐国家政权对人民失掉了影响，政府失势，而军阀们在各个地区主宰一切。

段祺瑞

由于缺乏一个大家都拥护的领导人，北洋军阀的第一个反应是想依靠集体的努力来保持这个集团的团结一致。但此时已没有人能像袁世凯那样发布命令，军官们现在在自己的部队中拥有较大的自治权。同时，他们试图在北洋系统内部采用一种新式的集体领导体制，以代替个人独裁。这些军人仍然忠于北洋集团，把集团利益视为高于一切，但是制定决议的权力却又分散到地方军人中去了。地方军人，主要是指各省督军。他们非常小心地维护已获得的自治权，并越来越置身于国家政治之中。

这时，军人决策之最主要的机构是1916年9月组成的"省区联合会"。重要政治问题越来越多地在这里讨论和决定，而不是在北京。这些会议中最著名的是由张勋在徐州召开的会议。第一次徐州会议召开于1916年6月9日，那是袁世凯死后仅4天，由北方7省代表参加。由于袁世凯之死的创伤和北洋军阀对未来的方向举棋不定，这次会议的目的是要巩固这个集团，为自己的政治生存制定战略。①

仅仅3个月后，1916年9月20日，召开了第二次徐州会议。这次会议包括12个省的督军或他们的代表，还有许多师长和地区驻军司令。这个会议最重要的成就是建立了"大联盟"的概念。除了选举张勋为这个联盟的"盟主"之外，参加者还宣告他们准备用集体力量反对任何分裂国家统一的企图或提出无理的政治要求。这个联盟现在要求有权决定中央政府应采取什么政策②，其语言是如此目空一切，以致可以解释为不仅反对国会、国民党、西南军阀，同时也包括北京政府。事实上，在9月25日，34个军人（包括所有重要的督军、省长、师长和旅长）签名通电反对中央政府任命唐绍仪为外交部长，结果，唐绍仪被迫辞职。③

张勋

1917年1月召开了第三次徐州会议。现在这些参加者准备试探着跻身政治行列，他们要求撤换总统私人参谋中的讨厌人物，限制国会，罢免那些不称职的部长。④ 黎元洪总统和段祺瑞总理之间的矛盾逐渐尖锐化时，段祺瑞于1917年4月25日邀请一些军人聚集北京，寻求对他参与反对战争主张的支持。当他们被黎元洪拒绝后，就到天津，并促使"张勋复辟"归于失败。

---

①② 这个议程包括以下几项主题：（1）重申尊重对前清皇室的优待条件；（2）保全袁世凯的家属和财产安全；（3）召开国会成立立宪政府；（4）要求西南放弃独立，否则将予惩罚；（5）反对暴烈分子参与政权；（6）加强地方治安，减轻税收；（7）遇事筹商，对于国家前途，取同一态度。参阅田布衣：《北洋军阀史话》第6卷，32～41页，台北，1964。

③ 陶菊隐：《督军团传》，18～19页，上海，1948。

④ 《北洋军阀史话》第6卷，32～41页。

除了徐州会议之外，军人们还召开了一些小规模的经常性的会议，讨论共同利益。当军阀们由于一种新的权力分配而结成团伙时，这些会议所表明的是他们为了制定决议所做的暂时协调。

值得注意的是，各省督军很少能完全控制自己的管辖领地。有许多小军阀、师长、地区驻军司令，甚至旅长，都急于争夺地盘。这些势力较小的军人不管有没有正式宣布，实际上都是独立于中央政府和省政府的。因此，1916—1917年间，没有督军们的同意就无法制定国家政策，没有地方军人的合作就无法作出省一级的任何决议。

对军阀来说，这种情况显然是难以忍受的，他们中的大多数不反对他们自己自治，但他们反对别人，尤其是他们管辖下的人运用自治权。秩序将被重建，虽然每个人都期望改善自己的地位，反对别人，但是大家仍同意恢复统一和重建权威。

1917—1920年军人派系的产生

1916—1917年间，北洋军阀最关心的问题无疑是结成一个集团继续它在国家政治方面的统治。在北洋军阀中没人反对使这个集团的影响永远存在下去，但在怎样更好地维护集团影响的问题上则存在不同意见。北洋军阀独霸中国的主要障碍，是西南几省持不同意见的派系，他们在1917年9月建立了军政府，与北京政府进行宪法之争。

早在7月，段祺瑞就预料到南方的麻烦，为了扩张北洋军阀的统治，他采取的第一个行动，就是派遣一支北洋军队进入湖南。段祺瑞选择湖南作为第一个目标不是偶然的。进攻南方最好的路线是京汉铁路，它经湖南直达广东。这条铁路沿线的大部分省的督军，有的对段祺瑞是友好的，有的是可以争取的。此外，湖南在军事上比较薄弱，且不属于北洋集团。进攻湖南不损害任何一个北洋军人的利益。而且，湖南与四川接壤，后者被云南和贵州军队骚扰，征服了湖南就可使段祺瑞直接把军队从北京派到广东，也可以派另一支队进入四川，从背后攻打西南各省。

出于这些考虑，段祺瑞内阁于1917年8月6日任命傅良佐接替谭延闿为湖南督军，吴光新为长江上游总司令和四川省专员。傅良佐是湖南人，他一生中大部分时间是在北方度过的，与北洋军阀有比对自己家乡更紧密的联系，他与段祺瑞的家庭有姻亲关系。（另一个被任命者吴光新，是段祺瑞的同乡和妻弟。）段祺瑞的这种选择，表面上体现了对湖南人的安抚，而隐藏了他的真实目的。为进一步向湖南军阀担保，傅良佐宣布他不引北军入湘，也不打算改变湖南军队的编制。但是，他一执政，集中在省边界的北方军队就立即开入了省内。

与此同时，湖南人并没有闲着。当宣布傅良佐的任命时，谭延闿没有表示反抗，甚至派了一个私人代表到北京去欢迎这位新督军。但同时，他立即秘密在省内调动军队，准备最后摊牌。完成了必要的布置后，8月16日，两个湖南军人宣布独立，并立即开始战斗。这样，展开了军阀之间的第一次大战，北洋集团也因此开始分裂。对这次战争，军人们从个人利益和集团利益角度持有不同见解，这些新的不同观点逐渐代替了旧的矛盾。

段祺瑞的讨伐从一开始就没有得到总统冯国璋的合作。据交通系的头头、段祺瑞的亲密伙伴曹汝霖说，当战争在湖南爆发时，冯国璋拒绝签发讨伐书，并鼓励江苏督军李纯、江西督军陈光远、湖北督军王占元通电反对。[①] 也有说段祺瑞曾向第八师和第二十师师长表露过他对战争的不满，使他们在战争中采取消极态度。[②]

在一定程度上冯国璋反对出征湖南，无疑是出于个人竞争和嫉妒。[③]如果段祺瑞武装征服湖南和南方几省获得成功，那么他无疑将超过冯国璋，而成为北洋集团的新领袖。冯国璋的反对也可能部分是由于观点上的不同。冯国璋曾在长江流域待过几年，关于这个地区的情况和南方几省的领导人，他比较熟悉。关于地区管理问题，他有某些亲身经历的体会。因

---

① 曹汝霖：《一生之回忆》，172~173页，香港，1966。
② 李剑农：《中国近百年政治史》第2卷，509页，台北，1959。
③ 他们在湖南问题上的争论，只是几年来他们个人之间更大的冲突的一部分。他们之间的冲突首先反映在对德宣战的争论上。冯国璋拒绝与那些反对黎元洪总统、支持段祺瑞的军人在一起，也不在督军们发起的独立宣言上签名（《北华捷报》，1917年5—6月）。黎元洪下台，当冯国璋发现自己有希望当总统时，他不离开他的江苏基地，直到他任命李纯接替苏督，陈光远为赣督后才上任。参阅李剑农：《中国近百年政治史》第2卷，501页。

此他可能比较谅解地方自治的要求。认为国家政治权力不宜独裁。1918年，段祺瑞手下的人对冯国璋的指责或许有几分真实之处，即认为冯国璋准备默认国家南北分裂。而段祺瑞，已经当政好几年，亲眼看见国家分裂所造成的政治祸害。他认为统一和权威高于一切，并毫不犹豫地排除前进道路上的任何障碍。

冯国璋的不合作，或有时阻碍，很快给段祺瑞的讨伐带来许多麻烦。战争刚开始几个星期，进展顺利，到了1917年10月就被证明这只是暂时的现象。到11月初，北洋军队遭到了某些损失，第八师师长王汝贤请求中央政府宣告停战。王汝贤之拒战，迫使督军傅良佐从省会逃走。同时，直隶督军曹锟和苏督、赣督和鄂督都宣布同意寻求和平解决。段祺瑞所派遣的吴光新指挥的讨伐军本想从四川驱逐云南、贵州的军队，这时也遭受一系列失败。① 段祺瑞面对第一次重要军事冒险和想当北洋军阀领袖的个人欲望即将完全破产，于11月15日辞去总理职务，并谴责总统冯国璋口是心非。②

段祺瑞的辞职并不意味着他已放弃征服湖南，这仅仅是一个策略上的退却，并准备从另一个基础上发动新的进攻。12月，段祺瑞成为新成立的参战军首领，表面上负责中国参加对德世界大战的准备事务。仅仅3个月后，1918年3月23日，段祺瑞又当上总理。在这期间，段祺瑞运用许多策略，改变了过去对他不利的军事方针的政治氛围。简单地列举这个时期的一些事件，就可以说明其策略的要旨。

在督军中，只有李纯和陈光远主张和平解决湖南问题，强烈赞同冯国璋的意见，从一开始就反对段祺瑞。③ 1917年12月1日，两个湖北军人宣布从省政府独立并说他们将向东行军，占领京汉路段，切断王占元与北方的通路，使他们在省内难于立足。虽然王占元早先曾主张和平解决湖南

---

① 《北华捷报》，1918-01-26。
② 《北华捷报》，1917-11-24。
③ 《徐树铮电稿》，1～4页，北京，1963。

问题，但北洋军在湖南的失败使他重新考虑整个情况。南方联军进入湖南不仅帮助当地人民赶走北洋军阀，而且还尽可能地向北推进。此外，甚至在湖北，名义上归王占元指挥的许多地方军队，已出现不稳迹象，有的已转向湖南。如果认真对付这些问题，则湖南和湖北军队将联合起来将其赶走。面对这些新情况，王占元改变了过去的立场，请求北京政府向湖北派遣援兵。① 1917年12月至1918年1月期间，当湖南的战争在段祺瑞辞职后一个短时间休战后，又重新开始并更为激烈时，王占元更靠向主战派。1918年1月末，湖南岳州（今岳阳市）被湖南广西联军收复。湖北军人在鄂西与北洋军队作战，使他们停滞不前。

湖北的起义和湖南所发生的战争，使北洋军阀们考虑到，这些联合起来的南方军队可能会切断京汉铁路，使湖南的北洋军队陷于困境。为对付这种威胁，北洋军阀于1917年12月3日在天津召开会议。这个会议由安徽倪嗣冲、山东张怀芝和河北曹锟发起，由另外10个省派代表参加。会议最重要的结果是曹锟放弃了和平方针，变成了激烈的主战派。②

参加者决定继续湖南战争，从各省抽调军队，并请冯国璋发布征讨令。这个会议对段祺瑞

曹锟

来说显然是一个胜利。12月22日，曹锟派遣一支军队增援湖北的王占元。但是，总统冯国璋仍想坚持他的和平政策。12月25日，他发布一个命令，重申和平，并要求全面停战与和解。次日，长江三省督军通电响应支持总统。并表示他们正在努力与南方商量解决办法。③ 王占元也在电报上签了名，对他来说，这是奇怪的。唯一可以说得通的解释就是他想利用

---

① 《北华捷报》，1918-01-05。

② 这个改变可能是由曹锟和段祺瑞之间的某种政治交易所促成的。段祺瑞答应巩固曹锟在直隶的地位并在下次选举中选他为副总统。参阅《徐树铮电稿》，135页；曹汝霖：《一生之回忆》，172~173页。

③ 《北华捷报》，1918-01-05。

两方面的力量来维持他自己的地位。① 李纯和陈光远的态度是坚持不妥协。例如，12月底，当山东计划把某些军队派往湖北时，李纯和陈光远两人都拒绝让他们通行。②

这两项挫败新战争狂热的尝试，都因曹锟站在主战派一边而归无效。1917年12月中旬以后，段祺瑞得到奉天、陕西、山西、浙江、安徽和甘肃的督军支持，向冯国璋施加压力，要他任命曹锟为讨伐军总司令。1918年1月30日，冯国璋的一切办法都用尽，他从北京躲开，回长江老家，就屈服于现实，任命曹锟、张怀芝和张敬尧为讨伐军的司令，命令南进。同一天，曹锟兼任两湖宣抚使和河北省省长。前一项任命使曹锟在前线能全权指挥战争，后一项则是在他早已是直隶督军的基础上，更加强了他在直隶的统治。

曹锟转向战争，仅仅是完成了段祺瑞给他规定的三项主要任务之一。江苏李纯和江西陈光远的存在以及他们与冯国璋的勾结，意味着他的政策仍会遇到阻力。此外，王士珍内阁同情和平解决问题，也是被段祺瑞所怀疑的。所以，为了使他的政策能顺利进行，段祺瑞就要除去苏赣联盟，并从王士珍手里接管内阁。③ 这时，段祺瑞自己没有足够的力量迫使他的反对者离职，就依赖其他军人。曹锟的军队早已被派去湖南前线，近处仅有的支持来源是奉天的张作霖。当段祺瑞得悉李纯决定与江西和湖北建立起正式的联盟协会，共同反对自己，并拒绝其军队通过他们的地区时，段祺瑞与张作霖之间就很快达成了一笔交易。④

---

① 王占元的机会主义和两面派，为徐树铮下述报告清楚地说明。1918年1月底，江苏李纯向王占元、陈光远建议采取联合行动。明确：三省（1）坚决拒绝任何北洋军队经过浦口或汉口的权利。（2）情况危急时采取联合行动。（3）制定联合防御措施。王占元在文件上签字。同时，他把关于整个事件的秘密报告送给徐树铮，并说对李纯的放肆感到心烦。如果徐树铮的报告是真的，那么，王占元显然是采取了两面派手法。参阅《徐树铮电稿》。

② 半粟：《中山出世后中国六十年大事记》，184～185页，上海，1928。

③ 《徐树铮电稿》，19～64页。

④ 段祺瑞向张作霖透露一个情报。一船日本武器将于2月3日到达秦皇岛。在段祺瑞的默认下，张作霖截击并没收了这些武器。参阅《徐树铮电稿》，15、19、21、41、58、60、64页。

1918年2月25日，张作霖命令奉天军队开进河北，围绕首都占领战略要地。同时，向总统冯国璋提出四点要求，并暗示他对总统的忠诚与否，取决于这些条件是否得到满足。张作霖向中央政府提出撤换长江三省督军，恢复段祺瑞为首的新内阁，任命他自己为东北总监察长，再训练和装备一个奉天师。①

这时，段祺瑞在奉系帮助下十分洋洋自得。在奉军入关之前，段祺瑞就开始对江苏和江西报复。2月5日，赣督陈光远被正式剥夺军职。2月21日，任命张怀芝为湘赣检阅使，指示他把一部分北洋军开进江西，驱逐陈光远。段祺瑞并没有忘记另一个眼中钉李纯。但是，张作霖在2月份的政变，使政治力量转变为对段祺瑞如此有利，以致在王士珍内阁倒台之前没有必要再去考虑撤换李纯的问题。②奉军在中央政府附近的出现促进了这种变化。3月6日，王士珍辞职。

徐树铮

在这同时，北洋军正向湖南行进已收复许多失地。3月中旬，段祺瑞与张作霖的合作，由于张作霖任命段祺瑞的心腹徐树铮为关内的奉军副司令而进一步加强。3月22日，北洋军阀代表们聚会于天津，决定要求冯国璋重新任命段祺瑞为总理，并再一次提议，在和平解决之前，收复湖南省会长沙。③次日，段祺瑞复任总理。段祺瑞的三项任务现在已经完全实现，可以以全部精力去进行他的以武力统一全中国的政策了。

复职四天后，段祺瑞任命张敬尧为湖南新督军，以迎接全面胜利。从长远来看，这个举动是个很大的失策。因为，在湖南作战的主力主要是曹锟手下的吴佩孚所指挥的第三师。吴佩孚在多次战斗中曾一手把北洋军队从灾难中解脱出来，打败了湖南人。他当然期望得到报酬。相反，张敬尧是北洋军阀中的前辈，与段祺瑞有密切的个人关系。④

① 《北华捷报》，1918-03-16。
② 《徐树铮电稿》，103页。
③ 《北华捷报》，1918-03-23，1918-03-30。
④ 李剑农：《中国近百年政治史》第2卷，515页。

段祺瑞的政策中还有其他的因素，造成他对军事同盟的怀疑和不安，引起了联合战线的逐渐瓦解。其中最重要的方面就是曹锟与主战派逐渐疏远。①

曹锟的疏远是由若干因素造成的。第一个因素是他对自己长期离开直隶基地所引起的不安。1918年3月末4月初，有消息说段祺瑞想让吴佩孚全权指挥湖南战役，把第三师留在湖南，任命曹锟为两湖巡阅使，任命徐树铮继曹锟为直隶督军。这意味着曹锟将失去对第三师和他的直隶基地的直接控制。新职务实际上有名无实，大权旁落。虽然徐树铮竭力否认这个谣言，但曹锟显然还是非常不安。②

1918年6月15日，发生了一件重大的政治纠纷，强烈影响了曹锟对段祺瑞的态度。这就是陆建章的被暗杀。陆建章是北洋军阀的前辈，是冯玉祥的舅舅，当时是第十六混成旅的指挥。据曹汝霖说，陆建章是反对段祺瑞的。他曾说服冯玉祥停止向南进军，并计划突然袭击段祺瑞最亲密的支持者倪嗣冲。③当陆建章到北方在军队中宣传反战时，被诱进徐树铮在天津的住宅枪杀了。陆建章事件在军界引起了一片愤怒的声浪。曹锟特别生气，因为具有如此老资格的一个北洋成员遭到这样残忍的对待，而且这种犯罪行为居然发生在他所管辖的地区。④

最后，但也很重要的因素是段祺瑞军事和政治力量的迅速增长，使曹锟感到不安，而影响了他对段祺瑞的态度。必须指出，湖南战役本身并不是最终目的，它只是征服南方几省，实现国家统一的序幕。段祺瑞的经历清楚地告诉曹锟，北洋军队可能会具有同南方军队一样

冯玉祥

---

① 关于段祺瑞怎样察觉了曹锟的疏远，可参阅《徐树铮电稿》，120、125、136、139、140、148、159、223页。
② 《徐树铮电稿》，293页。
③ 曹汝霖：《一生之回忆》，173～174页。
④ 《北华捷报》，1918-06-02。

的反抗性。他不能忘记在湖南战役中为北洋军的合作，而曾付出了相当大的经济和政治代价。所以，段祺瑞认为，用武力统一国家不能继续依靠与别的军人合作，而只能依靠于建立一支绝对忠诚于他个人的军队。张作霖、曹锟以及其他人，只能是暂时的同盟军，将来他们可能会成为敌人。段祺瑞本人曾经说过，一个统一的国家意味着对所有地方权力必须加以限制，军队的权力必须明确与政治分开。① 因此，段祺瑞在湖南战役中与不同军队合作的同时，也为建立一支独立的军事力量奠定基础。

段祺瑞恢复总理职务不到两个月，签订了中日共同防敌军事协定。根据这一文件规定，日本为中国建立和训练 3 个师 4 个旅，为他们提供教官和装备。根据当时的报道，中国总参谋部和陆军部要各送 10 名学生去日本最高军事学院进修，回国后将委以重任。中国的兵工厂要按日本的规格制造步枪和子弹，当前需要的全部武器均由日本供给。② 虽然段祺瑞等人坚持说建立这些新武器力量是为了中国参加第一次世界大战，但是总统冯国璋及其他稍有头脑的军人都知道，这仅仅是个烟幕；政府从来没有以如此巨大的规模认真计划参与欧战。③ 非常清楚，这支庞大的军队实际上是用来镇压国内敌人的。段祺瑞对待这支军队十分谨慎，任命他最忠实的助手当指挥员，并给予优惠的待遇。

为了实现武力统一政策，段祺瑞还需要钱。但是大部分地方财政收入都被地方军阀所消耗。于是，就向日本借贷。据李剑农的资料，段祺瑞在复职后的 7 个月内（1918 年 3 月—10 月），至少与日本谈判了 6 次，借款总计 1.2 亿元（Chinese yuan）。在此同时，据说还有若干其他的借贷谈判，但它们的实际数字不能确定。④

战争经费充实了，一支巨大的军队正在训练，段祺瑞就开始他的第二步计划，即控制中央政府机构。安福系就是为达到这个目的于 1918 年 5

---

① 芮恩斯（Paul S. Reinsch）：《一个美国外交家在中国》，292～294 页，纽约，1922。
② 《北华捷报》，1918-04-20。
③ 外国的外交官曾说中国计划送 50 万到 100 万人到欧洲。参阅芮恩斯：《一个美国外交家在中国》。
④ 李剑农：《中国近百年政治史》第 2 卷，5～16 页。

月建立起来的政治工具。安福系名义上由王揖唐、刘恩格、曾云沛领导，但幕后掌握实权的是那位无处不在的徐树铮。它的活动基地是国会。1918年8月召开新国会时，交通系（包括梁士诒派和曹汝霖派）获得大约100个席位，研究系只有20席，而安福系得到了将近330席。① 段祺瑞显然是想利用国会中的大多数操纵即将来临的总统选举和控制中央政府。

梁士诒

段祺瑞个人力量迅速增长的征兆对他的敌人和同盟军产生了影响。曹锟和吴佩孚攻下长沙后，眼见胜利果实被张敬尧攫夺，就开始消极怠战。4月中旬，曹锟向段祺瑞提示，第三师已疲劳不堪，应调回北方休息整训，并说自己有病要求请假养病。4月18日，第三师占领衡州，使他有了一处远离张敬尧的根据地。在这里停止了反对湖南的活动，曹锟和段祺瑞的矛盾已发展到严重的程度，使段祺瑞赶忙到前线去向曹锟保证已为战争作了充足的准备，催促曹锟取得即将来临的彻底胜利。但曹锟却不为所动。②

不久，吴佩孚与湖南军官达成非正式停战协议。5月30日，曹锟对战争毫无兴趣，回到直隶养病。

规劝曹锟遭到失败后，段祺瑞主战派又试图拉拢曹锟的部下。6月4日内阁会议上，徐树铮建议，如果曹锟和张敬尧不立即到职，就任命吴佩孚为征讨南方军队的总司令。③ 据说，他还告诉吴佩孚，北洋军中的老一辈都年事已高，而吴佩孚可以很快被提升。④ 但是，吴佩孚由于对段祺瑞有气，仍然忠于曹锟。所有这些手段的最后一着，是把现在已经几乎没有军权的张怀芝从山东督军职位上赶走。这件事，使曹锟更加坚信段祺瑞其人是太不可靠了。曹锟和吴佩孚脱离主战派的立场于8月21日明朗化。吴佩孚带领他所指挥的将领发表通电，公开主张立即停止一切内战。广州

---

① 李剑农：《中国近百年政治史》第2卷，517页。
② 《北华捷报》，1918-04-27，1918-05-11。
③ 《北华捷报》，1918-06-08。
④ 曹汝霖：《一生之回忆》，174～175页。

的南方军政府立即响应吴佩孚的建议。一个月之后，湖南前线的所有北方和南方的指挥官联合声明号召停战，召开和平会议。

这时，曹锟得到了更多的关于段祺瑞缺乏诚意的证据。成立安福系的主要目的之一是当冯国璋总统任满后利用国会把他换掉。9月选举临近时，冯国璋与段祺瑞之间的敌意愈来愈厉害。但是并没有迹象说明曹锟要为冯国璋的目的而奋斗。相反，曹锟、张作霖和徐树铮7月底在天津会面时，曾同意由徐世昌出任总统。天津会议也曾重申段祺瑞以前的主张，即选曹锟为副总统。9月1日，安福系控制的国会第一次投票，以压倒多数选举徐世昌为总统。之前不久，这届国会还把议长、副议长席位给了两个安福系领袖，现在却不能集中起码的法定人数来选举副总统，副总统的职位空着。在这种情况下，曹锟自然怀疑是段祺瑞故意背弃了自己的诺言。于是曹锟背离段祺瑞成了不可挽回的事实。

失去了曹锟这一作战工具，面临着普遍的和平要求，段祺瑞发现政治气氛不合适，于1918年10月10日辞去总理。段祺瑞刚一离开内阁，和平力量就集中起来了。11月，准备召开南北之间的和会，在曹锟和长江三省督军的推动下，终于于1919年2月20日在上海召开。会议开始后不久，由于两方面的若干意见不同而受阻。但是最基本的阻碍是段祺瑞坚决反对与南方叛军有任何和解。

直到这时，曹锟和吴佩孚可能仅仅是想迫使段祺瑞下台，这样，南方战役就可以自然停止。没有证据说明他们想把段祺瑞作为一种政治力量除掉。但是他们很快就发现了自己的错误。因为段祺瑞仍是参战军的指挥，掌握着这支由日本帮助训练的新军事力量。1918年11月第一次世界大战结束后，段祺瑞仍保留这支参战军，只是改名为国防军，后来又改为西北边防军，并于1919年1月24日任命徐树铮为其司令。为了使日本在世界大战后能继续参与军队训练计划，1919年2月，段祺瑞与日本签署了延长共同御敌的换文协定，直到中日双方与德奥签订和平条约以及所有同盟国军队从中国领土撤走为止。①

段祺瑞的行动显然是无视和平力量，他的军事力量的扩大显然是等待

---

① 李剑农：《中国近百年政治史》第2卷，528～529页。

时机继续讨南。所以，5月14日，在和会上，南方代表提出8点要求，其中包括要求取消中日一切秘密条约，并严惩与缔结密约有关的人。① 北方代表拒绝接受这个要求，双方代表宣布总辞职。当北方的总代表辞职时，段祺瑞抓住这个机会，于8月11日迫使总理任命他的安福系首领王揖唐为新的总代表。这一举动被南方一语道破，认为这是想控制或破坏和平运动的烟幕。结果，南方代表拒绝与王揖唐见面，和会进入停顿状态。

和会的失败无疑引起曹锟和吴佩孚的反感，使他们懂得了段祺瑞辞去总理并没有使麻烦结束，也使他们更靠近李纯和陈光远，共同努力阻止段祺瑞的影响和作用。就是在这个时候，曹锟、吴佩孚以及长江几省督军有了反对段祺瑞的共同利益。直系这个名词，过去某些时候曾含含糊糊地用过，但现在开始有了更加明确的含义。1919年12月29日冯国璋死后，曹锟的军队就成为直系的中坚力量。

在这同时，段祺瑞与张作霖的关系也恶化了。段—张联盟一开始就是利害结合。张作霖为了加强段祺瑞的地位，曾总共派遣6 000人到首都，还有几个旅到安徽以牵制江苏。② 另一方面，段祺瑞在武器和经济方面付出了高价，巩固张作霖在东北的统治，改进他的军队。③ 到1918年夏，张作霖已开始寻找新的势力范围了。张作霖的地位越牢固，他对段祺瑞的需要就越降低。他与徐树铮的关系也恶化了。8月中旬，他指责徐树铮挪用公款，解除了徐树铮在奉军的职务。当徐树铮于1919年6月被任命为西北边防军司令时，他们之间的矛盾更加深了。广大的内蒙古领土现在置于一个新行政机构——"边防督办"之下。这对张作霖的扩张计划是个障碍，而且西北边防军在奉天附近驻军也引起了张作霖的极大不安。这些事件使张作霖逐渐脱离段祺瑞，而靠向直系。

1919年整个秋冬，吴佩孚一直在通电中以激烈语调反对段祺瑞一伙及其政策。公众的热烈响应使吴佩孚在电报中越骂越起劲。1920年1月，

---

① 陶菊隐：《吴佩孚将军传》，20页，上海，1941。
② 《北华捷报》，1918-04-06。
③ 这包括日本的武器和120万美元，作为奉天实力派的最初动员（《北华捷报》，1918-04-13）。徐树铮任关内奉军副司令时，还负责他们的给养和训练经费。

他正式要求北京政府准许第三师从湖南前线撤回。吴佩孚的数次请求未得理睬或被拒绝后，他开始撤走自己的军官家属。①

同时，反段联盟由于河南的参加而加强。2月，传说段祺瑞可能要撤掉河南省督军赵倜，代以吴光新。赵倜和他的兄弟动员自己的军队起而反对，准备抵抗。据说由于曹锟从中调停，北京政府同意保留赵倜的督军职务，只免去他的省长职务。② 这件事情的结果是，过去与段祺瑞友好的赵倜，也决定与直系联合。

1920年春，奉系和直系结成同盟反对段祺瑞的皖系。1920年4月9日，在河北省会保定召开会议，由河北、江苏、江西、湖北、河南和东北三省建立了八省联盟。这时，反对派已明显形成，除非段祺瑞让步，否则看来战争在所难免。特别是段祺瑞的反对派要求：(1) 重组内阁，摆脱安福系的控制。(2) 任命一个更合适的代表重新召开和会。(3) 撤销西北边防局。(4) 改编西北边防军，归陆军部直辖。③

这些要求，段祺瑞当然都不会接受。于是，1920年5月20日，吴佩孚开始从湖南撤兵，地方军队很快推进，张敬尧从省会逃走。吴佩孚沿京汉路向保定进军。6月，张作霖在与总统徐世昌和总理段祺瑞商讨之后，到保定与曹锟、吴佩孚及李纯的代表商议。很可能张作霖向段祺瑞提出最后通牒，劝阻他不要再坚持自己的政策。而在同时，与曹锟就对付段祺瑞可能采取的顽固态度，作了某些最后的安排。段祺瑞则坚持自己的主张。7月4日，总统下令罢免徐树铮西北筹边使和西北边防司令职务，西北边防军归陆军部领导。西北边防军不顾这个命令，于7月6日动员起来向曹锟宣战。双方军队于7月14日交战，到19日战争结束，段祺瑞被彻底打败，逃到天津日租界避难。

结论

从我们的历史回顾中可以看到，袁世凯死后，国家的分裂在北洋军中

---

① 《北华捷报》，1920-04-03。
② 《北华捷报》，1920-02-21，1920-02-28，1920-03-06。
③ 《直皖战争始末记》，载《近代史资料》，80～88页，1962 (2)。

引起了普遍的惊慌，他们曾习惯于处在特权的地位，拥有巨大的权力。与遍及中国南方的独立运动浪潮不同，北方的军人起初是团结在一起，试图保持他们的政治影响的。在1916—1918年间，作为一种临时的方法，他们通过军人会议的办法采取集体领导。当时，许多人都有制定政治决议的权力。但是，每个人都感到权力必须集中，叛乱的地区必须重新纳入轨道。在怎样更好地达到这个目标的问题上，冯国璋和段祺瑞之间产生了对立，冯国璋主张和平解决冲突，而段祺瑞则主张武力统一国家。在这个阶段，对立的仅仅是派系斗争的雏形，还不是派系本身。因为许多主要人物这时刚刚参加进来。

段祺瑞是这两个主要对手中的强者，他建立了一支强大的个人势力。在政治上，他建立了安福系。他从日本得到大量的武器和金钱，成功地建立了一个比较紧密的集团或派系。另一方面，段祺瑞的对手则不那么强大。冯国璋最多只能依靠江苏和江西的支持，以及几个师，特别是第八师和第二十师师长的有限支持。从材料中可以看到湖北的王占元很像一个机会主义者，见风使舵。在1916—1920年整整几年中，他对于战争与和平的立场是暧昧、矛盾的，也可能是故意这样做的。据我所知，他从来不公开谴责段祺瑞及其助手，段祺瑞也从来没有对王占元真正动过气。在1920年的战争中，他充当了一个被动的角色。因此，虽然大多数作者认为长江三省督军是冯国璋派的主要力量，但我认为王占元依附于冯国璋是十分值得怀疑的。王占元游离于直系的最好证明还有下述事实：直皖战争后直系没有给他什么官职，以及当王占元被湖北地方军阀赶出来时，他们采取袖手旁观的态度。

我们的回顾进一步证明了如某些作者认为的，曹锟和吴佩孚与直系的关系并不是从一开始就是相同的。① 如果我们仔细审视这段历史就会发现，曹锟在战争问题上是站在个人的立场，而不是派系的立场。曹锟可能

---

① 例如，吴英昆（Odoric Wou）在分析军阀主义时曾作了一些很令人鼓舞的探索。他在说明曹锟1918年夏以前的行为时说，"曹锟虽然是个直系军阀，在战争中却站在安福系一边"。参阅《从1916—1928年吴佩孚的经历看中国现代军阀主义》，268页，哥伦比亚大学博士论文，1970。

仍考虑到北洋的利益：他不愿看到段祺瑞作为北洋集团的权力受到南方叛军的挑战，他不愿见到王占元在湖北的地位陷于危险。同时，他也不愿意看到李纯由于反对战争受罚，当然也痛恨陆建章的被暗杀。对这些看来是矛盾的行为的一个可以说得通的解释就是，基于本派的得失，曹锟更多地关心北洋集团的巩固，反对外来的挑战和内部的分裂。因此我们看到曹锟既以全力帮助段祺瑞取得湖南战争的胜利，也多次表示对李纯要气量大些，免得北洋集团分裂。①

直到曹锟与冯国璋的部下结成了友谊并处于一种长期反对皖系的局面，直系才真正成为直系。冯国璋的部下是反对派的骨干，但这是一个非常软弱的反对派。曹锟与段祺瑞破裂后，争论明朗化了，政治力量形成了对抗的局面。是曹锟使直系有了军事力量和敢作敢为的领导。是曹锟的军队胆敢与皖系较量并给它以粉碎性的打击，使它一蹶不振。

最后，是段祺瑞的傲慢促使了直系的结合。段祺瑞认为北洋系统的权力只能以组织和权力来保持。但是，北洋军队事实上与国内其他军队一样分散。为了使北洋复兴，段祺瑞甚至在北洋系统内建立一个具有不同政治和军事力量的派系（安福系和西北边防军），后来被称为皖系，以及采取撤职、孤立或枪决的办法来压制北洋内部的反对派。但是北洋成员不习惯高压手段。即便是袁世凯，当需要执行纪律时，也采取比较策略的办法。北洋成员把北洋系统看成是一个家庭。一个中国家庭的家长，既是严厉的，也是宽厚的，他不应该是凶狠的或喜欢报复的。更重要的，中国家庭重视融洽而讨厌公开分裂。对于段祺瑞，作为北洋的领导人应该做到这些。当事实证明段祺瑞坚持他的高压统治方式时，别人就开始为保护自己而联合起来。因此，本来想恢复北洋的团结，结果却将其分裂成毫无希望的碎片而结束。

---

① 《徐树铮电稿》，120、125、136、140页。

第三章　军阀派系的构成

这一章的任务是要弄清军阀派系的成员和他们结合的原因。很遗憾，目前的资料很少对这个问题进行系统的分析。如果我们想根据这些派系组织的特点和组成来了解他们的力量和持久性，那么，就需要弄清影响这些军人选择政治活动的动机和基本原因。

我的论点是，在这 12 年中，尽管各个派系的成员有相当大的变动，但是仍有某些基本因素使个人对派系保留比较稳定的选择。探讨这些因素是进一步系统研究民国初年军阀政治的第一步。

可以把这些因素分为三大类：个人关系的结合，自身利益的考虑，以及意识形态上的联系。

个人关系的结合

军人之间的个人结合，包括血缘和婚姻这两个主要联系，以及次要联系，如师生关系、老同事、老同学或老同乡，与我们的分析有关系。

个人联系中首先和最重要的是家庭内部的联系。在中国传统的社会观念中，家庭是社会的主要基石。它是人们相互交往的基本社会单位，也规定了每个人在这个社会中的权利和义务，每个人在道义上要尽最大的能力去照顾自己的子孙或亲戚。①

在军阀派系中，我们有充足的证据说明这个传统是被尊重的。例如，奉系张作霖在他儿子还很年轻时就给予重要的职务，准备让他日后成为该

---

① 关于父子和兄弟关系的系统论述，可参阅许烺光（Hsü Francis）：《祖荫下：中国的亲属关系、个性和社会流动性》，59～63 页，纽约，1948。

系的首领。① 直系在 1920 年战胜皖系后，曹锟让他一个弟弟（曹锐）当直隶省长，另一个弟弟（曹锳）当第二十六师师长，侄子（曹士杰）为他的警卫旅旅长。在云南，唐继尧的两个兄弟也是身居要位，唐继禹是代理省长和军队训练的指挥，唐继枝在 20 年代担任师长。通常人们使他的家庭或家族中的其他人参加相同的派系，以便可以互相依靠。这种情况是很普遍的，在南北之间或各省之间几乎没有什么差别。

张作霖

军阀派系中的家族和家庭联系的作用与清皇朝官僚制度下的一般情况有很大不同。在传统的官僚制度下，要进入官场，在相当大的程度上决定于统一的考试制度，这曾有效地禁止了家族主义。因此传统的家族主义的表现方式，常常是让家庭成员担任这个官员领导下的闲差事。当政治作为一种有限制的，并具有解雇和危险性的职业时，大多数人就满足于给他们的亲戚及家庭成员以比较次要的位置（但有良好的待遇），而把重要的职务交给有才能的人去

唐继尧

干。但是，当政治活动具有战略意义时，也就是说，当一个人的政治前途不再取决于明确的制度上的标准，而是取决于人们在失去行动准则且充满敌意的环境中的生存能力时，家庭和家族才像最团结的社会集团那样，发挥巨大的政治作用。

1905 年正规的科举制度的废除和传统政治道德的衰败，从制度上和道德上取消了对家族主义的约束。结果，在军阀派系内部，家族主义广泛流行，亲戚和家族成员能得到远远超过他们力所能及的重要职务。家庭关系成为直接进入上层政界的有力的手段。

家庭内部的关系总是容易集中的。处于家庭里父亲或家族中的首领地

---

① 《民国人物传》第 1 卷，62 页。

位，有助于加强他职务上的领导地位。不仅是作为家长分施恩宠，还把中国家庭内部的团结和个人忠诚带进政治领域，与这些人达成高度的政治团结。当这些有感情的家庭成员直接进入政治领域时，家庭的和政治的权威就达到高度的统一。在政治大动荡的年代里，这是派系内部最有利于政治统一的因素。

但这并不意味着上下级与父子这两种很不同的关系会自动地统一。家庭关系常常处于上下级关系之上，并在处理政治或其他方面的问题时，提供最后的意见。在这个意义上说，二者一般不会发生冲突。因为所有其他的人都是从属于他的家庭成员，特别当这种关系是父子关系的时候。

婚姻是建立政治联系的另一个重要方法。已有的婚姻关系可以用来加强派系的联系，或者明显地为了达到这个目的而缔结婚约。

当然，联姻在中国长期以来一直被当做外交工具来使用。在这种婚姻中，父母具有代办其子女选择配偶的全权。民国初年，袁世凯是这方面的高手。他让段祺瑞与自己的养女结婚，让冯国璋与自己的家庭女教师结婚，以巩固他与北洋军中这两个最有力的人物之间的个人联系。他还让一个儿子与副总统黎元洪的女儿结婚。1920年，曹锟和张作霖由于他们的子女结婚而成了亲戚，为更紧密的合作铺平道路。在南方，婚姻关系同样也联结着那些重要的军人。① 在许多情况下，婚姻可以使彼此独立的人们之间形成共同的利害关系，以及更紧密的政治联系。在婚姻中如果一方明显地比另一方强，后者往往被同化，其关系超过联盟的关系。这种婚姻是很普遍的，一个军人要表示对某个下属施恩宠，就可以把自己的女儿或其他亲属嫁给他，作为加强永久政治结合的一种方法。袁世凯与他的军官们的关系就属于这种情况。双方的社会地位差距越大，这种政治结合就愈紧密。因为，这个下级对他的上级会十分感激。最有效的同化方法是把他的女儿嫁给一个出身低微的下级军官，这个下级军官除此之外很难得到晋升的机会。在这种情况下，他们之间的关系几乎可以等同于父子关系了。

---

① 例如，广西军阀集团的首领陆荣廷，是广西1917—1921年督军谭浩明的姐夫，谭浩明的兄弟们在广西军队中也都身居要职。参阅黄绍竑：《五十回忆》第1卷，87页，杭州，1945。

这种婚姻在同一个军队中的上下级之间也很普通。但在不同的军队中，由于早已忠于不同的政治领袖，这种情况则不经常发生，因为这种不同的忠诚不可能以婚姻来改变。如果婚姻发生于不同的政治营垒之中，两方面的力量往往又是相等的，那么，采取强制则不适宜。在这种情况下，婚姻可以使两方面结成暂时的联盟或持久的合并。如果这种婚姻是用来组成派系的，其结果往往会形成多种派别，而不是一个完整统一的组织。

在中国社会中，除了家庭关系之外，最重要的无疑是师生关系了。有时师生关系在重要性上甚至超过夫妻关系和兄弟关系。俗语曰"一日为师，终身为父"，这种师生关系，经常使其在政治上占据有利的位势。

民国初期，这种师生关系是建立派系的基础之一。某些军人为了能永远约束他们的下属，有意培育这种关系。单纯的政治关系，当观点不同或有权力地位之争时，可能会产生变化，但是师生关系，由于不带政治色彩，则永远不会改变。袁世凯很理解这一点，并与他的下属发展师生关系。① 后来蒋介石采取同样的途径得到了更大的成功。黄埔军校的毕业生，是国民党军队的中坚。当他们有了声望和很高的地位时，不管他当时是什么职务，仍然始终称蒋介石为"校长"。

蒋介石

另一种广泛但却是次要的联系，是许多军阀都已获得的、基于职位上的联系。在一个特殊的军阀集团中，它体现为一种上下级关系。虽然上下级之间的联系从等级的意义上看很像父子或师生的关系，但其政治影响并不是持久的。首先，辈分的区别常常不清楚。一个上级也许不比他的下级年长，因此，并不享有传统习惯对于老年人的尊重。他也可能不是老资格的，他的下级可能比他更早参加这个单位只是晋升得很慢。更重要的是，上下级联系的最单纯的形式只是一种契约性的联系，两个人偶然相遇于官场阶梯的不同梯级上。如果上级是个长者，明显地在职务上属于前辈，并

---

① 陶菊隐：《北洋军阀统治时期史话》第 1 卷，14 页，北京，1957。

在上级地位上与这个下属已有长时期的相处，那么，这种上下级的联系就具有较强的政治含义。

因此，上下级关系对于加强政治结合的作用是极小的。这一点必须强调，因为许多作者把两个人之间在过去职务上的联系作为他们以后的政治关系加以解释。但是，这些观点却不能解释，为什么有的上下级关系并不产生紧密的政治联系？例如，一般认为，曹锟能掌握第三师和吴佩孚，这是因为曹锟曾任第三师师长，与第三师的人有上下级的关系。但这一解释不能说明这样的事实：即段祺瑞创建了第三师，并且曾至少两度担任该师师长。而且吴佩孚参加这个师时，其师长恰恰是段祺瑞，而不是曹锟。①

这些分析引导我们去体悟恩人关系的政治重要性，它常常与上下级关系的发展相一致，但在某些时候则不受它们的限制。从历史上看，中国的官僚政客常常用施恩于某些年轻部下的办法，来建立其个人的政治势力。一旦这种个人的恩宠超过了保护人公务上的联系，被保护人就会坚定地忠诚于他，以示报答。

曹锟和吴佩孚之间的关系，是恩人关系和长期上下级关系的结合，从而产生了强大力量的很好的例子。当吴佩孚还是一个下级军官时，曹锟奖励他的才能，迅速提升。到1918年，当曹锟让吴佩孚代理第三师师长时，所有的人，包括吴佩孚本人，都把吴佩孚看成是曹锟的被保护人。吴佩孚深深地受传统道德观念的影响，以绝对忠诚报答曹锟。1920年后，尤其是1922年后，当曹锟从军界转向政界时，吴佩孚已成为当时最强有力的军人。尽管曹锟在政治上已明显地处于不利地位，吴佩孚仍然容忍由于曹锟手下人的诡计而致使自己遭受政治失败，甚至有的时候还为保持与曹锟的个人关系而遭受公众的羞辱。② 1924年，当曹锟的政治生命受到威胁时，吴佩孚甚至冒着使自己声名狼藉的危险，毫不犹豫地去帮助他。

同一个军校出来的军人，往往参加相同的派系。各省的军校主要为地方上训练学员，国家的军校则吸引全国的青年。这些学校给学生提供了开阔眼界和互相结合的机会。毕业后，他们通常将回到本省所在地服务。但

---

① 《民国人物传》第3卷，445页。
② 《北华捷报》，1922-11-11。

是，中国的传统情况是，在学校里结成的长期友谊和同期毕业，对他们具有特殊意义。当一个军人面临着参加哪个派系的抉择时，权衡轻重，他就会参加到有他过去要好的老同学的派系中去。

从全国范围来看，北洋军所创办的军校是最有影响的。1885年，李鸿章创建的北洋武备学堂是所有北洋军校中资格最老的。王士珍、段祺瑞和冯国璋都是这个学校的毕业生，并被袁世凯请去训练新军。① 后来，袁世凯在小站扩大其训练计划，建立更多随营学堂，使新兵也参加训练。在各个不同方面参加小站训练计划的人，与被袁世凯吸收的武备学堂的毕业生，成为北洋集团的骨干力量。从各方面来衡量，这是1916—1928年期间中国政治生活中最重要的一个集团。这里列举武备学堂一部分毕业生在1920年前所担任的要职，它可以说明这一集团的重要性。

张怀芝	山东督军	田中玉	山东督军
陈光远	江西督军	蔡成勋	绥远都统
齐燮元	师长	曹锟	直隶督军
蒋雁行	绥远督军	段祺瑞	总理
靳云鹏	总理	段芝贵	奉天督军
冯国璋	总统	王占元	湖北督军师长
何宗连	察哈尔都统	王金镜	师长
何丰林	江苏淞护军使	王怀庆	京师宪兵司令
李长泰	师长	王汝贤	师长
李厚基	福建督军	王士珍	总理
李纯	江苏督军	王廷祯	察哈尔都统
卢永祥	浙江督军	杨善德	浙江督军
鲍贵卿	吉林督军		

北洋武备学堂的后身是保定军校，它也出了一些有名的军官，包括张敬尧、吴佩孚、陈树藩、刘文会和唐生智，还有一些数量很少经过选择的学生到日本军校——日本士官学校，或它的初级军事学校接受训练。遗憾

---

① 荣孟源：《北洋军阀的来源》，载《历史教学》，22～24页，1957（4）；文公直：《最近三十年中国军事史》第1卷，15页，台北，1962。

的是，由于这些学校的毕业生数量很多，而有关他们的材料也很少，我们不能精确地弄清他们的经历，也很难证明这些人聚在一起是否纯粹由于老同学的关系。中国现代史的研究人员常以"保定集团"或"士官系"来称呼他们。保定军校毕业生被大量吸收进国民党军队，部分原因是因为蒋介石本人在1907—1908年曾受训于保定军校的前身——北洋武备学堂。黄埔军校教授部主任王柏龄有一次估计，保定毕业生在黄埔军校中占据中等水平职务的人数，约占全体工作人员的20%。黄埔的更低一层的人员大部分由云南军校的毕业生组成，人数占全体工作人员的60%（在这里我们也可以证明，工作中个人和学校的联系。因为朱培德无疑是国民党军队中最有力量的人物之一，是云南军校的毕业生）。在最上层，旧中国军人中的主要成员都是在日本士官学校受过训的，包括蒋介石、何应钦、王柏龄和钱大钧。黄埔四个部主任中有三个是在日本受过训的。

事实上，黄埔军校在向学员灌输与学校相同的思想，以及在他们中间建立起当他们彼此离开后还能长期保留的强有力联系的方面，做得很有成绩。黄埔军校在毕业生中灌输团结精神得到很大成功，几乎使其具有家族的魅力。正如中国现代史充分证明的：没有哪个学校能像黄埔军校那样使其成员把它当做政治效忠的中心。

纵观中国历史，地理联系常常是使人们加入不同社会和政治集团的有力因素。其中部分的原因可以解释为在农业中国内部缺少地区之间的交流。虽然，一个相传了近2 000年的故事本渊源于一个版本，但是不同地区却仍然保留着各自非常不同的民间说法和地方方言，这些区别很自然地在民众中形成明显的地方特性。①

1916—1928年间的军阀政治也反映了地理联系。军人们尽可能吸收与自己同省或同地区的人员。地区性在军队中很普遍，军队一般不从遥远的地方补充兵员。除了历史和文化的原因之外，还有两个实际原因：即士兵很可能会开小差回家。在更极端的情况下，特别是当命令与他们本省的

---

① 还有其他的历史因素使地方观念具有重要的政治意义。如何炳棣在《中国会馆史论》中指出，地方观念通过若干制度和规章灌输进传统社会中有政治意识的人们的头脑中。

军队作战时，很可能会发生起义或叛乱。还有一个不重要的原因就是：如果军队由各地的人所组成，就会由于不同的方言、不同的饮食习惯以及不同的生活方式给管理上带来严重的问题。① 总之，至少北洋军是只想招募北方人，即便当他们已经占领了长江以南地区的时候仍然如此。

军人们喜欢与老同乡在一起，这不仅表现在招募新兵的方面，也表现在寻找政治同盟方面。他们宁愿首先选择那些来自老家的或邻近地区的人。直系和奉系的核心成员大部分只来自几个省。当皖系成员的地理分布比较分散时，段祺瑞与安徽人的关系最密切。这里，我要补充的是，如果从一般意义上这样解释派系，就会导致误解，因为它把籍贯作为派系的唯一组织原则。如果一个人的籍贯与领导者不同，他就会背离领导，这样的分析过于简单。我们的分析将说明籍贯在军人选择派系时，只是一个可能发生影响的因素，但并不是最普遍、最重要的因素。

距离愈近，感情愈深。当一个地区的居民具有相同的语言而又与外界相对隔绝时，这种联系就更为紧密。当然，同地区的人与人之间的关系的密切程度是有所不同的，并且，这些因素都受这个派系的活动范围所影响，当这个派系在较大的地区活动时，对这个人来说，本省对他具有重要意义，当这个派系在小范围内活动，例如在一个省内活动时，同一县或同一地区，就成为更重要的了。

有时，从某些县或地区来的一些人，由于历史原因使其关系特别密切。例如，在民国初期的派系政治中，安徽合肥市突出地成为一个重要的地方，主要是因为北洋军的前身淮军是由合肥人李鸿章建立起来的。至少有6个合肥人（段祺瑞、段芝贵、贾德耀、吴光新、吴炳湘、聂宪藩）在皖系中发挥了显著的作用。

通常，人们认同老乡的基本单位是省。虽然对于省与省间人们感情的密切程度很少进行比较研究，但我的印象是北方人与北方人相处时，很少再去辨认是否属于同一省。而南方人之间相处时则较多地意识到省与省之

---

① 例如，当冯玉祥于1915—1916年在四川时，他招募了某些地方士兵。当他离开这里时，便遣散了这些川军，因为他感到这些士兵去外省生活会遇到困难。参阅：《传记文学》第5卷，第4期，21～22页，1964年10月。

间的差别。看看不同的军阀派系的组成，我们就能发现南方人很少跨省去参加别省的军队，而直隶、山东和河南等省的北方人，则往往在同一个派系内，但绝不会参加南方派系。

因此，我们仅仅为了方便起见，把他们称为皖系、直系或奉系。这些派系作为政治集团的性质，是不能仅从这样有限的地理名词中得到完全的了解。

我们对于人们之间关系的政治作用的分析，如果不谈到在传统中国官场中一些其他的重要因素，就是不完全的。一种是所谓的"世交"，即两家之间已经保持了一代以上的友谊。官员之间有了密切的政治关系，他们的子孙就有很大的可能保持和发展这种关系，家庭之间长期的同学关系和官场上的一帆风顺，可以使这种结合持久而巩固。可是，民国初期的军人，通常是非官僚出身，其上一代很少有政治联系。他们中大多数是第一代取得成功的人士。所以，"世交"关系在使人们参加同一派系中作用并不显著。

另一种传统关系是友谊。从历史上看，理想的友谊和结拜兄弟，曾经是许多政治集团，特别是秘密团体的组织要素。虽然友谊有时比别的个人关系有更大的政治力量，但它的政治意义却很难确定。友谊作为一种感情上的联系是十分主观的，除非两个人是结拜兄弟，否则我们就几乎没有根据去判断其政治关系是否出自友谊。这个任务之困难还在于：友谊通常并不孤立存在，它总是与别的关系，如同学或同事等关系同时发展。因此，要认识友谊对政治行动的影响和作用，我认为是无法衡量的。

自身利益的考虑

我们有时会遇到这种情况，即上面所述几种个人联系并未显示出任何深刻的意义。这情况可能是因为军人们的联合方针取决于他的自身利益。为了分析自身利益在派系形成过程中的作用，我们必须按不同形式的利益来区分军人的几种不同的类型。

首先，是那些只掌握很少或根本没有地盘的人。这种情况在这个时期开始时是十分普遍的。那时军人们之间的边界线还不明确或不固定。在

1916—1920年间有许多巡游军人（itinerant militarists）。① 在这种情况下，军人的力量有很大的差别，一个人指挥一个师也许有将近15 000人，而另一个营却只有200人。这些军人很快或稍后将被迫与较强的军人联合以得到这些强者对他们地位的承认并由此得到某些保障。一个军人如果善于进行这样的谈判，果断使用武力，运用策略，就可能在很短时间内获得很大的权力和地位。

广西一支新军的兴起，对于后来军队怎样寻找生存和发展的方法，是一个清楚的说明。据黄绍竑说，当陆荣廷1921年从广东被逐时，他在广西的统治随之瓦解，沈鸿英成为广西的新军阀。这时，黄绍竑本人和李宗仁正各自指挥很少量的军队，勉强维持生存，经常转移地方。黄绍竑和李宗仁几年前曾是广西军校的同学，1922年，他们决定联合起来。联合起来的力量也只有3 000人和2 000支步枪。当然，他们预料这支新军队肯定为沈鸿英所不容。所以，黄绍竑去接近沈鸿英并愿做他的部下。谈判结果，黄绍竑接受沈鸿英的旅长委任，而沈鸿英供给黄绍竑旅以武器、子弹和金钱。这样，黄绍竑李宗仁联军只以名义上成为沈鸿英的部下为代价，不仅保持了小块地盘不受骚扰，而且还可以从他那里得到给养和保护。1923年，沈鸿英进攻广东，后方空虚，沈鸿英在广东被打败后，黄绍竑和李宗仁即解除了这支败军的武装，取走大量物资，大大加强了他们自己的力量。然后他们又使用策略，劝沈鸿英和解，和他们一起攻打陆荣廷的剩余力量。1924年秋，这些联军打败了陆荣廷并把他驱逐出广西。黄绍竑、李宗仁很快又回过头来打沈鸿英，并把他

李宗仁

---

① 吴佩孚和冯玉祥是两个很好的例子。1920年前，吴佩孚的第三师在湖南，依靠段祺瑞的财政支持军事给养。吴佩孚也依靠由张敬尧疏通商会捐献来的地方经费。有一段时间，张敬尧扣留了款子，造成吴佩孚相当大的困难。参阅《徐树铮电稿》，1019页。冯玉祥的第16混成旅在这些年中也是同样地无法维持，他也依靠北京政府和地方政府来维持。关于冯玉祥活动的详细年表，参阅J.E. 谢里登：《中国军阀：冯玉祥的一生》。

完全消灭了。1924年夏，当他们打退了云南军人的一次侵略后，就成为广西唯一的军事力量。这样，通过果断的力量上的联合和运用策略，一支2 000人的流浪队伍扩展为40 000人，并征服了全省。①

广西军队取得的成功是突出的，但它的途径并不是唯一的。某些军人，满足于已找到的避难所以及固定的收入来源，继续给强者充当部下，有的则想尽办法夺取更大的权力和更多的领土。无论如何，他们要寻找一块基地，因为如果没有一块地盘，就有很多的不利条件。首先，防御方面存在很大问题。没有后方，军人就无法预先制定防御计划。他要在一个陌生的地方作战，每次战斗中都要临时准备防御。其次，一支军队要经常进行战争，如果没有人力和资源的保证，就不能长期存在。它需要足以补充战争伤亡的人员，它需要最好是从自己的兵工厂生产的武器，以及食物；同时还需要钱以供消费和使自己富裕起来。此外，军队还需要民工来干些运输给养和挖掘战壕等杂活。所有这些需要，都必须是在占有一块基地以后才能实现。

因此，出于战略的考虑并完全为了生存，很快迫使所有的军队通过联合或征服或两者兼用的方式来获得地盘。甚至像冯玉祥这样大而强的军队，也认为如果想摆脱财政上的困境，最好是加入直系。出于这些原因，那些没有地盘的军人仅仅是一些暂时的集团，那些体会到他们自身利益之所在的人，就参加到一个派系中去。那些做不到这一点的人，就只好从政治领域中消失。

第二类军人是那些拥有一定地盘的人。他们的力量是易变化的。虽然从道理上说，督军在省内是唯一的权威，但是在实际上，他并不经常掌握这样的权力。在某些情况下，别的官员以诸如"长江上游保安司令"或"剿匪司令"等名义，可以拥有几个省或其中部分地区的权力。这些官员与督军权力重叠的部分，就容易发生利益冲突。②

督军的权威也可能从内部被削弱。省内的地方军人通常有他们自

---

① 黄绍竑：《五十回忆》第1卷，59～62、107～109页。

② 有一次争论冲突牵涉战略上和商业上的重要城市徐州，它位于江苏省。但在1913年后，张勋把它作为自己长江巡阅使办公室所在地。这引起了张勋与江苏督军冯国璋之间的许多矛盾。参阅《民国人物传》第1卷，70页；《北华捷报》，1916－09－02，1916－10－14。

己的小块势力范围，督军对这些地方充其量只能有断断续续的可怜的控制权。① 他们只是当不危害到其利益时才与督军协作。当大多数军人在初期只能控制一个省的某些部分时，他们的主要任务是在他们自己的省内重建政治军事力量和重树权威。

当督军们对内不遗余力地压制自治倾向时，对外则试图执行中立和不介入政策。特别是当他们被夹在两个强邻中间的时候更是如此。在这种情况下，他们严格遵循"群而不党"的格言办事，他们常常使邻居们互相反对，以期使自己保持独立。山西省在实行这项方针时取得了很好的成果，湖南省也想回避南北宪法之争，但是由于它所处的地理位置，成功的可能性大受影响。当军人们为了保护自己的利益而要靠向一边时，他们最好是联合那些对其安全没有什么威胁的军人，而反对那些对他们威胁最大的人。在这里，地理因素在他们的决定中就起重要的作用。因为最直接的危险往往来自最靠近的邻居，所以聪明的办法是与一个感到同样威胁的较远的军人结成联盟。这样，可以减少两个伙伴之间的摩擦，并迫使对手应付两个方面，从而增加他们自己的安全感。从这个角度看，浙江为了保住上海，与安徽（它与江苏也同样存在着领土问题）结成紧密的关系，是完全合乎逻辑的。后来，两方面为了抵抗江苏联军的威胁，都想与一个更强有力的人结成联盟，他们发现这时段祺瑞正需要帮助。这种情况后来常有发生，也许能说明某些派系的领土为什么是分散的。

第三类军人是那些真正拥有力量的人。强大力量使他们可以对弱小的军人采取灵活的对外政策，或者和平兼并，或者武力进攻。一般情况下，那些强大的军人愿意放弃完全合并的方式而代之以名义上的效忠，而把合

---

① 一个省内的军人构成是很混乱的。首先，是国家军队的各部队——师、旅、团等，其中有许多对中央和省政府是独立或半独立的。其次，是省的军队（巡防军），由省里的有力人物招募、筹款和管理，执行驻防任务，偶然还有满洲残存的绿营兵在其老头目指挥下还存在着，独立于省的军队组织之外。此外，还有在专门行政机构领导下的各种各样的军队，例如水上警察，反走私部队，盐税部队，运输保护部队，预备役军人或临时的部队，以及大量其他的应急部队，一种或多种保安队，以及个人的警卫队。最后，还有由地方绅士或著名的商人在自愿基础上组织起来的大量地方武装。关于这些力量的叙述，可参阅《中国年鉴》，536页，1921—1922。

并放在后面。但有时他们也采用武力迫使那些不顺从的军人纳入派系。这个时期中,与初期的许多战争及每个派系中人事组合的剧烈变化证明,武力征服常常是建立派系的最终手段。

某些强大军人的出现,促使军人们向派系分化。一般地说,只有当那些军人清楚地证明了其在政治、军事以及财力上都处于优势之后,中小军人才会决定加入这个派系。或者,如果因此而能大大增强自己的能力(无论是与他自己的过去或是与邻近的军人相比),也会促使他参加这个派系。

纵观1916—1920年的中国政治生活,我们看到,后来成为派系斗争中心的军人们在许多方面早已显示了他们的特点。在东北,张作霖显然是军队系统中上升最快的人。他是一个有力、果敢的领导,广泛受人欢迎,在政治上很敏锐。1916年,张作霖指挥奉天两个师中的第二十七师,迫使奉天督军辞职,而由张作霖接替了这个职位。1917年,他又用智谋战胜了其竞争对手——第二十八师师长冯德麟,合并了他的军队。东北的其他军人,如毕桂芳、许兰洲、孟恩远,不是太老就是太弱,没有什么个人特点和抱负。他们都是直隶人,而不是奉天本地人,这使张作霖在政治斗争方面增加了有利因素。毕桂芳对军事一无所知,其他两人仅有很少的军队。在这种情况下,东北的其他军人很自然就聚集在张作霖的周围。①

段祺瑞是另一个有力的领导者,是个很有才干的军人。在小站督练新建陆军的一开始,他就是一个重要的角色,与袁世凯建立了密切的关系。北洋军扩充时,他担任了新建第三师、第四师及第六师师长职务。在这些职位上,他与小站的大多数重要军人有广泛的职务上的联系。此外,段祺瑞作为北洋军训练计划的主要创始人,与许多第二代的北洋军官有着长期的师生关系。中华民国成立后不久,段祺瑞成为袁世凯的陆军部长,1913年曾短期担任总理,在后来的几年中,特别是当袁世凯死后,这两个职位成为段祺瑞政治活动的主要场所。1916—1919年,段祺瑞不仅有权监督他自己的军队(西北边防军)的组织和训练,还可以对其他军队的军官训练进行调动、提升和命令,使他们忠于政府,这使他对许多年轻军官充当

---

① 沃邱仲子:《当代名人小传》第1卷,107～109页;《民国人物传》第1卷,62～63页。

了恩人的角色。最后，由于他管理北京政府的财政，在分配经费、武器和弹药方面具有决定权，甚至是那些非北洋系统的军人，为了保持自己的政治生命，也去讨好段祺瑞。因此，段祺瑞是处在一种独特的地位上，建立了政治势力并发展他自己的军事势力（参战军）。

在中国中部，还有一个难对付的人物——冯国璋。冯国璋在小站时期的主要军事活动是在军事教育领域，因此他与许多北洋官兵有接触，并与其中某些人有直接的师生关系。1913年"二次革命"后，冯国璋接替张勋任江苏督军，历时4年，在这段时间中，他把自己个人的军事力量扩充到两个师，并把江西，某种程度上包括湖北，纳入自己的势力范围。1917年7月复辟帝制失败后，冯国璋继黎元洪为共和国总统，从而更提高了他的政治声望。

只在东北、北京和长江流域有这几个突出的人物准备成为大政治集团的首领。而在其他地方，就找不到能与他们匹敌的人了。南方，除了国民党军政府之外，就没有一个中心。一个军人统治着广西省和部分广东省，另一个在云南，还有一个在贵州。湖南和四川的情况也是如此。除此而外，其他每个省内都有两个以上的权力中心。

因此，在奉系、皖系和直系军阀的组成过程中，军人们之间显示出了一种可以辨明的相互关系，其中有一个突出的特点是，他们的能力显然优于其周围的其他人。通常，他具有较高的个人声望，广泛的政治关系，并指挥一支较大的军队。

另一方面，如果在某个地区的军人们中没有这样明显的差别，例如在南方，湖南和四川，军人们考虑到自身利益，可能不会去加入任何集团。例如，国民党控制的地区，陆荣廷是广西和广东西部最有力的军人，但是，他却不能成为一个实在的中心，因为在云南、贵州还有在个人才干、军事及其经济实力方面并不低于他的地方军阀。因此，南方的军人缺少促使其结合的动因。这些因素可以说明，为什么国民党在1924年之前很少活动。国民党的存在，主要是由于各种各样的地方军人出于一个狭隘目标而合作，即进行护法，以保护他们自己免受北洋军的侵犯。国民党最后成功地统一两广，是在国民党精锐部队对这些军人打了几次大胜仗，以及经过财政行政改革大大增强了实力之后。换句话说，南方军人成为统一政策的勉强支持者，只是因为他们清楚地看到了国民党有较远大的前途，与其以后被迫加入，还不如现在就顺应时势。

在湖南和四川，从来没有建立过单一的权力中心，两个省都有几支半独立的部队，各自控制一小块贫瘠的土地。没有一个人能成功地使自己有足够的力量推翻现有的权力分配状况，使自己成为一个首领。因此，在这整个时期内，这两个省一直处于分裂状态。遇到侵略的危险迫在眉睫时，可以引起他们显示某些团结的迹象（这种情况是很少有的）；一旦危险过去，就又恢复原来的分裂和对峙的局面。在这个时期结束之前，当国民党统治的可能性突然增大时，他们撤销了独立的政策，加入进了这个滚滚洪流之中。

意识形态上的联系

影响军人选择派系的第三个因素是意识形态。首先，我们需要明确意识形态（ideology）的定义，戴维·E. 阿普特（David E. Apter）把它定义为："关于政治准则明确和清晰的表达"，这个明确表达必须是有条理、有系统和有组织的，因为意识形态的形成是知识和道德成熟的过程。① 如按这个严格的定义考察，那么可以说旧中国军人中几乎没有人能称得上是有意识形态的。如果意识形态可以广义地理解为包括明确的或不明确的任何信仰或看法，那么，可以说他们中的许多人有某些意识形态。在这里，我们采用广义的解释。

旧中国军人根据其意识形态倾向的明确程度可以分成两类：其中绝大部分只有含蓄的不明确的意识形态，就是说，在某种程度上他们能提出一定的道德和政治原则，以证明他们的存在是正当性的，他们能判断是非。但一般来说，这些军人很少把他们的政治原则或道德标准提高到明确的、自觉的水平，军人们之间没有显著的意识形态差别。因此，在这类军人中，没有人利用意识形态来吸引大量人们参加他们的派系。

第二类包括极少数有某种明确意识形态的军人，如张勋、吴佩孚、陈

---

① D. E. 阿普特：《现代化的政治》，270、319~321 页，芝加哥，1967。

炯明、李宗仁、冯玉祥以及阎锡山，都是被认为有某些意识形态或纲领的人。他们的意识形态各不相同，从张勋忠于已废皇帝、尊崇帝制，到冯玉祥和阎锡山的许多信念的混合，有道德的、政治的，还有宗教的。

在那些有意识地进行观念灌输的人中间，有两种不同的教育方式。一种是以张勋为代表，在士兵中并不组织有系统的教育活动。军人的观念倾向取决于最高领导，他最多偶尔地采取非正式的教育方法，例如，有时通过标语口号，或对满意的行为给予奖励等方式。另一种以冯玉祥和阎锡山为代表，有意识地进行系统教育。正式地教育灌输，成为士兵日常生活的一个重要组成部分。在冯玉祥的部队里，上课、唱歌、口号、讲故事、军官训话、牧师讲道、政治部干部的宣传，全都配合起来向士兵灌输思想。①

陈炯明

阎锡山

正式、系统的教育，看来比非正式的断断续续的教育更有益于加强内部的团结。士兵们参与紧张的有意识的训练计划愈多，他们与部队的结合就愈牢固。冯玉祥、阎锡山所指挥的军队属于旧中国军队中团结最好的范例之一，绝不是偶然的。

现在与我们关系最近的议题是意识形态在吸收新人员或组成派系中所发挥的作用。关于这个问题，相关材料很不完全。虽然大家都很清楚冯玉祥军队的思想特色，可是大多数人参与进来并不是出于意识形态原因。当然，冯玉祥最大的成就之一，就是把具有雇佣观点的人转变为有思想的战士。

是否由于意识形态纲领才使阎锡山吸引更多的人，更难确定。阎锡山政府在山西是唯一可以施行政治、经济和社会奖励的政权机构。有抱负的人们想在省内寻找出路别无他择，只有参加阎氏政府或军队。因此，这就

---

① J.E. 谢里登：《中国军阀：冯玉祥的一生》，78～83、170、210 页。

很难确定，是职业及其他的利益考虑，还是个人的或意识形态上的联系，使他们支持阎锡山。最多可以说，在山西代表这样一种情况，意识形态可能吸引了某些除此而外没有因此参加过别的政治势力的人。

广州欢送北伐军出师大会

因此，直到1923年，大部分军阀派系早已形成，但意识形态在其中只发挥极小的作用。即使是1923年后，能表明意识形态作用的唯一明显的例子就是国民党。在1924—1926年，国民党成为反对军阀主义，反对帝国主义，主张民族主义、民主主义、民生主义的倡导者。在孙中山的领导下，国民党改组的目的，不仅是以布尔什维克为榜样改进内部团结，而且也发展了群众性的广泛的民族政治运动。当国民党发动北伐时，它内部的组织机构已经完全不同于一般军阀派系主要是从军队得到支持的情况。国民党除了拥有一支军队外，还从工人、农民和新知识分子中吸收重要成员。意识形态因素和组织因素相结合吸引许多人参加了国民党的阵营。在中国的派系中，意识形态成为一个派系发展为巨大政治力量的主要因素，恐怕国民党是唯一的例子。

这些因素在派系结合中的作用

在叙述了有助于派系形成的三类因素之后，我们将讨论它们对这些政治军事组织的结合起了多少促进或阻碍作用，我们先谈对结合起最小作用的因素——自身利益。

利益的考虑和集团的结合之间的关系，是很难总结的。在有些情况下，自身利益的考虑会有助于派系的结合。如果一个军人是为了达到某些不是出于感情的目的，例如权力、财产、职业，那么他就会在这一派系内一直待到达到这些目的为止。而且，即使一个军人原来的动机是实用主义的，后来也可能因为对这一派系或它的首领有了感情，而长期留在这一派系内。

然而，这并不是说利益的考虑对于集团的结合仅起极小的作用，因为军阀派系不是一般的利益集团，旧中国政治制度也不同于一般国家的政治制度。大多数利益集团，诸如农会、工会、商会等，都有较明确且相对稳定的利益目标。他们为有限的利益而奋斗，只是为多分点或少分点福利，而不是为了那些生死攸关的重大利益。人们期望得到各种不同的利益时，合理的做法就是加入不同的利益集团。当每个利益集团只具有一种或几种特殊的利益，当这些成员所参加的组织能长期存在，当人们对于这个集团所提出的要求是明确且单一的，以及当这个集团的政治活动只限于实现这些有限、明确、单一的利益时，利益的考虑就会成为集团结合的强大力量。

各个中国军阀派系是一种多少具有差异的政治创造物，每个军人都有许多方面利益的考虑，政治的、军事的、经济的、领土的、社会的、个人的等等，但军阀派系只有几个。没有一个派系只有一种特殊利益，例如经济的或领土的要求，相反，每个派系都是综合的利益集团。因为利益是多方面的，而利益集团却只有几个。这样，人们不可避免地对这个军阀派系有很高的要求，寄予很大的希望，这自然给结合造成许多紧张关系。换句话说，如果人们希望一个利益集团满足他们的各种各样的利益，他们会发现其中有些需求是不可能得到满足的。因此，当仅仅出于利益的考虑而加入一个派系时，他与派系的联系是脆弱的，一旦他们的利益遇到重大威胁，他就会寻找别的派系。

在旧中国的政治制度下，一个军人参与政治生活经常考虑的问题是，能得到多大的好处，这常常直接关系到他的存留。当他的个人利益面临严重威胁时，他们就不再忠于这个派系。如果他们受到了严重伤害，那么下一次，不管整个派系命运如何，他们将不会再为其战斗。这些军人参加一个派系不是为了一个或两个专门利益，而是为了他们的政治生存和总体利益。所以，如果一个军人仅仅是为了自身利益而参加某个派系，他就很可能对这个派系感到不满足。如职务分工、报酬分配（武器、人力、领土、官职、金钱等等）、个人之间的冲突、战争和失败的威胁以及任何其他许多原因，都能被军人们认为他的利益受到了危害，因此最好去参加别人的派系。军阀派系动荡不定的大量事实，如经常的开小差、兵变、逃跑及投降，都证明了自身利益在促使集团结合方面是作用最小的因素。

意识形态也是一个同样复杂的问题。从它的概念而论，意识形态无疑能成为一个重要的结合要素。但在旧中国的现实政治生活中，习惯的社会准则和关系产生着巨大的影响。意识形态并不严格排斥一切传统联系，而是与它们有联系地发展。即使是第一流的意识形态权威国民党，也毫不犹豫地利用个人的、非意识形态的途径来达到它的目的。意识形态确实在国民党内部提供了大量的组织措施和革新，对党的团结起了很大的作用，但是它的团结也由广泛的个人联系所支持。

因为个人关系对形成旧中国的政治军事派系是如此普遍和重要，下面我们就进一步探讨它们在派系组织内部的作用。

当考虑个人联系的作用时，我们应该记住这些联系是普遍社会秩序的一部分。一个派系如果主要是在这些联系的基础上组成的，就很可能达到内部的紧密团结，因为这个组织是与现行社会秩序和道德标准相一致的，也因为它的合法要求被这些条件所允许。当一个派系从最初很小的军人核心成长起来时，确实是与这些联系密切相关的。这些军人忠于他们的首领，集团不断扩大，他们的权力和地位也随之增长和提高。采取集中的吸收新人员的方针，能进一步保护这个派系，并防止在发展过程中核心权力的分散。①

然而，这些联系并不总形成集团的团结。如果这个派系不是由一个母体发展起来，而是由不同单位合并而成的，个人的结合也许就不能使这个派系很巩固。造成这种情况有两种原因：首先，很难确定究竟应当忠于谁的问题。个人联系是感情的联系，当他们的感情是内容明确的、相互的，其感情类型又不完全相同，并且二者之间又不相互矛盾时，这些因素就会成为政治抉择的良好指南。当这些联系比较广泛、分散和具有多方面特征

---

① 冯玉祥的军队是一个恰当的实例。他的军队的核心是由1911年前后就在他的部队里服务的那些人所组成的。这个核心成员中的各种联系，直到冯玉祥的力量发展成一支很大的军队时还一直忠诚地保持着。因为他严格、集中地控制补充新人员，他的助手中没有一个人试图建立分散的权力。作为一条规律，冯玉祥常常让他的主要指挥者轮流到不同的单位去担任指挥。可能是为防止他们在长时间中与下级建立密切的职务上的联系，当新来的人员加入冯玉祥的军队时，他们被教育要忠于冯玉祥，而不提倡忠于他们的直接上司。参阅 J.E. 谢里登：《中国军阀：冯玉祥的一生》，89页。

时，它们作为政治行为指南的作用就会相应降低。更重要的是，当一个军人不得不与另一个使用不同方式跟其打交道的军人相处时，对于这个军人来说，确定他的选择究竟出于个人还是出于职务的关系，则非常困难。

更为糟糕的是，当这些联系变为多重因素的复合体时，军人们之间关系的重要性就失去了明确限定和敏感性。当然，血缘关系常常是首要的。除此而外，就很难衡量某些军人的其他关系，并确切地说明哪种关系是重要的。当两个军人互相之间有两种以上的职务关系时，情况就将更为复杂。吴佩孚与曲同丰之间的关系就是这种情况。两人都来自山东，他们之间有师生关系，吴佩孚在保定武备学堂当学员时，曲同丰是他的教官，当段祺瑞是第三师师长时，曲同丰是段祺瑞的被保护人，而吴佩孚又是段祺瑞的下属。① 这些关系看来是够密切的，并应该是互补的。但另一方面，当曹锟接替段祺瑞为第三师师长时，吴佩孚与曹锟也有上下级以及恩人—被保护人的关系。1918年后，派系形成时，曲同丰留在段祺瑞的营垒内，而吴佩孚则跟随曹锟。因此，在这两个人之间感情联系的基础上，他们决定参加不同的派系纯粹出自个人利益的选择。双方的情况都说明，恩人—被保护人的联系看起来超过了其他的关系。

因此，如果关系太复杂了，个人关系作为导向联合的作用就相应降低。一个军人面对许多不同的关系，会感到不知应该投靠谁。当然，从不同的角度看，应该说明复杂的社会关系也确实增加了军人们联合政策中的机动性。如果这种联合是比较单纯的、相互的，从心理上他就很难与他们分离；而当这种联合有许多，而且是多方面的，他就有更多的选择余地，他就可以更多地从自身利益出发来选择他的联合对象。这也符合当时一般的社会准则。

其次，即使忠于谁的问题明确了，在交往中可能还会出现复杂的情况。一个部队的下级忠于他的顶头上司是比较容易的，因为目标明确，而且处于直接接触的情况下。如果这个部队是更大的集团的一部分，领导和士兵之间的距离拉长了，就会产生隔阂，这些隔阂会从水平方向（同级之间）与垂直方向（上下级之间），影响集团的团结。因为这个大集团通常由几个与集团首领有各种不同关系的军人队伍所组成。他们很难因为同属

---

① 《吴佩孚先生年谱》，1～9页。

一个大集团而对别的单位有相同程度的忠诚。因此在军人们之间就缺少同级之间的合作或往来。这个特殊情况，又关系到这个大集团内部垂直的，即上下级之间的交往。集团领导和参加者的距离拉长了，忠于谁的问题就模糊了。中间阶层的人是他这个部队和大集团的中间联系人，但实际上他可能不愿这样做。

必须指出，这些军队实际上都是个人的军队。军人们懂得，他们在这个集团内的地位全靠所占有的军队。在这种情况下，允许他们的军队对集团的领导有直接的感情关系是非常愚蠢的。因为一旦他的部下把集团看成是他们自己的、集团领导能直接对他们施加影响，那么这个军人的中间人的作用就将丧失殆尽。

确实，在个人的军队中，每个军阀都想成为其部队的唯一代言人，因为这些部队是他的雇佣和政治资本，他竭力满足他们的需要以维持他们尽忠。为了满足他自己的利益，他又与别的军人谈判。为使他的部队不受这个大集团的任何影响，他必须十分留意，以致这个集团内的垂直交往被大大截短。集团领导人只能对他的直接下属发布命令，而这个直接下属再向他的直接下级发布命令，依次传递命令。

大多数军人以怀疑的眼光看待任何要求增加水平接触的建议，因为他们也警惕他们的同僚企图吞并自己的部队。在一个集团内，增加个人势力范围的一个简单办法，就是用允诺升官，利用感情关系，或贿赂的办法，把同僚的部队争取过来。许多军人突然遭到覆灭的命运，就是因为他们的同僚吞并了他的军队。因此，大多数军人都阻止他们的下属和别的军人之间发展友谊的接触，以及任何其他形式的来往。

我们分析的中国军阀派系的组织，很像克雷奇（Ktech）、魁特费尔德（Crutchfield）和巴里察依（Ballaehey）叙述的"星形社会关系"图（见图1）。这种组织关系的主要特点是："成员之间内部交往减少到最低限度，可能有的话，其途径也是通过领导人或在他的直接监督之下。"① 在中国的军阀派系中，即使是垂直交往，在很多场合下也大大减少。

---

　　① 克雷奇等编：《社会中的个人：一本社会心理学教科书》，434 页，纽约，1962。

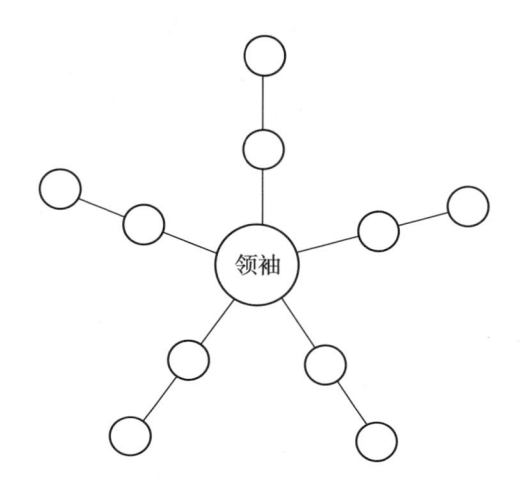

图 1　克雷奇、魁特费尔德和巴里察依的社会关系模式

资料来源：克雷奇等编：《社会中的个人：一本社会心理学教科书》，438～442 页，纽约，1962。

中国的军阀派系和别的中国组织一样，是等级森严和独裁主义的。一个人绝对不会越过他的顶头上司去和更高一级的领导来往，即使他与顶头上司的接触只限于定期地重申忠诚和默默地服从他的命令。对中国政治人物来说，常常发生政治争论，但个人之间的基本关系却一直保留。用理查德·索罗门（Richard H. Solomon）的话说，"控制"感情是保持领导和被领导之间个人关系的最好方法。从这个意义上说，一个人对领导的忠诚，不是从他解决了多少问题来衡量，而是看他克制不同意见和抑制自尊心的程度。当其他人都期待着他的领导时，这个领导人就能领导解决一切难题。①

军人政治关系的多样化、个人性格以及他们持有何种效忠和服从的特有概念，将对这个派系结合成一个有力的政治军事组织具有很大的威胁。政治情况是不断变化的，一个派系中的领导人和他的部下很需要交流意

---

① 根据冯玉祥军队中的一个有名的将军秦德纯的回忆，冯玉祥喜欢所有的军官服从他的命令，他们从来不在重要的事情上提出不同意见。所有重要的军事和政治决定，都由总司令一人签署。参阅：《秦德纯回忆录》，149 页。

见，集中集体智慧，以制定合理的策略。如果他的下级不能直言其内心的想法，或者仅仅说些其上司愿意听的话，那么，这个领导人就有脱离政治现实、依据毫无根据的假设或基于错误情报作出重要决定的危险。这个领导愈来愈不了解他下级的思想感情，下级就愈来愈和他疏远。例如，当段祺瑞作为一个领袖受到他的下级（包括他的竞争者）的尊敬时，他的知己徐树铮正遭到广泛的怨恨。段祺瑞之所以在北洋军界中失去声誉，在一个不小的程度上，是由于他对徐树铮无限制地信赖。同样，曹锟被充当他个人顾问的兄弟和亲信引错了路，认为通过贿赂当总统没什么关系。

因此，如果派系是建筑在特殊的感情联系的基础之上时，他们的结合将被两种起相反作用的不同力量所影响。一方面是传统的道德标准，这规定一个下属永远不背叛他的上级，一个学生永不辜负他的老师，等等。另一方面是在上下级垂直交往中修养上的克制。这种克制被旧中国军队中个人性格所加强，有助于军人们阻止他的派系首领和他自己手下人之间的直接交往。结果，虽然这些派系在和平时期常常可以呈现兴旺的景象，但在遇到困难时就很难站得住脚。没有面临重要争端时，军人们却掩盖矛盾，使一切情况看来很正常，但是，派系的实际力量都很有限。在大战前夕，派系对其军力的估计，常常远远超过其实际的作战力量。①

一个派系用强调个人关系和抑制上下级、同级人员之间关系所形成的低水平的结合，使它对困难具有很低的克服能力，特别是在改换首领之时，这种脆弱性就将暴露无遗。一个派系的首领，由于死亡、生病或失败等原因而变动，常常会在谁来掌权以及在什么基础上掌权的问题上发生严重危机，特别是当这个派系没有合法的和制度规定的接班人时更是如此。而这种情况恰恰是比较普遍的。例如，冯国璋死时，要选一个新领导是如此困难以致直系的许多小部队认为直系大概要垮台而立即考虑投奔段祺瑞。② 曹锟确实有一个较强的军事系统，但在直系中，他并不是唯一地位高的人

---

① 例如，1920年第一次直奉战争之前，直系被估计有37万人，但实际上它只有13万人。参阅：《努力》第1号，2页，1922；《东方杂志》第19卷，第9期，120页。

② 在这个转变时期，最主要的叛离者是冯国璋的私人警卫师（第十六师）师长刘询（与汉宣帝重名），还有一个他最信任的助手。参阅：《北华捷报》，1920-01-30。

员。与他地位相同的还有王占元、李纯、陈光远和田中玉。① 许多人认为李纯在能力上超过曹锟。② 派系组合中个人的联系胜过职务上的联系，没有明确的制度使领导人具有某些非个人基础上的合理性，派系组合就随着领导人的变动而变动。这种混乱由于缺少同级之间的交往而更加严重。一个派系的成员互不往来，他们之间就不可能有团结精神，没有团结精神，当他们唯一的共同的联系者——首领——有变动时，其成员们就趋于分裂。

在分析中国军阀派系的组织特性时，许多人都倾向于把他们比喻为家庭。③ 但如果我们仔细观察这些政治派系，就会发现，人们之间关系大大不同于家庭成员的关系。而且，即使在家庭成员和政治军事派系之间有某些相似之处，也不能认为它们在这两种情况下具有相同的职能。因而，在这里，"家庭类推法之有效性"（the validity of family analogy）的生硬套用，并不能作为适用于上述情况的观察类型或分析术语，而其功能只是说明这些类型或术语表示相同的含义，并通过中国社会中有关家庭方面的知识，来加深我们对军阀派系的理解。上述对"家庭类推法"局限性的揭示，确是对那种硬套方式的驳议。

例如，"大元老"这一名词（长者，老前辈，通常是指家族组织中的长者）也曾用来称呼某些军人。在军阀派系中，依据年龄和在北洋军队中的资历，可以把某些人看成老前辈，他们由此得到声望，但不一定同时拥有权力。在社会上他们得到适当的尊敬，但是如果手中没有军队，他们在政治上就极少或根本没有权威。在政治斗争中，"有枪才有权"，而不是凭资历，这与家族中的"大元老"的作用很不相同。家族中的"大元老"既有声望又有权力。④ 一个低级军官可以泰然地拒绝或否认一个前辈的劝导。

---

① 文公直：《最近三十年中国军事史》第2卷，12页。
② 《北华捷报》，1920-01-31。
③ 例如，吴英昆把直系成员分为6种不同的类型：大元老、嫡系、支系、养子、准直系、亲直系。根据这个详细的分类，他把1918—1924年的直系画成一幅"家谱图"。参阅：《哥伦比亚国际事务论文集》，249～273页。
④ 关于这个名词的习惯用法的讨论，参阅许烺光：《祖荫下：中国的亲属关系、个性和社会流动性》，122、273页；萧公权：《十九世纪农业中国的帝国统治》，342～348页，西雅图，1960。

但在家族内一个后生要去推翻一个长辈并代替他，则是不可想象的，这种情况在军队中却时常发生。因此，"大元老"在派系中并不拥有制定决策的权力，往往是一些老军人偶尔被委派执行一些外交方面的工作。

同样的问题，也存在于"嫡系"这个名词上。在家族中，嫡系显然是指血缘关系。但是在军阀派系中，大多数联系纯粹是偶然性或契约性的。数量众多，性质多样，甚至相互矛盾，一般来说没有明确的含义。正如我们在讨论派系发展中曾说过，没有重要的理由说明为什么曹锟和吴佩孚必须跟随冯国璋。现在一般认为他们是冯国璋的嫡系，但这种说法的根据并不明确。① 我设想这个分类是基于单纯的人与人之间的关系。例如，在职务上的上下级关系。把这种关系抽出来作为一个孤立的因素，想决定这个军人是不是嫡系或应该属于哪一派，其根据是不确定的。实际上，军人之间的关系是多种多样的，而且往往是互相竞争的。

还应该指出，"家庭类推法"的不适合清楚地表现于下列事实，即军阀派系的出现是由于袁世凯在北洋军内培养起来的"大家庭"概念的破产所引起。袁世凯死后，许多军人真诚地想维护北洋"家庭"的团结，其中某些人，如段祺瑞，确实想担任家长的角色。但是，段祺瑞的侵略性的主张震惊了北洋军人，加剧了内部分化。当看到一度曾是很团结的北洋"家庭"再也不能重建或恢复时，其成员就以各种理由加入了不同的派别。在派系建成过程中，首领们想尽一切办法吸收追随者。

因此，军阀派系真正的组织特性，从分析这个派系的重要角色之间的全部复杂关系，比依靠中国"家庭类推法"可以得到更清楚的理解。按一般的军阀观点，决定参加某个特殊派系是表示对家庭形象的反对和幻灭。某些残余的家庭主义可能会影响他的选择，但别的因素也不可忽视。那些

---

① 例如，军阀史研究最权威的文公直，列举了下列人员是1920年8月曹锟领导下直系的嫡系：冯玉祥、萧耀南、陆锦、彭寿莘、孙岳、董政国、曹锳、王承斌、吴佩孚；另外，吴英昆列举了冯玉祥、孙岳、陆锦为养子。但他们都没有说明作这种分类的依据。而且，如果想要确定"养子"和"准直系"的区别，这种划分就显得更混乱。这个分类并不完全合理。参阅文公直：《最近三十年中国军事史》第1卷，12页；吴英昆：《从1916—1928年吴佩孚的经历看中国现代军阀主义》，见《哥伦比亚国际事务论文集》。

与别的军人们有重要的联系,这种联系在决定中不管自觉不自觉都是无法回避的因素,是应该抓住的最有价值的联系。

把这些联系排列成数学般的精密模型,显然超出了我们的能力。但把我们所理解的这些联系是怎样在传统的政治体系中所起的作用表示出来,起码可以得到一个适用于一般情况的、概括的示意性排列。除了父子和兄弟关系之外,其他联系的相对强度决定于许多因素。因此,很难确定每种联系的具体价值,或给它们在所有这些联系中指定一个明确的位置。但是,如果我们要清楚地讨论这些因素,作某些排列是不可避免的。作为一种折中办法,我们先把它们分成 12 种关系,然后依据它们对军阀派系组织的结合强度或团结作用分成三类。在同一类中的几种联系对于结合能起的作用是非常相似的,很难区别它们。换句话说,讨论同一类中各联系作用时犯错误的可能性要比跨类的多些。例如,讨论师生关系和恩人与被保护人的关系对结合所起作用哪个大、哪个小,要比说这两种关系都比同事或同学关系更有结合力量出现错误的可能性要大些。因此,最好是同时互相参考地看待这些等级和类别,而不是割裂地看待它们。

各种联系可分为下列等级和类别,由强到弱:

第一类:1. 父—子

2. 兄—弟

第二类:3. 师—生(包括确有师生关系或虽未教过他但把他作为学生看待)

4. 恩人—被保护人

5. 家族亲人

6. 姻亲

7. 结义兄弟(或秘密社团中的成员含有结拜兄弟关系)

第三类:8. 直接的职务上的上下级关系

9. 同乡或同县

10. 同事

11. 来自同一省

12. 同学(同班同学要排得稍微高一些)

由于空间的局限和缺少1916—1928年时期所有军人的全部材料，我们只能按上面推论分析皖系、直系、奉系这三个最强的派系。这些分析并不自命是权威性的，仅仅是想提供一个新的方法来研究这些政治军事集团的组织特性。我们的图表基于这样的设想，即军阀派系内部的基本联系类似前面曾提到的星形社会关系图，而人与人之间的关系网可以有系统地列出以描述这个派系的组织特性（见图2—图4）。

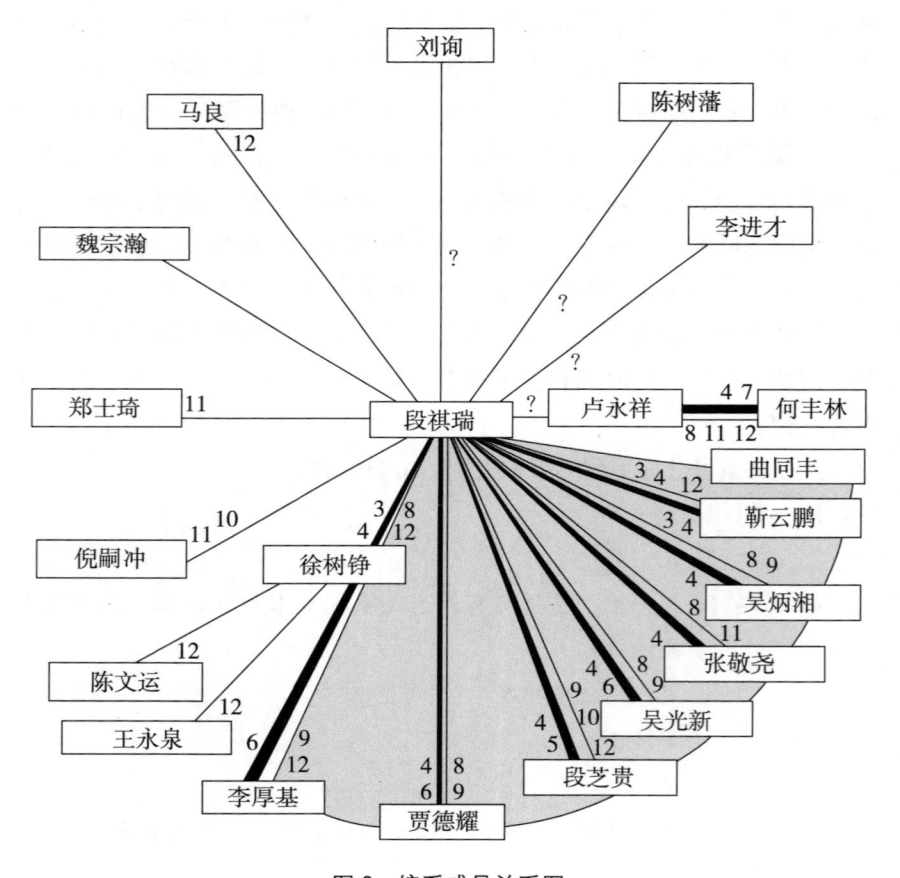

图2　皖系成员关系图

粗线表示第1—7种联系（第一类和第二类）
细线表示第8—12种联系（第三类）

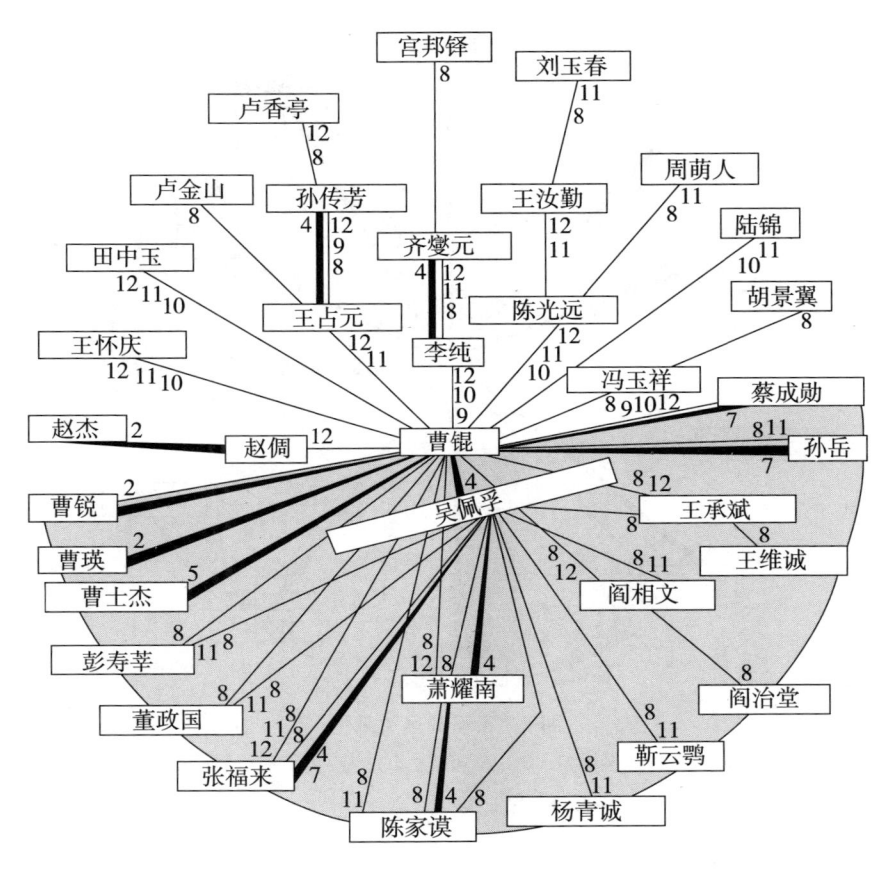

图 3 直系成员关系图

粗线表示第 1—7 种联系（第一类和第二类）
细线表示第 8—12 种联系（第三类）

从以上社会关系图表可以看到一些有意思的内容。图表中的军人都是派系中的重要角色，几乎所有的人在 1922 年前都担任师长、镇守使、督军或相应的职务。粗粗地看就可以知道，从数量上说，直系是最大的派系，其次是皖系，再次是奉系。仅仅依据这一点，我们可能会说直系的人们之间联系最复杂，奉系最简单。但是，我们不能由此得出结论说直系是最缺乏统一性的派系，因为数量上多不一定带来关系上的不纯。

仔细看看这些图表，就知道虽然直系曹锟有许多下级，但往往有一个以上的关系联结着曹锟和他的所有下级。即使这些联系是属于薄弱的类别

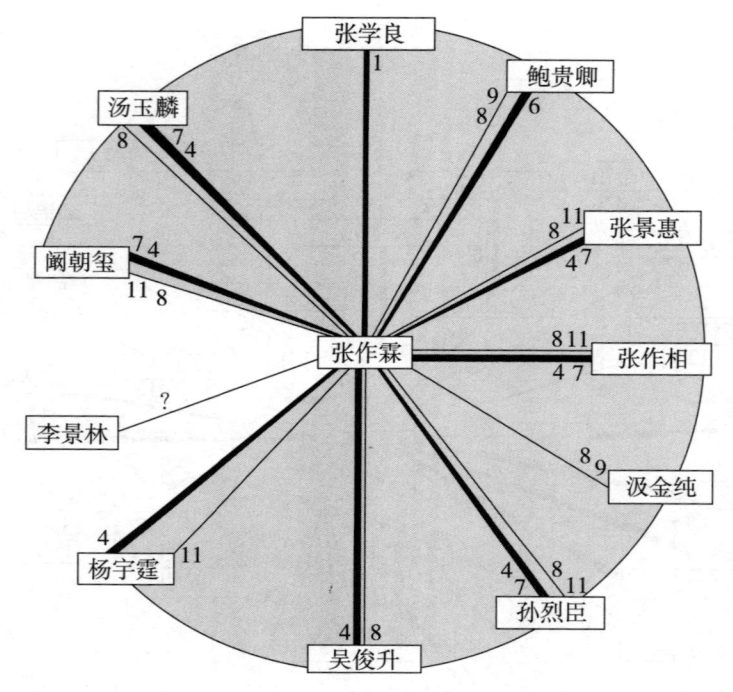

图 4　奉系成员关系图

粗线表示第 1—7 种联系（第一类和第二类）

细线表示第 8—12 种联系（第三类）

中的，它们的种类之多足以互相补充，它们的集合力量比其中任何单独联系都更强。与此相对比，皖系的段祺瑞只有几个直接下级，看来便于管理。实际上，我们发现段祺瑞有 5 个下级没有（据我所知）明确的关系，有 2 个只有一种关系。如果我们的材料是正确的，那么，段祺瑞与他 14 个直接下级中有 7 个是没有或只有很薄弱的关系。曹锟则与他的 14 个直接下级（这个数字是巧合而不是规定的）至少有一种关系，一般有 3 种关系。由此可见，直系比皖系具有更强的组织结合力。

如果我们更进一步分析这些关系的作用以及它们是怎样分布的，其结果也很有意义。我们发现互相重叠的关系在直系中组成很重要的部分，而皖系则不是这样。形成这种区别的原因可以归于段祺瑞和曹锟的职务。总理和陆军部长的职务，使段祺瑞处在有利的战略地位，得到政治上的同伴，但这一角色也同样使他难于进入他的伙伴们的组织，去接近那些下级指挥员。另一方面，曹锟从 1906 年直到 1917—1918 年间一直是第三师师长，后来把这个师交给吴佩孚指挥，吴佩孚从 1911 年起就是这个师的第三炮兵旅旅长。所以，曹锟指挥这支队伍大约有 12 年，在这期间，我们的图表中所包括的许多军人早已升为团长或旅长——那就是说，他们地位已很高，与曹锟有了密切的直接的关系。年代愈久，关系愈深。因此，虽然是吴佩孚使第三师获得盛名并更为

吴佩孚

强大，但即使没有吴佩孚的作用，第三师的成员也会更拥护曹锟为他们的领袖。事实上，吴佩孚比任何人都更忠于曹锟。所以，曹锟作为直系的领袖与第三师的下级指挥员建立了有意义的联系，使这部分力量比其他力量更紧密地结合在这个派系之中。

这些情况向我们提供了一个测定派系组织力量的方法。我们用一个有阴影的区域来表示一个领导和他的部下之间的高度结合的关系。如果这个阴影区域只包括少数人，那么这个派系的内部组织是软弱的；如果包括许多人，这个派系的内部组织就是强大的。阴影区域是这个派系组织的实力所在。

如果我们进一步分析这个派系总的强弱情况，还必须把派系内部的军事力量和组织力量（或结合的关系）结合起来看。

先看皖系。我们发现拥有最强兵力的人与领导的联结却是最弱的关系。在 5 个师长中——曲同丰、陈文运、魏宗瀚、马良、刘询——只有曲同丰与段祺瑞关系密切。在 5 个督军中——李厚基、倪嗣冲、郑士琦、张敬尧和卢永祥——只有李厚基和张敬尧与段祺瑞有密切联系。但是，张敬尧于 1919 年失去了军队，而倪嗣冲虽时时表示支持段祺瑞，他自己对安徽的统治也是不稳定的。结果，在皖系中就存在着军事力量和组织力量分离的现象。那些与段祺瑞有密切的个人关系，最忠于段祺瑞的人手中没有

军队，而那些指挥军队的人则与段祺瑞并没有密切的个人关系。①

直系则不同，虽然直系由许多单位所组成，但第三师是它的作战机构的主要力量。在李纯、陈光远、王占元领导下，江苏、江西、湖北的直系各师用大部分时间和精力对付地方军队。三个省各有一个或最多两个直系师，驻防很分散，发展很缓慢。而第三师，则发展很迅速。它的许多旅长、团长升为师指挥员，其中有的人，如张福来和萧耀南，甚至升到督军的地位。我们可以看到在直系中组织力量和军事力量是紧密结合的。

我们对于派系中军事力量和组织联系力量的讨论，给我们提供了很好的基础去考察派系称号中地理含义的准确程度。上述图表说明派系的称号并不精确地反映出他们的成员或军事力量的地理籍贯。皖系有20个重要成员，其中只有8个安徽人。直系36个成员中，只有21个是直隶省人。奉系有12个成员，其中9个是奉天人，还有两个是从别的省去奉天的。

如果我们把军事权力作为一种标准，我们发现，皖系的军事权力大量地掌握在非安徽人的手里。甚至在直系，我们也发现在最强大的第三师中待过并在后来升到更高地位的12个军人中，只有5个是直隶人，有5个山东人，1个湖北人，1个奉天人。只有奉系，在军事权力和地理籍贯方面是紧密结合的。

这些事实迫使我们考虑产生这些派系称号的一般概念。如果以为它们是由于某个特定省籍人组成这个派系的大多数成员，因而产生了这个名称，那将是一种误解。如果以它说明这个省的人掌握了统治地位，同样也是一种误解。以直系的情况来说，更准确地应称它为"直鲁系"。可是，如果这个称呼仅仅是用来说明该派系的领导人是哪个省的人，那么它们就很恰当。这并不是一个无关紧要的差别。懂得了这些道理，我们就可以更

---

① 有人可能会说这没什么奇怪。因为皖系是以文职为基础，附以军人为同盟的派系。皖系与安福会的关系给这个观点提供了某些支持。但是我们不能忘记，皖系每当认为武力可以达到其政治目的时，从来不反对使用军队，皖系不仅想以军队作为同盟军，而且还建立了自己的军队。在某种程度上，正是段祺瑞放弃了政治解决的方法，采用武力政策（如湖南战役），促使了中国政治生活中军阀主义的泛滥。所以，从皖系把军队作为政治生活中的最后王牌的意义上说，它与当时的军阀派系没有什么区别。唯一的区别是它比别的大多数军阀更软弱一些。

多地了解中国派系政治中个人的属性。一支队伍的特性应该归于其领导人的属性，政治效忠的焦点是首领，而不是政治观念或制度。"皖系"或"直系"的名称，并不反映出这个派系的成员或力量，只是我们把注意力集中到领导人的重要性上去。

我们还必须重新评价国民党初期政治生活中地区观念的作用。非常有趣的是，北方人一般来说不管他们之间省籍的区别而比较容易在一个派系内共同相处，而南方人如果不是同省的，则常常不愿意互相合作。在这方面，由于直系和皖系都是混合组成的派系而不是基于单一的省，就更易于动员力量并在民国初期的军事政治生活中发挥显著的作用。只要北方人与南方人依靠同样的传统组织方式和人际关系，那么北方人比南方人更有力量。如果一支军队要从南方进攻北方，它必须有新的组织原则和新的组织联系去克服狭隘的地区观念。这就是1927—1928年国民党在北伐中在一定程度上曾做过的。

这三个派系中，奉系的组织力量最强。张作霖与几乎所有的下级都有很强的联系。大部分是奉天人，长期在张作霖的手下做事，有的是结义兄弟，有的是被保护人。有关材料表明，在三个派系的首领中，张作霖可能是最会玩弄权术的一个。他可以在同一个时候证明他既是无情的，又是宽厚的。他总是给直接在他手下工作的人一种很强的心理影响，并有办法使他们始终效忠于他。这与皖系和直系所显示的不平衡图景形成鲜明的对比。奉系的内部组织很像一个车轮。张作霖是一轴心，与他的每个助手都联结着牢固的车辐一样的个人联系。只有一根车辐是不坚固的，那就是张作霖与李景林的关系，分析这种因素，我们可以预见这个派系中的紧张关系最可能来自李景林。历史证实了这个预见。仅从吸收新成员的方式和方法来判断，我们可以说，奉系是以地区为基础的最强大的派系。

第四章 军事能力：招募新兵

1916—1928年期间，军队是主要的政治力量。因此，了解军队的组成和机构、招兵方法、训练方式、武器类型以及一般的战略战术思想，应成为我们研究中的重要部分。很遗憾，这些问题缺少确切、系统的材料。因此，在这一章和下两章中，对这些问题的讨论，是试验性、概括性的。我不要求这些论述是全面的，而只是想利用一些资料阐明几个中心问题。

所有的旧中国军人（militarists）都拥有常备军，因此都有招募新兵的问题。每个时期的招兵总数，是研究工作所必须需要的，但这很难进行估计。虽然有一个所有军队编制的标准表格（例如，它规定一个师应该是多少人）①，但实际情况却很少相符。我们也很难根据一个军队的武器数字来推断这支部队大致的兵力，因为许多军队并不足额。这些问题当然不能阻止我们探索军队的总规模，但是不管材料多么可靠，它们将迫使我们可能产生一些大幅度的误差。

清朝末期，新军、各省军队以及绿营军的总人数不到50万人。革命使原有的军队和新的革命军队都得到很大的发展，有100多万人补充进各个军队。②

在中华民国初期，1913年开始减员，"二次革命"被镇压后加速了这一减员。到1915年，士兵总数减到只占1913年的一半。

军队的真正增长趋势是在1916年袁世凯死后才开始的，并一直持续

---

① "理论上，一个师应该是12 512个官兵。实际上，一个师通常也就是10 000人。这个数字还往往是一种过高的估计。另一方面，有的师的征兵人数大大超过了理论上的数字"。参阅：《中国年鉴》，1044页，1926—1927。

② R. 鲍威尔：《1895—1912年中国军事力量的崛起》，317~318页。

到 1928 年。研究各种数字资料后，我们感到几乎无法确定军队每年定员的准确数字，在选择哪一组统计数字方面也缺乏根据。但是，这些数字表明了这些年中军队发展的总趋势，我们可以估计这个时期军队的增长如下：1916 年，略超过 50 万人；1918 年，超过 100 万人；1924 年，超过 150 万人；1928 年，超过 200 万人。

军队对于人力的需求逐年增长。当发生大的战争时，这种增长尤为显著。战争造成了农村的极度贫困，同时也给军队增加了雇佣无家可归的贫穷人民的机会，这两种现象是紧密相连的。

绝大多数的士兵由两种方法招募：强迫或利益刺激。一个军人可能用简单的抓壮丁的办法，或者让地方官完成定额，不过，强迫可能只占招募总数中很小的比例。因为充当士兵的人数往往供过于求。

招募新兵的主要方法，是向他们提供稳定的职业和少量的津贴。无家可归的农民和城市失业工人，一般都乐于当兵，因为这不需要特殊的技能。愈来愈严重的人口—土地比率失调，农村耕作缺乏技术革新，贫乏的市场和极不健全的信用系统，以及运输工具的原始，都造成了有70%～80%人口居住在中国严重贫困的农业地区，大量的失业和半失业状况遍及农村。农业中国的贫穷和社会萧条，使军队比其他职业对农民更具有吸引力。参加军队后，贫困是使他们继续留在那里的最有力的因素。

社会上强烈的传统观念使人们不愿意去当兵，所谓"好铁不打钉，好男不当兵"的说法，无疑牢固地扎根于人们的思想中。另一方面，历史上各个朝代确实也保持了大量的军队。当经济情况较好时，这些传统的约束能有效地劝阻人们不去当兵，但情况艰难时，军队常常是生活的唯一出路。正如一位学者曾说："在中国社会中，军队的主要职能，是为想改进自己社会、政治、经济地位的人提供选择的机会。但他们懂得，低下的地位、职业和能力，并不能常常带来成功。"① 在 20 年代的经济和社会现实生活中，中国农民没有理由轻视军队，事实上，参加军队提高了他们的社会地位。

---

① F. H. 默顿（Fried H. Morton）：《中国社会中军队的地位》，载《美国社会学刊》第 57 卷，第 4 号，349～350 页，1952。

很遗憾，关于中国士兵的社会、经济和文化特点只有很少的资料。我们只能从非常分散和往往基于印象的材料中看到这些特点。据我所知，关于中国士兵的社会问题的最重要的研究是1929年陶孟和教授进行的。①他研究了"华北某地"警卫旅5 000人中的946个典型人物。首先吸引我们注意力的是这支军队非常年轻，几乎都在30岁以下，很大一部分(43.3%)是20～24岁之间的。第二个特点是人员更换速度很快，大约有2/3的人是前两年内刚参加的，几乎没有人曾在这个军队里服役超过4年以上。1926—1928年间，每个月都招募新兵，说明招募新兵是这支队伍经常的工作。

更换速度很快，可能是因为：第一，战争伤亡消耗了队伍，需要补充新兵。第二，许多士兵在一个短时期服役后纯粹由于个人原因决定退役。士兵的社会背景和经济状况可以为我们提供某些线索。

在这个旅里，农民或无业人员占总人数的87.3%，差不多有同样数目的人都是文盲。虽然一个士兵的收入是极微弱的（大约每月5元），仍有68%的人把钱寄回去养家（根据主观的估计，有73%的士兵认为他们的家庭是贫困的）。

当然，我们不能完全根据上述的数字，但这却使我们有了初步印象。首先，它说明士兵中的绝大多数是在最能从事生产的年龄从军，并来自农村。他们来当兵，是其家乡情况不好的部分反映。他们被剥夺了接受教育的权利，因此大多数是文盲。更重要的是他们在经济上非常贫穷。农村贫困和当兵之间的最有力的联系是陶教授提出的。他认为，在中国传统社会习惯中，为了延续后代、忠于祖先，独生子是很宝贵的。征兵时，只有一个独子的贫穷家庭，宁愿出一大笔款子找人来替丁。但在陶教授的典型材料中，有21.3%的士兵是家里的独子。这说明这个家庭处于赤贫状态，实在出于万不得已。

军人招兵和普通贫穷之间的联系，产生了一些有意思的结果。一方面，在20年代开小差现象非常普遍。据国民初期的军事研究权威蒋方震

---

① 陶孟和：《一个军队平时的调查》，载《社会科学杂志》第1卷，第2号，92～115页，1930年6月。

(百里）估计，全国各军事单位每年开小差的比例在15%～25%之间。①开小差最多的发生于战争时或在军中生活变得不堪忍受时（上级的体罚，停止或减发津贴）。但是，只有当他们另有谋生方法时才开小差。因此，通常是一个人在军队里待了几年，通过积蓄或抢夺聚集了一笔个人财产后，才开小差。（这可以部分解释陶教授研究的那个旅中的高度更换率。）

另一方面，也有一些材料说，士兵们反对解雇或遣散。虽然每个具体的单位讨厌大量开小差的行为，但士兵们拒绝退伍也成为国家的严重问题。

关键在于，如果没有更好的谋生出路，那些贫穷不堪的士兵就不愿意离开军队，许多开小差的人当钱财用完时又回到军队，这样的人被称为"兵混混"或"兵油子"，以当兵谋生。所以，士兵对解散常常是反对，而且往往是激烈地反对。例如，1920年直皖战争之后，当皖系西北边防军的一个旅被命令解散时，发生了兵变，造成了直隶省通州地区相当大的损失，最后收编为奉军。②

在许多情况下，区分士兵与土匪越来越困难。只要一个士兵还处于贫困线以下，他就必须在一个军队里，或者漂泊于各军队中当兵。如果他在这支军队中混不下去了，就可能暂时沦为土匪。被打败的军队或个别士兵成为土匪，或土匪成为正规军的一部分，这种情况是很多的。③

因此，与传统习惯和当时普遍认为的中国人讨厌军队生活的思想相反，我们发现赤贫的经济情况造成了这个时期的中国农民并不把当兵看成灾祸，而是避免饥饿和绝处逢生的好机会。

---

① 蒋百里：《裁兵计划书》第1卷，3～4页，上海，1922。
② 《北华捷报》，1920-09-04，关于第二十一师如何在湖北不顾解散命令而发动兵变的生动记述，参阅：《北华捷报》，1921-06-18。
③ 例如，当赵倜在1922年第一次直奉战争中被冯玉祥打败后，他的被解散军队成了土匪。不管吴佩孚和冯玉祥的军队多么庞大，这些为数有1万多人的土匪，在1922年后成为河南省的一个非常严重的问题，参阅：《北华捷报》，1922-12-30，1923-02-03。同样，有名的临城撞车案就是由前皖系的被打败后解散了的士兵们干的。他们除了向被害者的家庭索取赎金外，还要求政府完全宽恕他们，并把他们收编为正规军。政府勉强同意了。参阅：《北华捷报》，1923-05-12。

从整个中国来看，虽然在农村贫困与农民从军之间很容易产生紧密的联系，但是，一个地区的招募情况和这个地区的经济情况之间却很难有直接的因果关系。因为，从理论上说，如果农民由于贫穷而纷纷当兵，那么一个地区愈穷，这个地区的农民就愈想去当兵。

但实际上，我们不能作这样的结论。因为一个军队的规模不仅取决于愿意当兵的农民数量，也决定于这个军队的需要。对于军人的需要，是受这个地区的政治形势、稳定程度以及军事目的所制约的。要分析这些需要，我们必须有人口统计、重要的经济数字、政治稳定程度以及这个地区大部分军人的政治目的等材料。很遗憾，我们没有各个地区的这样的材料。

但是，我们有理由认为，北方人当兵的要比南方人多。

造成这种状况的第一个因素是，19世纪末20世纪初的政治事件，有助于北方军队的发展。这些年里，北洋军是最现代化、最强大的军队。在民国初期，这是最主要的政治事实之一。许多学者把1916—1928年时期干脆称为"北洋军阀时期"。除了广东、广西、云南和贵州以外，所有的省大部分整个12年间都是由北方人任督军。在这个时期，北洋军到达了全国的18个省。①

还有一些其他因素造成较多的北方人当兵，不仅因为北方的农村生产水平和生活水平低，比南方贫穷，还因为这个地区遭到战争的重大损害。② 1916—1928年间，北方几省是几乎所有战争的主要战场。自然灾害也使北方比别的地方遭受更大的创伤。1920—1921年的饥荒，使北方五省几百万人成为赤贫。③ 水灾和旱灾造成了大量死亡，并迫使数百万人民

---

① 北洋军阀一贯的做法是北方军官带领北方军队，即使他们到南方去也是这样。例如，湖北、浙江、江苏、福建、江西等均如此。参阅文公直：《最近三十年中国军事史》第2卷，190~191、208~209、232~234、269~270、273、284页。

② 关于北方与南方生活水平、农业生产和收入的比较，参阅R. H. 托尼（R. H. Tawney）：《中国的土地和劳动》，49、70页，波士顿，1966；卜凯（J. L. Buck）：《中国的土地利用》，281页，纽约，1964；D. H. 伯金斯（D. H. Parkins）：《1368—1968年中国农业的发展》，89~96页，芝加哥，1969；卜凯：《中国农业经济》，281页，上海，1930。

③ 《中国年鉴》，220~221页，1921—1922。

背井离乡。①

这些事实使蒋方震得出结论：在中国，山东省当兵的人数最多，其次是直隶和河南。②

不管他们来自哪一省，大多数士兵没有自觉的集团目标。他们在一个军人那里服役，并不是因为与他有任何个人的或思想上的联系，而是由于想得到物质报酬或避免饥饿。除非他们的安全受到了威胁，否则是不愿意去打仗的。在一般情况下，他们设法使用策略取胜敌人，而避免打硬仗。士兵们常常开小差，不愿打仗。

产生这些雇佣思想的原因，是由于征兵中的专横的方法。四川省提供了这种专横方法的一些最极端的例子。

地方上的征兵人员哄骗轻信的农民加入他们的"军队"，然后把他们卖给真正的军队指挥。达成交易后，这些新兵变成这个军人领导下的一个新单位，征兵人员成为这个新单位的长官，效忠于这个军人并向他要钱，要武器，要给养。因为四川有许多互相竞争的军阀，他们都生怕这些单位落入竞争者手中，这样组织起来的军队必然缺乏组织性和纪律性。所以，四川省的军队以三个特点而闻名：官多于兵，兵多于武器，武器多于弹药。③

有的军人深深意识到征兵工作中不顾人们的动机和条件随便接受他们所带来的缺点。有的人也想采取正确的方法。

看来山西省是1916年后保持正规的征兵制度的唯一省份。山西太穷，无力维持一支阻挡邻省军阀入侵的庞大的常备军。通过征兵制度，它训练新兵，训练完后让他们再回去当老百姓，用这样的办法在和平时期进行花费不多的军队建设。1923年后，山西面临邻省入侵的危险日益增大时，这个计划更加紧进行了。这样，山西省就有大约10万人接受军训，而和

---

① D. H. 伯金斯：《1936—1968年中国农业的发展》，92页。

② 蒋百里：《裁兵计划书》第1卷，10～11、13页。一个对中国政治和军事有丰富知识的日本记者，也得出了相同的结论，"山东已成为最有名的出兵的省份，每逢发生战争时，别的省的军阀就到山东去招兵，结果，无数山东的青年成了士兵或土匪，流落异乡"。园田一龟：《分省新中国人物志》，141页，上海，1930。

③ 园田一龟：《分省新中国人物志》，476～477页。

平时期正常的生产活动并未受到影响。一旦情况紧急,"预备役军人"可以迅速集合待命。①

虽然征兵工作在山西顺利进行,但在别的地区是行不通的。这有几个原因:

第一,要使征兵计划顺利进行,要求在一个稳定的地区有稳定的社会制度,以进行适当的人口普查。没有这样的稳定,当权的军人就无法对人力进行合理的战略性分配,而这正是征兵制度主要和不可缺少的因素。

第二,征兵制度也要求比较有效的官方机构掌握统计资料和计划,以及要求有关农村管理机构去执行这个计划。自从民国以后,只有山西有一个稳定的政府,以及一个从当时的中国水平看来是有效的官方机构。

第三,大多数军人认为轮换征兵制太浪费,一个军人对士兵的训练进行投资之后,只要这个士兵待在他的军队里,他就可以从他身上收回成本。从这个意义上说,他宁愿要一支充满老兵的军队。另一方面,征兵计划要求在训练方面经常投资,而且现役军人数量较小。而大部分军人由于战争的不断发生,需要一支庞大的常备军。

一方面,不加选择或强制招兵会造成不利于生产的结果;另一方面,征兵制度又不是处处都行得通的,这使某些军人设法通过别的途径改进他们的新兵质量。例如,冯玉祥是强调体格检查和规定一些新兵的最低标准的少数军人之一。② 他还很注意保持军队中社会与地区的同一性。他的士兵大部分是河南、山东、直隶和安徽人,他主张从这些省招新兵。他派遣他的官兵回他们家乡,去鼓励其亲戚、朋友参加他的部队,这个方法的优点是这些新兵都消除了由于在别的军队里服役而产生的"雇佣"思想。在冯玉祥军队的新兵和老兵之间形成了紧密的社会关系,促进了良好的工作气氛,加强了军队的团结。③

---

① D. G. 杰林:《1911—1949 年:山西军阀阎锡山》,25 页;文公直:《最近三十年中国军事史》第 1 卷,第 2 章。

② J. E. 谢里登:《中国军阀:冯玉祥的一生》,75 页。

③ 刘汝明:《一个行伍军人的回忆》,载《传记文学》第 2 卷,第 4 期,18~22 页,1942 年 10 月。

其他许多军人在招兵方针中也采用特殊的条件。在前一章中，我们谈到了影响一个军人加入某个派系的种种联系。在招募新兵方面则有某些区别，因为大部分新兵直接来自农村，不存在上下级关系；因为他们中大多数是文盲或只受过低等教育，也不存在师生和同学的关系；家庭、亲戚、朋友和结拜兄弟的关系无疑更重要一些，但最重要、最普遍的联系是地区的联系，因为每个人都牵连到这个问题。军队需要大量的人，很难只招收那些与老兵有密切个人关系的人。而招收同一地区的新兵，则不是那么困难的。

招兵中的地理联系有它的欠缺之处。因为地理关系是个人关系中最缺少特殊意义的联系。军人们不能希望它发挥高度的团结作用，它不能像其他联系那样有效地使士兵们产生一系列由社会传统习惯所形成的权利和义务。只有当这些成员发现他们被与之敌对的异省人所包围时，地理关系才具有它的最强作用。所以，直系的大多数军人都招北方人当兵，即使是当他们的势力扩大到长江两岸时，也是这样。在南方，广东曾长期被广西军阀所统治。① 但即使在面临危险时，团结思想也只是暂时的。地理关系本身并不能如其他特殊联系那样长期起结合作用。从这个意义上说，大多数中国军队普遍地缺乏组织性、纪律性，至少可以部分地归因于招兵工作本身。

国民党作为一个具有明确意识形态的政党，在招兵工作中，既重视身体条件，也重视政治思想。国民党在建军时，最初想在广东招收新兵。但它的征兵人员遭到地方军阀的驱逐、监禁或谋杀。② 由于在近处受到阻止，国民党政府就在华中的一些大城市、在敌对军阀控制的地区内秘密设立征兵站。黄埔军校在华北和华南都设立了招收下级军官的中心，因为国民党军队还处在初建阶段，它给每个人的津贴是极其微薄的。它也不采取强迫的招兵办法，因此，我们可以设想那些被吸引到征兵站的许多青年人主要是被国民党的纲领所吸引。所以，国民党有非常严格的选择制度，它的新兵素质比别的军阀队伍要优良。

---

① 园田一龟：《分省新中国人物志》，418～426页。
② 罗家伦编：《革命文献》第7辑，19页。

不过，国民党毕竟是个例外。大部分军人所采取的招收新兵的办法，无疑是大力鼓励众多赤贫的农民从当兵这个职业中得到好处。由于废除体力和智力的标准，军队可以使那些最贫困的人获得谋生的机会。许多兵士甚至通过增长知识或健康水平，或在军队里得到提升，而提高他们的社会地位。

国民革命军

通过军事生活提高教育的机会是不多的，但是军队却使农民超出其家乡的限制。一个来自山东东部山区的农村青年，跟着队伍到达江苏、湖北或四川，显然有助于丰富他的阅历和生活经验。甚至他还可能有机会受到某些正式的教育。如果他有幸参加到一个比较开明的军人队伍里，他也许能认识几百个字，学会几首歌，甚至还可能学到一种手艺。

军队在经济上提供了更多的机会。如果一个人在家里当农民，他在经济上得到改善的可能几乎等于零。如果他参加了军队，即使津贴很有限，却仍可以寄一部分回家。如果他参加的是一个财政管理较好的军队，或这个军队管辖的地区比较富裕，那么他得到的实惠就会更多。不管哪种情况，一个士兵的经济地位总是要比一个普通农民强得多。

即使是在管理很糟糕的军队里，也常有突然发财的机会。事实上，这是许多士兵留在军队里的主要原因。许多军队在抢劫平民时毫不犹豫，他们还可能从事赌博、买卖妇女或鸦片等违法交易。官兵都从这种活动中得到好处。20 年代由云南军队在广东进行的大宗鸦片买卖，使云南军队成为广东的军队中最富的军队。① 冒险的活动可以带来大量战利品，即使失败了，士兵们也可以采取个人袭击的方式去抢劫居民。虽然我们不能清楚知道在这种活动中能积累多少财富，但至少可以说，普

---

① "甚至普通的士兵……也发了财，炫耀金戒指和金手表……一天所得的钱比普通人民一个月的费用还多。"参阅 D. S. 苏顿（Donald Sinclair Sutton）：《1909—1925 年云南军队的兴衰》，256 页。

通的士兵都知道：一次非法的"发横财"能比他在农田上辛苦耕作一辈子所得的还要多。

最后，还有最正式和最明显的向上升的可能性：提升军阶。我们必须记住在20世纪，中国的军队组织阶梯并不仅仅代表职业的地位，它有广泛的含义。一般来说，一个人的军队等级越高，他就得到越多的尊敬，能获得更多的财产，得到更大的政治权力，能够影响更多人的生活。这些事实使军队里的升迁比别的职业具有更大的价值。

在20世纪的中国，官兵之间没有不可逾越的障碍，相当数量的士兵有可能升官，有的人就这样一直上升。因此，在一定程度上，官和兵可以理解为是同一个持续运动的梯子上的不同的部分。要弄清这个问题，我们必须有士兵总数、在一定时间内他们所处的不同等级的状况、他们的提升速度以及成功的可能性怎样等等的材料，很遗憾我们没有这样的材料。

但是，人们从不名分文变成腰缠万贯的许多例子则很容易找到。这种情况的明显存在，相当程度地影响了普通士兵在军队里找寻机会的思想。因为他们看到了低贱的社会地位并不是他们职业中的主要障碍。

假如我们看到这个时期的所有的最上层的军人（管理几个省的巡阅使或占领几个省的军队总司令），就会发现有相当部分人的社会出身是低下的。张作霖（东北）和陆荣廷（两广）是土匪；王占元（湖南、湖北）和张勋（长江流域）是作为步兵参加军队的；曹锟（直隶—山东—河南）曾经是个布贩子；张宗昌（直隶—山东）早年以击钹为生，后来是一个赌场的帮手；吴佩孚（湖南—湖北、直隶—山东—河南）和冯玉祥（西北）均是贫困家庭出身。他们参加军队（无论是直接的或是通过盗匪道路）都是为了逃避生活中的艰难，以寻找出路。这8个人中，5个是当兵的出身，有3个是被剥夺公民权的人。

如果一个士兵留意地观察四周，他就可以毫不费力地发现在他的直接上级中有许多像他一样来自下层社会。例如，冯玉祥的大部分重要下属出身都很低微。谢里登发现，1925年在冯玉祥军队中的25个上层指挥官中，只有2个是从军官学校毕业的，23个是从普通士兵提升上来的。在冯玉祥军队的各级指挥官中，有相当部分人缺乏正规教育。①

有理由相信在这个时期的后期，向上提升的速度在加快。军队发展了，成立了许多新的单位，战争次数也增多了。这种情况有利于下级军官和士兵以更快的速度向上提升。② 我们在下一章中将谈到，中国军事学校毕业的学员不能满足日益增长的对军官的需要。因为供不应求，士兵提拔的机会就相应增加。

当然，并不是说官兵享有相同的晋升机会。但是，缺乏严格的组织层次、军官的供不应求、军事艺术的低水平，都造成了官兵之间区别的模糊性。这种模糊性允许相当数量的士兵向上晋升，有的甚至到了最上层。

总之，这一章的目的是要说明，与一般的看法相反，组成军队的大多数人的农民并不是被迫而是自愿参加的。但是，军队的发展不取决于农民的职业要求，而决定于军阀们想获得更大的权力的需要。农民群众悲惨的经济状况为其发展提供了有利条件。与农业劳动相比，军队不仅提供了某种程度的职业保障感，也提供了改进个人社会和经济地位的现实希望。但也由于大多数士兵怀着得到报酬的动机参加军队这个事实，带来了士气、纪律性和训练等方面一系列问题，我们将在第五章中谈这些问题。

---

① J.E. 谢里登：《中国军阀：冯玉祥的一生》，161 页。

② 在 1916 年，全国只有 32 个师长。1924 年有 84 个。1924 年战争之后，有一个时期改组和重新组合了许多师，以至于无法确定他们的实际数字。1925—1928 年间大约有 200 个师（《中国年鉴》，27、1068～1086 页，1926；1291～1297 页，1928）。而且，大部分上层军官在他们的职位上只待几年，然后由于死亡、失败、解职或提升而离开，为下层人员留下了空缺。结果，上层军官都很年轻。根据我对这些师长的初步研究，1916 年（32 人中的 15 人）和 1924 年（84 人中的 37 人），其平均年龄为 43 岁。

北洋时期军装

第五章 军事能力：训练

从现代的观点看，新兵入伍后就立刻有一个训练阶段。一个全面的训练计划应该包括一系列基本的规章制度，包括纪律教育和怎样使用武器的技术训练。在这一章里，我们将探索这些军人所训练官兵的数量和质量。

纪律性方面的训练

在大部分军阀军队里，纪律训练很差。在一般情况下，招兵质量的不严格与对训练的漠不关心，二者是互相联系的。那些在招募新兵时随随便便的人，往往把训练看成是冗长、厌烦和费神的工作。在许多情况下，新兵一到，就被立即指定到正式的作战单位，在现役中进行必要的技术和纪律训练。

纪律松弛应归因于指挥官，他的不严格要求，怂恿士兵们为所欲为。更重要的，军阀本人的生活作风常常违反军队制度，这在士兵中间树立起了坏榜样。其中许多人因与女人勾搭而臭名昭著，赌博更是军阀中间最平常的社交活动。① 贪污和腐化是普遍现象，大多数大军阀在几年之后都能通过不正当的途径积聚一笔巨大的个人财产。② 腐化和无能的军阀领导军

---

① 张作霖有一次在赌博中一夜就输掉了 100 万元。参阅曹汝霖：《一生之回忆》，145 页。张宗昌也是一个亡命赌徒，有一次一夜输掉了他刚领到的 30 万元军费中的 10 万元。参阅：《传记文学》第 7 卷，第 3 期，42～47 页，1965 年 9 月。

② 例如，据说曹锟在担任直隶督军期间贪污了 2 000 万元。参阅：《孤军》第 1 卷，第 2 期，1922 年 10 月；来新夏：《北洋军阀对内搜刮的几种方式》，载《史学月刊》，第 3 期，8～11 页，1957 年 3 月。此文中列举了重要军阀的个人财富。

队,既不可能得到士兵们的信任,也不可能受到尊重,当然不可能具有良好的纪律。

没有什么事情能比军内上下普遍吸食鸦片给军队造成的损害更大了。常常是整个军队成了吸食鸦片的集体,这大大损伤了它的战斗力和士气。有时,军官们故意怂恿吸食鸦片,因为一旦士兵们有了瘾,就会为了得到鸦片而留在军队,为他们卖命。有时,鸦片烟瘾能使一个军阀控制一大批人,最臭名昭著的例子是云南军队。曾与云南军队有多年来往的广西将军黄绍竑说,当云南军队去讨伐别的省时,往往发给鸦片以代替食物和津贴。鸦片烟瘾使官兵们的道德如此败坏,以致即使指挥官懂得了它的害处,他们也不能制止它。①

使士气和纪律委靡不振的另一个因素,是当官的贪污经费,特别是贪污士兵的津贴。大多数士兵参加军队的主要目的是为了钱,对于减少他们已经很微薄的津贴,当然是很不满的。袁世凯死后,中央集权的最后线索断了,士兵们的收入更多地决定于长官们是否正直,而没有健全的制度。有的单位津贴减少了,有时则不能按月发放。②

军官们中间普遍腐败的一个显著结果是更高级的指挥员越来越不能与士兵们保持联系。几乎所有的指挥员都夸耀自己军队的力量,这有时是为了吓唬敌人,但更经常的则是为了欺骗上级,以贪污空额的津贴。因此,敏感的政治观察员都知道,所谓一个师或一个旅通常只有其70%甚至50%的人力。一个上层指挥员不知道他的士兵的确切数字。不能对发放津贴进行监督,士兵们对他的忠诚也就相应降低。事实上,津贴问题所引起的争论,是军队内部关系紧张的主要原因之一,有时甚至爆发为公开

---

① 当云南军队的范石生决定禁止吸食鸦片时,引起了如此强烈的不满,把他的一个高级助手杀死了。几次战斗之后,他的军队便大大减少。参阅黄绍竑:《五十回忆》第1卷,98~99页。

② 一个当官的不正当行为可以有许多方式:他可假报费用,然后把拨给他的经费全部吞掉,他可能减少按现金付的薪水的百分比,他可能贪污剩余的钱,或者他干脆侵吞所有的钱使他的士兵好几个月得不到津贴。参阅:《北华捷报》,1919-10-18;《蔡廷锴自传》第1卷,133~139页,香港,1946。

的骚动和兵变。①

这些骚动和兵变等公开反抗的行为，使我们了解到某些军队纪律衰败的严重性，但这还不是全貌。因为每个兵变或骚动的参加者，还有更多的士兵对现状强烈不满，其结果仅仅是开小差，正如我们在前面曾谈及过的。但纪律败坏的最有力的说明，还是士兵在战争中的行为和他们对待居民的态度。

缺乏纪律训练增强了曾驱使许多士兵参加军队的雇佣思想。士兵作战时，希望得到长官的报酬或允许他们抢掠。从这个意义上说，士兵在军队里有利可图，他们待在军队里是由于个人利益在起作用。但是，当军队处在不利的军事情况中时，就失掉了这种作用。当不再能得到好处时，雇佣兵就不愿再去铤而走险。官兵之间的默契在于：得到最大限度的物质利益和避免最小限度的战争损失。许多中国士兵严格遵循这个原则。结果，有些"边缘的单位"往往在战斗时，通过开小差或倒戈投向另一方以获得自我的保全。这种情况的出现给派系协调作战计划带来很大困难：它们削弱派系内部统治的基础，使每次战斗的结果无法预料，并危害派系中权力关系的巩固。因为这些单位投降或开小差，是为了逃避战场上的灾难，或为了改善待遇。所以他们反抗任何派系强加给他们的严格约束。如果在纪律方面要求太严，他们还会再开小差。结果，在派系和这些单位之间，或这个单位的指挥和士兵之间，都缺乏彼此信任。不管他们参加哪个派系，他们都是靠不住的。

士兵在战场上贪生怕死，但对居民却穷凶极恶。虽然本省的军队有时也对本省的老百姓有暴力行为，但这种情况大部分发生于在外省活动之时。1918—1919年间，北洋军阀讨伐湖南时，张敬尧的第七师士兵，在

---

① 根据一个专门论述军事问题的杂志《孤军》上的一个调查，1912—1922年间有179起兵变，其中38起是直接由于要求增加津贴或对拖欠发放津贴不满而引起。其他大量的兵变是由于解散、不服从或没有专门原因所引起的，间接也是由于津贴问题上的争执所引起。例如抢劫也常常是由于不能准时发放津贴所引起。参阅：《民国以来兵变表》，载《孤军》第1卷，第4～5期，1923-01-01；《各派的兵变》，同上。

湖南境内横冲直撞，夺走或毁坏所有能看到的东西。① 1919—1920年，广西军队在广东省境内的行为也非常糟糕。② 1918年，北洋军队在福建时干了许多土匪勾当，抢掠年轻妇女，绑架年轻人勒索赎金，大肆抢掠。老百姓只好躲进山里，直到他们离开。③ 甚至一度为人们认为水平较高的云南军队，在四川时也堕落成为一群毫无纪律的暴徒。1917—1920年间，四川和云南军队经常有矛盾，1920年，他们之间发生了争夺成都的激战，云南军队肆无忌惮地烧毁了数千间民房，有计划地抢掠居民和商业区，杀害了大量无辜市民。④

无疑，军队如此缺乏纪律给管理带来很大的问题。指挥员利用士兵迫切获利的愿望，可以暂时诱使他们投入战斗，但结果往往是自取失败。因为当任务和利益产生矛盾时，他们毫不犹豫地选择利益。更严重的是，在当官的默认下，士兵们所犯下的暴行，引起了即使是最驯服的居民的强烈痛恨和反抗，如果这些暴行像通常那样是外来的军队干的，那么，它会激发起本地军队潜在的地方感情，使其团结全体居民形成一支强大的力量。上述所提到的四川、湖南、广东、福建所发生的情况，说明缺乏纪律会导致军队的毁灭。同样都是装备低劣、财力缺乏的军队，但由于有广大群众支持，最终较小的地方军队将把那些毫无纪律的军队赶出本省。

虽然上述缺乏纪律的情况确实存在于大部分军队中，但也有某些军人注意到了训练的必要性。一般来说，那些注意招兵质量的人，也注意训练工作。例如，吴佩孚是众所周知的要求严格遵守纪律的人。讨伐湖南的所有北洋军人中，只有他的第三师纪律良好，甚至赢得了敌人的尊重⑤，阎

---

① 一份材料说，1918年北洋军队所经之处，长沙—平江之间延亘70里一片荒凉，湖南境内其他地方也是如此。1919年8月，北洋军队5个月未发饷，纪律又一次濒于破产，各商会和地方政权急忙决定地方绅士和商人"出款"维持治安。结果，长沙商会拿出了10万元，湘潭拿出了7万元，分别付给军队。参阅《北华捷报》，1919-10-04。

② 黄绍竑：《五十回忆》第1卷，41～42页。

③ 《北华捷报》，1918-10-05。

④ 苏顿：《1909—1925年云南军队的兴衰》，210～212页。

⑤ 陶菊隐：《吴佩孚将军传》，44～46页；孙铎：《吴佩孚与国民党》，载《向导》第24期，1923-05-09。

锡山和冯玉祥也以很大的精力加强纪律训练和思想教育。

在山西，阎锡山的士兵分别组织进各种不同的集团，如"洗心社""自省堂""讲演会"及其他教育或研究班、学习小组、讨论会等，向他们灌输"积极、忠诚、服从和自我牺牲的精神"①。要当官的了解自己的士兵，在各营各连设置教导员以及改善士兵的身体状况，并防止养成懒散等坏习惯。士兵还受到严格的政治教育，在早期是以传统的孔子学说为基础，讲演、标语、唱歌、讨论等方法都用来转变文化水平不高的士兵们的思想，并要求在军队和市民之间建立融洽的关系。1927年后，在教材中加进了孙中山的三民主义，成为山西军队的明显的政治倾向。

冯玉祥也采取强有力的纪律训练计划，他给底下的人定了几条规定：不许吸烟或吸鸦片，不许喝酒赌博，不许说下流话或逛妓院。高级军官的衣着和生活与普通士兵一样，并与士兵一起参加每日的操练及其他体力劳动。因此，在队伍中几乎没有等级观念或不满情绪，执行严格的纪律，即使高级军官做错了事也要公开受罚。虽然冯玉祥军队的基层也有各种重要和次要的联结关系，但他们严格避免裙带关系，只考虑成就。冯玉祥也是一个富有同情心和宽宏大量的人，他希望他的军官也都这样，这种和睦的关系使他在官兵中建立了发展良好纪律和忠诚的巩固基础。②

冯玉祥的政治教育计划的内容，与阎锡山很不相同，除了传统的孔子思想和后来的孙中山的政治理论外，冯玉祥还采用了基督教的某些教义和列宁的革命理论。像阎锡山一样，冯玉祥也大量采用小册子、唱歌、口号、讲道、提问、标语和墙报等方式，向只受过极少教育的士兵传播思想。因此，在士兵们醒着的时候，不是去听讲道、回答关于为人民服务的必要性的提问，就是观看关于模范生活的演出。最根本的目的

---

① 文公直：《最近三十年中国军事史》第2卷，128页；D.G.杰林：《1911—1949年：山西军阀阎锡山》，27页。

② 冯玉祥努力使自己熟悉尽可能多的士兵，1913年他当团长时，能叫出他指挥下的大约1 400～1 600名士兵的名字。他要求军官们知道他们领导下大部分人的名字，并且熟悉他们的家庭背景和个人特点。要求关心士兵们的福利，对待他们像一家人一样。与别的军阀不同，冯玉祥尽可能不采取体罚。参阅J.E.谢里登：《中国军阀：冯玉祥的一生》，83～87页。

是使士兵们对他们肩负的任务具有合理、高尚的思想，教他们把自己的言行与目前的政治纲领联系起来。1927年，冯玉祥从苏联回国后，成立了政治部，并在每个军、师、旅中分设办公室，把政治官员派到各个排，在那里建立政治基层组织。这一新的政治措施明显地更加巩固了他的军队的纪律。① 他们体会到士兵之间，存在着长期感情的联系，不是以厉害的体罚或金钱引诱，而是通过同志关系和互相了解就能使关系巩固。如果以崇高的思想激励士兵，而不是以纯粹的金钱或剥削来引诱，就能保持良好的纪律。

阎锡山和冯玉祥的努力当然不是白费的。阎锡山政府在山西的长期存在与其稳定性，雄辩地证明了他的军队的良好纪律所产生的效果。1916—1928年间，从来没有发生过企图推翻阎锡山统治的内部骚动或公开叛乱，即使他后来在与外来的军队作战时，受到几次挫折，他的士兵也一直没有离开他。

在整个时期，冯玉祥的军队以纪律良好而闻名。1918年，当冯玉祥的第16混成旅驻在湖北时，他的军队受到当地人民很好的接待，甚至他们的湖南敌人也坦率地对他们表示敬意，并声称不打冯玉祥的军队。他们尊重人民，不事偷盗，并在离开之前付清一切欠款。居民们有的不愿意他们离开，有的请他们接管地方行政。② 1926年，这支军队在南口打了败仗，这是对它的纪律性和忠诚程度的最大考验。绝大多数士兵不顾退却途中遇到的多次骚扰，步行了数百里到达西北地区时，又重聚于冯玉祥的麾下。1926年9月，冯玉祥宣布发动另外一系列的与敌作战的决定时，他从被打败的剩余的国民军中，建立了一支新的军队。在他那里，不仅没有发生过权力斗争的情况，而且他的几个下属，如曾被迫在阎锡山处寻找庇护的韩复榘、石友三，也被说服回到了冯玉祥的军队中来。因此，在几个月内，这支军队又以当年之勇准备再次投入战斗。③

也许没有别的军队在训练方面取得比国民党更大的成功。从一开始，

---

① J. E. 谢里登：《中国军阀：冯玉祥的一生》，121、210、213页。
② 同上书，93～94页。
③ 冯玉祥：《我的生活》第3卷，101～128页，上海，1947。

黄埔军校就成为国民党改组计划中最优先考虑的问题。黄埔军校的纪律训练的主要特点是 1923 年 10 月制定的政治教育计划，规定加强思想教育和强调严格的纪律。① 黄埔军校开设了当时最好的政治教育课程。它包括政治经济学、关于帝国主义的理论、中国历史和西方革命运动史。② 思想教育明显地围绕孙中山的三民主义理论，这些原则是试图把传统的孔子的政治信条中某些突出方面，如"四维八德"与西方民主理论结合起来。他们攻击一切帝国主义，坚持主张民族独立，并积极鼓吹拯救和复兴中国的建设纲领。孙中山的理论武装了国民党军人的思想，使他们能够看清当时到处存在的社会和政治弊病。

除了进行大量的政治教育外，学员还受到经常的政治监督。国民党采取苏联红军的组织经验，于 1924 年 11 月成立教导团时，设立了政治委员制度。③ 在国民党的有力推动下，后来在各个军队单位中实行了这个制度。

1925 年 12 月起草的《国民革命军政治部规定》中，规定了与军队等级相平行的各级政治委员制度，为了"在军队中促进政治教育，树立民族革命精神，提高战斗力，加强纪律性，实现孙中山主义"④。被任命的政委在这个单位的地位与军事指挥员相等。从理论上说，他们在责任上有分工。⑤ 实际上，政委能控制指挥员。政委不仅有权在指挥员不在时代行其职权，而且负责全体人员的提升、鉴定和处分。在特殊情况下，如果政委认为指挥员的命令不明智或不合法，则有权否决他的命令，并阻止下级服

---

① 训练是由国民党派遣一些最优秀的政治家掌握的，廖仲恺是国民党的常驻代表，戴传贤是政治部主任，邓演达是训练部代理部长，其他的国民党内知名人物如汪精卫、胡汉民和邵元冲也经常去给学员上课。参阅陈训正编：《国民革命军战史初稿》第 1 卷，90 页。

② 加索夫（R. L. Garthoff）编：《中苏军事关系》，47～48 页，纽约，1966。

③ 毛思诚：《民国十五年以前之蒋介石先生》，335～339 页，香港，1965。

④ 威尔伯等编：《1918—1927 年关于共产主义、民权主义和苏联顾问在中国的文件》，200 页，纽约，1956。

⑤ 指挥员负责所有的军事行动，政委负责政治行政的日常工作及其卫生情况，见蒋介石 1926 年 4 月 8 日讲话。毛思诚：《民国十五年以前之蒋介石先生》，643～645 页。

从他。① 他们不仅帮助训练新兵，也在作战单位中工作。排、连、营、团、师、军团、军总部、指挥部、国民革命军的各机构、海军总部、总参谋部以及兵工厂都设有政委。政委由这个单位中的政治工作人员协助，组成党支部。②

这样广泛的政治管理和监督，使国民党可以接受军人们的不可靠的、名义上的效忠。国民党只需指派党代表和他的政委们到他们的队伍中去，这些政委们为建立党支部创造条件，提高士兵们的政治觉悟，教他们读书写字，成为他们的保护人和发言人。一旦政委们得到了士兵们的共鸣和信任，他们就会动员士兵向指挥员们施加压力。③

正如国民革命军史学家刘馥所指出的，政治委员制度使国民党得以有各种不同成分的人来参加队伍，也有助于在军队中克服不正当的消费、任人唯亲和裙带关系等弊病。他们的工作不仅在和平时期改善了军队与群众的关系，而且通过组织和宣传工作，唤醒敌后人民群众的支持，直接导致党的军事上的胜利。④

除了思想意识方面的教育，国民党军队领导还强调传统的军人道德，要求黄埔军校学员具备军人的四种品质——勇、猛、威、严。蒋介石在给学员讲话时还经常强调另一些要求：他劝告学员们要不顾一切困难地坚持学习，要有坚定的原则（宁为玉碎，不为瓦全），以及为了革命事业准备牺牲生命。⑤

---

① 陈训正编：《国民革命军战史初稿》第1卷，95～96页。

② 例如，在一个军团里，每个政委大约有100个这样的政治工作人员帮助他。所以，在作战单位中，大约每100个作战人员中就有一个政工人员。刘馥：《1924—1949年现代中国军事史》，18页。

③ 一个恰当的例子是：国民党接收赖世璜的军队，这个军队主要由江西人组成。当他的军队成为国民革命军第十四师时，国民党任命江西人熊式辉为这个师的政治代表。熊式辉利用这个职务组织这个师的政治工作，并进入指挥机构。赖世璜后来被国民党处死时，熊式辉被任命为第十四师师长。转变是和平地进行的。

④ 1925年东征时，黄埔军校宣传部准备了50万本小册子发给士兵，10万份传单发给农民，还有6万册革命歌曲。当时，政工人员大量散发这些宣传材料，还组织工会、农会，召集群众会议以配合军事行动。参阅刘馥：《1924—1949年现代中国军事史》，19～20页。

⑤ 刘峙：《黄埔军校与国民革命军》，16页，南京，1947。

为了进一步加强纪律，国民党于 1925 年实行"连坐法"（集体负责的军法），适用于军队各单位的官兵。其中规定：如果一个团长在没有得到命令的情况下擅自退却，总司令可以枪毙这个团长；或者如果一个团长在战斗中被杀死了，那么擅自退却的任何一个营长就要被枪毙以补偿性命。因此指挥官们不敢退却。"连坐法"一直贯彻到军队最基层的单位中的每个成员。所以，如果一个班长并没有退却，但其全班擅自退却，而造成这个班长死亡，那么，全班都要被枪毙。①

实行"连坐法"后不久，黄埔军校学员编入国民党军队参加第一次战役——东征。这次战役值得我们注意，因为它给国民党未来的战役树立了榜样。

第一，严格执行了"连坐法"。在这第一次战役中，一个连长因为违反"连坐法"被枪毙，一个团政委和一个副连长由于同样的过错受到严厉惩罚。② 第二，与许多军阀对待士兵的冷淡态度完全相反，国民党的领导人非常关心士兵。死亡者都要很好埋葬并通知其家属。蒋介石个人还召开追悼会纪念他们，受伤者发给额外经费。第三，彻底调查战场上的表现，然后决定提升降职，给予荣誉、奖励或处分。③ 这些工作对于现代化军队来说是例行公事，但在 20 年代，与别的军阀部队相比，国民党这样的做法就很不简单。使士兵们感到他们的努力都被人们所了解。第四，黄埔军校学员及其军队表现了非凡的战斗热情和超乎寻常的英雄行为。在这次战役中他们第一次组织了"敢死队"，以简陋的工具在毫无掩蔽的情况下攀登城墙。第五，严格管束士兵对待城市居民的态度，禁止士兵进入民房和搭伙，或白拿他们的东西。违犯者要受到严厉惩罚。④

---

① 毛思诚：《民国十五年以前之蒋介石先生》，245～246 页；刘馥：《1924—1949 年现代中国军事史》，13 页。
② 毛思诚：《民国十五年以前之蒋介石先生》，396 页。
③ 《北伐战史》第 1 卷，183～184 页，台北，1967。
④ 一个最明显的例子是桂永清事件。桂永清为黄埔学员，后来是国民革命军海军总司令和参谋长联席会议主席。他曾未经批准没收了一些"敌"产，因此被判死刑。黄埔学员联名上书请予以宽大，使国民党中央执委会通过了一项特别决议，给予从轻处理。

国民党军队取得了巨大的胜利。在后来的几年中，经过黄埔军校训练的官兵面临比他们更强大、装备更好的敌人，仍然获得了一次又一次的胜利。他们的勇敢精神使他们得到了战无不胜的名声，他们良好的品行得到了沿途人民群众的热情支持。

因此，在领导者对黄埔军校学员和革命队伍中进行耐心细致的军人道德教育和执行铁的纪律的情况下，国民党军队成为一支坚不可摧的力量。政治教育使他们为了明确的纲领而战斗，"连坐法"保证了上下级之间执行严格的责任制，并在指挥员之间（包括上下级和同级之间）建立了紧密的协作关系。

技术训练

民国初期的军事教育制度是从清朝沿袭下来的。1905 年光绪皇帝下令建立三级军事学校。最低一级的是在每个省的省会建立三年制初级军校训练军官。第二级，在全国建立 4 个中等军校，设置于北京、西安、武昌和南京。进入中等军校的学生必须是省初级军校的毕业生，在这里学两年。最高一级的是保定军官学校。中等军校的毕业生，在军中服役一年之后，才能进入保定军官军校，在这里学习两年。① 根据这个命令，初级学校每年举行一次入学考试，以保证每个县有一名学生为条件。这样的选拔看来很公正和客观，但入学的条件实际是由省里的当权者决定的。

到 1911 年辛亥革命时，初级学校只毕业了四班学生，中级学校毕业了一班，所以，从新的军校中毕业的学生总数是很少的。在革命引起的混乱中，有的省初级军校关闭了，有的勉强维持，只存虚名。此外，条件、要求、时间表，都有些小的变化。

但是大体上，中华民国基本上保持了清朝军事教育制度的原样。仅有的机构上的变化，就是建立了一所军事学院作为军事教育的最高学府。从保定军校毕业的学生，在军中服役两年以上者，才有资格进行入学考试。

---

① 《保定军官学校沧桑史》，载《春秋》，第 36 期，203 页，1960－02－16。

一旦被批准入学，就接受三年训练，成为高级军官或参谋。① 根据这些规定，7年的军校训练可以培养出一个军官；或者，10年可以培养出最高级指挥员和参谋。

关于民国初期军队领导人的质量，有两种不同的看法。鲍威尔根据对晚期清军计划的考察，认为大部分军事领导人受过很好的教育。② 另一些人则说大部分军事领导人是无知的。例如，陈志让研究了1912—1928年间1 300个旅以上的军官的传略之后，认为"受过教育的军阀不超过总数的30％，其余大都是出身非常穷困的文盲或半文盲"③。

我自己研究的结果表明许多上层军人曾受过某种方式的教育。表1说明1916年和1924年（我们有这两年的全国的完整的军官名单），有70％以上的师长曾进过某些军校，其余30％的人教育背景不能确定，真正没有受过任何正规教育的人的数字可能更小。因此，虽然像张宗昌、韩复榘这样的军阀是文盲，经常被人们作为笑料，但这样的人在最高层领导人中间毕竟是很少的。在这些军人中确实没有第一流的学者，但他们中间确实有许多人受过教育。冯国璋和吴佩孚是秀才，段祺瑞热衷于佛学研究，徐树铮在经学方面基础雄厚，并是《建国诠真》一文的作者。

---

① 《秦德纯回忆录》，128～129页。但实际上申请入学者并不都是保定军校或其他预备学校的毕业生。例如，黄旭初是广西短期军校毕业的，类似于初级学校，于1913年进入军事学院。参阅：《春秋》，第153期，11页，1963年11月。

② R. 鲍威尔：《1895—1912年中国军事力量的崛起》，338～339页。

③ 陈志让：《中国军阀和他们的派系》，载《远东和非洲研究会会报》，第3部分，568页，1968（31），伦敦。这些人物需要慎重对待。首先，"旅长"更多是指军阶，而不是指挥地位。有时，它纯粹是一种尊称而没有实际含义，或者他们担任的是行政职务。如果我们指的是真正指挥一个旅或一支部队的司令员，其数字就会大大减少，而受过教育的军人的数字的百分比就会提高。其次，统计的准确性方面也存在某些问题。例如，陈志让所列举的毕业于天津军校的有29名旅长，这个数目太少了。因为谁都知道那是北洋军队最重要的军事教育学院。我又抽查了姓名字母（音译）以C开头的人，发现陈志让漏掉了几个天津毕业生，他们是：张怀芝、张富来、赵玉珂、陈光远、齐燮元、蒋雁行、靳云鹏、陈调元。这些人都担任旅长或更高的指挥职务。

表 1　　　　　　　　1916 年、1924 年师长的教育背景

学校	1916	1924
北洋军校	9	7
日本士官学校	10	4
保定军校	1	6
其他学校	4	8
缺乏资料的	8	10
总数	32	35

资料来源：《职员表》，载《东方杂志》第 14 卷，第 1 期，1917 年 1 月。《中国年鉴》，927～949 页，1924。

当然，可能有人要说师长只是很少一部分人，不能代表其他上层军人。为了解决这个问题，我分析了 1916—1928 年间省一级的最高军事领导人的教育背景（见表 2）。在这些人中，即使把那些没有材料的都当做未受过教育的，那么，受教育的也超过未受教育的，其比例为 71∶36（或 66%∶34%）。

表 2　　　　1916—1928 年间各省最高军事领导人的教育背景

学校	军人数字
北洋军校	18
日本士官学校	19
保定军校	12
其他学校	22
缺乏材料的	36
总数	107

资料来源：同上。不包括新疆。因为它地处边远，在这个时期的军事政治中没有起过重要作用。

很遗憾，现有的资料不允许我们对全国各级军官都作这样的统计分析，但我们可以以地区为基础进行这样的分析。我们掌握了 1924 年东北三省奉系重要军人的教育背景的相当可靠和完整的资料，如表 3 所示，2/3 的师长和旅长、3/4 的团长以及几乎所有的（93%）中校以上的军官，都受过一定的教育。

这些材料的一致性迫使我们反对那种认为1916—1928年期间军事领导人一般都没有受过教育的看法。我们不能把低微的出身和缺乏正式教育混为一谈。许多军事学校是公费并不排斥穷人。此外，有才能的士兵经常被送到军校进行一个时期的正式训练，只有东北的少数军官是在从士兵提升为连长或营长后才去军校学习的。

表3　　　　　　　　　1924年奉系军阀的教育背景

学校	师长	旅长	团长	其余中校以上的军官
日本士官学校和日本陆军学校		1	3	12
保定和全国军事学校	1	3	11	
东北军校	1	7	20	7
其他军校		5	12	9
缺乏材料的	1	8	16	2
总数	3	24	62	30

资料来源：《东三省官绅录》，1～77页。东北军校包括东三省讲武堂和奉天讲武堂。

以学历作为衡量军事领导人的质量是太简单了，我们必须观察使一个人具备军事领导才能的教育内容。

大体上，晚清时期开始并在1916—1928年间继续进行的教育改良，并没有达到预期的提高军事教育质量的目的。有名的地质学家丁文江，对军事也有强烈的兴趣，他断言：军事教育是中国教育中最落后的学科，比一般的高等教育至少落后20年。他还说，从军校中培养出来的军官，不仅缺乏现代知识和训练，甚至不会看军事地图。①

虽然，制度从纸面上看来很好，但政府缺乏必要的行政机构和技术专家，以保证这一制度得以执行。首先，进入军校的学生没有统一的标准，很难管理，即使像保定军校这样的高等学校，因为它接受现役军官，学生的质量也是不平衡的。② 其次，1916—1928年间，政治局势的不稳定，迫

---

① 胡适：《丁文江传》，61～62页，台北，1956。
② 曹聚仁：《蒋百里评传》，7～8页，香港，1963。

使许多学校有的停止活动，有的缩短训练期限。

更严重的缺点是教材的落后和学校管理的无能。在初级军校，教给学生的军事知识和技术是很少很肤浅的。① 中等军校中的课程明显是先进些，但教育质量仍然是不能令人满意的。② 民国时期，一个中等军校的毕业生在进保定军校之前，要在军队服役半年，这段现役训练的教育作用等于零。③ 保定军校，本是为培养高级指挥员的，却呈现出一幅同样凄凉的景象。因为学员来自四面八方，其中有的人还参加过辛亥革命。中央政府的当权人物，如段祺瑞及别的北洋军阀不太重视这个学校。④ 此外，还存在着普遍地拒绝接受认真的教育的倾向。教员和学员都认为一个好的军事领导人的特点是不怕死以及果断地运用简单的战略战术。科学和技术是被忽视的，也没有人把军事科学和有关纪律结合起来。这种看法形成一种非常狭隘的观点。例如，学员几乎没有兴趣去研究武器学，认为那只是下级官兵的事。⑤ 普遍地轻视接受教育的过程。教员和学生都把学校学习的这段时间仅仅看成是一种形式，而不是真正学些东西的时期。因此，只要一个学生完成了学校的最低要求，就予以毕业。

高级军事教育面临的最糟糕的问题是缺少教员。大部分中国教员只是曾在其任教的这所学校里受过少量的教育。只有少数几个曾在日本受过教育，而当聘请外国教员（大部分是日本人）时，就会发生新的紧张关系和教学上的问题。⑥ 此外，大部分有志气有教养的军官都不愿意干办公室的

---

① 黄绍竑：《五十回忆》第1卷，15～16、29～30页。

② 《秦德纯回忆录》，109～117页。

③ 陆军部对这个实习没有全面的标准计划，队伍里的下级军官本身几乎没有受过什么教育，因而也不懂怎样教育学生，他们也不愿意认真地对待这些临时的客人。参阅黄绍竑：《五十回忆》第1卷，26～27页。

④ 当蒋方震任保定军校校长时，由于中央政府不愿意改进这所学校而非常沮丧，甚至一度想自杀以示抗议。蒋方震离开后，情况自然非常糟糕。曹聚仁：《蒋百里评传》，7～8页；陶菊隐：《蒋百里先生传》，36～42页。

⑤ 黄绍竑：《五十回忆》第1卷，15～16、29～30页。

⑥ 学生把外国教员看成间谍，对他们充满敌意。而且，还要请人翻译，使教育进程变得非常麻烦，效率很低。参阅《秦德纯回忆录》，128～129页；胡适：《丁文江传》，62～65页。

工作，而办公室工作又是学校的职务中最糟的一个部门。军校是准备退休的地方，只有毫无希望的人才接受这样的委任。有的军人即使了解军事教育的重要性，也不愿意派他们的得力的军官去军校任教。一个军人，不管他的知识和领导才能怎样，都愿意去作战单位，因为这是迅速提升和得到更大权力的最可靠的道路。轻视教育的最好说明是军校中教员数量惊人的少。1916年6月，在全国省初级军校以上的所有军校中，教员大约只有350人。①

民国时期忽视军事教育的基本原因不是财经问题，因为国家完全可以供给几个设备良好的学校的费用。也不是因为缺少人才，虽然人才并不充足。基本原因要从怎样才能成为一个好的军事领导人的看法以及政治竞争所造成的紧张形势中去寻找。军人们习惯于以古代的中国英雄（如汉高祖或明太祖）为自己的榜样，他们出身低微，纯粹依靠个人的勇敢奋斗和政治上的机智敏感获得了声望和权力。

在混乱时期，尤其是这样。在那时没有正规的提升制度，但有许多其他的机会。只要一个人掌握了一定数量的军队，提升就成为极为可能的事情。

上面，我们主要分析了军事教育的质量。下面，我们谈谈数量。——从不同的军校出来的毕业生的数字，他们都到什么地方去了，以及他们的数目怎样影响了军事活动的特点。

1916—1928年期间，官和兵的比例在组织统计表上看来比较稳定，从来不超过1∶20。② 如果我们以这个比例对第四章中估计的军队总数计算一下，就可以得出不同时期所需要军官的数字。1916年，2.5万多名军官；1918年，5万多名；1924年，7.5万多名；1928年，10万多名。这些数字只是作战和支持作战部队所需要的军官数字，不包括宪兵队或陆军部参谋、总参谋部，全国各地的驻防军官，兵工厂以及仓库供应的军人。

---

① 山东军事测量学校在前4年曾毕业了35名学生，只有1名教员。步军统领衙门将校研究所同一期培养了221名军官和879名军士，总共只有4名教员。参阅：《陆军统计》第5册，第2部分，第1章。

② 《陆军统计》，图表第19、20、22；文公直：《最近三十年中国军事史》第1卷，90～139页。

所以，我们的数字只是所需要军官的最低数字。

下一步，我们就要探索军事教育系统是不是能满足这个对军官日益增长的需要。一份关于中国军事教育机构的综合调查说明，在 1912—1916 年中，初级以上军校的毕业生总数不超过 1 万人，每年不到 2 500 人。①而 1916 年对于指挥作战的军官的需要超过 2.5 万人，即使把这 4 年的毕业生 1 万人都派到作战部队去，只能满足这些作战部队最上层领导职务的需要。中层和基层的军官只能由未受过正式军事训练的人充任。

20 年代之后，情况更加恶化。北方几省有的封闭了军校，有的勉强维持，无所作为。②清河的一所中级军校关闭了，甚至保定军校在送出了九期毕业生之后也关闭了。20 年代的大部分时间中，军校毕业生的质量和数量均处于停顿或下降的状态。

同时，军队的数字迅速增长，对于军官的需要更为迫切。20 年代，战争的次数增多了，许多军队打仗次数比以前任何时候都多。因此，军官在战场上的伤亡也必然增多。在这些情况下，受过某些正式训练的军官的数字在整个军官数字中的百分比就更小了。

由于缺少有能力的军官，使训练士兵的工作很难进行。摆在中国士兵面前的最大障碍是他们普遍都是文盲。③一个单位里的文盲愈多，就愈需要面对面的交流，详细的口授，个人示范及管理工作。这样，就需要更大的官兵比率。

随着武器的日益复杂化，对于受过训练的军官的需要量也相应增加。在这方面，能胜任的军官更加缺乏。几乎有一半是综合性的学校。有两所

---

① 参阅：《陆军统计》。

② 有的省里，出现一种新的军事教育方针，即讲武堂。通常，当无法进行正规的训练军官的方法时，它就代替省初级军校，甚至中级军校。参阅：《中国年鉴》，513 页，1921—1922。但是，总的说来，这种新的办法也不能改进军事教育的质量和增加毕业生的数量。

③ Y. 詹姆斯（James Yen）对 20 年代奉系军队的调查说明：每 150 人士兵中只有 25 人（16.6％）有文化；陶孟和对北方一个旅的调查说明：只有 13％的士兵有文化。别的军队情况可能更糟。例如，冯玉祥说，1919—1920 年间，他的部队中有 95％以上的官兵是文盲和半文盲。参阅刘馥：《1924—1949 年现代中国军事史》，142 页；冯玉祥：《我的生活》第 2 卷，107 页。

宪兵学校，一所后勤学校，一所军医学校，但是，没有炮兵学校，没有通信兵学校、工程兵学校、军需学校或军械学校。因此，几乎没有军官受到这些更重要的军事学科的专门训练。中国军队打仗时使用不断改进的武器，但战争却停留在原始的方式上，改变极慢。由于缺少优秀的有专门技术的军官，几乎不可能进行士兵的技术训练。

在这种情况下，有的军人干脆不进行技术训练。对他们来说，对待新兵最好的办法是给他一支枪，让他尽快投入战斗。如果他死了，也没关系，反正是人比枪多。

我认为，中国军队的落后，主要不是由于上层的军人缺乏教育，而是由于下级军官和绝大多数士兵中文盲占很大比例，并且缺乏技术训练。因为最高级领导人缺乏知识，可以争取外援加以改善。如聘请私人秘书或外国军事顾问。这种情况可以很随便列举一些。① 但是，在中层和下层，不适合用外国顾问，所以，训练有素的本国参谋人员的缺乏就产生很大影响，每次战斗都是临时应付，指挥官们不了解作为一个军事领导人的职责，有时，他们根本就没有能力指挥一支较大的军队。②

由于不重视技术训练，大多数士兵不适宜去打仗，他们不会熟练地使用武器，不懂得怎样互相配合。他们不会正确使用武器，往往浪费弹药，损坏武器。战场上失去一次战机就会造成严重失败，而一次大败会导致灭亡。当然，不能认为所有的军队都一样，也有军人很早就认识到技术训练的需要。一般来说，这些人也就是在招兵和纪律方面要求比较高的人。吴佩孚是一个众所周知的一丝不苟的教练员。1920年战胜皖系后，他在洛阳制定了一个重要的训练计划，包括于1923年创办一所军官学校，几所士兵学校，还有一所有几百个男孩的军训学校。他还举办了装甲车、爆炸

---

① 例如，冯玉祥"除了俄国顾问外，在他的军队里起码还有一个德国人，一个意大利人，一个日本军官"。在段祺瑞、张作霖和吴佩孚的军队里也都有日本军事专家。参阅J. E. 谢里登：《中国军阀：冯玉祥的一生》，29页。

② 冯玉祥在评论胡景翼领导的第二国民军的惨败时说："胡的许多下级是……很勤奋的人，在战场上表现非常勇敢。但他们中的许多人不懂军事战略战术"，所以，虽然这支军队超过1 000人，这些军官却不知道怎样去指挥它。参阅冯玉祥：《我的生活》第2卷，25～26页。

和航空方面的专门训练。①

阎锡山对技术训练也同样积极，他的下级军官都必须受过两年以上中学教育。下级军官们必须到保定军校去学习或进阎锡山自己的教导团受训练后，才能任命为高级军官。山西的训练工作的一个重要特点是进行实弹练习，这在北方军队中是很少有的，并使山西士兵获得了枪法最准的名声。②

冯玉祥也有一个有力的技术训练计划。他的下级军官几乎都是从士兵中提拔的，大部分中级军官也并不是军校毕业生。③ 他先于1913年为指挥员们开办集训班，并以小册子、歌曲、每日训话以及定期的考察教育士兵。后来他建立了一个军训团，对军官和军士开设下列课程：军事策略、军队领导艺术、地形测量学、武器制造学、军事史、阵地设防和规章制度。1925年，冯玉祥组织了一个"资格审查团"，考核军官们的知识和表现，它的报告常常对军官们的升降有很大作用。④ 同年，冯的训练计划得到苏联顾问的帮助，他们检阅和评价冯的军队的军事知识和才能，提出改进意见，他们还组织了炮兵、高级步兵、工程兵、骑兵以及情报学校，并在其中担任教员。⑤ 但是，在所有的军队中，国民党最重视军事技术训练。早在1923年8月，国民党派遣以蒋介石为首的代表团去苏联，其重要使命之一就是研究苏联的军事制度，蒋介石一回来，孙中山就委任他筹

---

① 孙铎：《吴佩孚与国民党》，载《向导》第24期，1923－05－09；《中国年鉴》，573页，1923；陶菊隐：《吴佩孚将军传》，95～96页。

② D.G. 杰林：《1911—1949年：山西军阀阎锡山》，26页；文公直：《最近三十年中国军事史》第2卷，128页。

③ 苏联顾问关于第一批国民军军官的报告，写于1926年4月之后不久，参阅威尔伯等编：《1918—1927年关于共产主义、民权主义和苏联顾问在中国的文件》，365页；许乃立（音译）估计，1925年冯玉祥的25个最高指挥员中只有2人在服役之前毕业于军校，参考他的硕士论文《冯玉祥和国民军》，11～13页，华盛顿大学，1960。

④ J.E. 谢里登：《中国军阀：冯玉祥的一生》，76～87、121页。

⑤ 1925年冯玉祥军队中苏联顾问的数目在一些材料中说法不一，至少有36个苏联人，但也可能多至200人。可参阅：《1925年12月2日在北京苏联使馆召开的会议记录》《苏联顾问耶恩在张家口苏联小组会上的报告》，见威尔伯等编：《1918—1927年关于共产主义、民权主义和苏联顾问在中国的文件》，344～348、355～359页；J.E. 谢里登：《中国军阀：冯玉祥的一生》，166～167页。

建黄埔军校。

从一开始，黄埔军校学员的质量就是很高的。在申请第一期入学的5 000人中，只接受了不到500人，只有一小部分学生选自在广东的国民党军队中的军官，其他大部分是根据在其他省秘密举行的入学考试成绩而录取的。① 这样的方针提高了学员的质量。申请进入黄埔的人比国内其他军校的质量要高，同时，比其他军校的毕业生质量更高。②

黄埔军校的全体教员也明显比大部分军校的优越。黄埔的师生比例也比其他学校高。与其他军队不同，国民党把最好的军事人才投入教育训练工作。③

黄埔的技术训练质量由于大量受国外影响而增强，许多高水平教员来自日本一般学校和士官学校，许多教具也来自日本。④ 最重要的是苏联的作用，他们把最好的军事指挥员派来，在国民党军队机构内建立了一个据点。⑤ 苏联顾问积极关心训练计划的各个重要方面。虽然他们不能亲自指导各班，但事实上，高级顾问决定了军校内各门课程的设置，初级顾问负责操练、武器的使用和战术上的准备。总的说来，苏联顾问在黄埔军校的

---

① 毛思诚：《民国十五年以前之蒋介石先生》，275页；《北伐战史》第1卷，102页。

② 廖仲恺于1924年3月18日给蒋介石的电报中报告说，在广东的1 200个申请者中，有1/3的人已经从正规的高校或专门学校毕业，即使负责考试的官员为了从严选择，在考试中加了三角、几何、代数，许多人仍然能回答全部问题。廖仲恺抱怨说，从这么多合格的申请者中进行选择非常困难。如果仅在广东一省就有400个申请人受过高等教育，那么可以推测从3 000人中选出来的500个学员都具有或超过高等教育的水平。

③ 我初步查阅了《人名词典》，发现有25人曾在黄埔军校工作过。在这25人中，有5人曾进过日本士官学校或其预备学校；有7人曾在日本的大学或学院学习过；有2人留学美国；有2人留学法国；有9人毕业于保定军校。

④ 刘馥：《1924—1949年现代中国军事史》，14页。

⑤ 苏联顾问小组的负责人是加伦将军。他的真名是华西尔·康士坦丁诺维奇·勃鲁契尔（Vasil Konstantinovich Blücher，1889—1938），这位俄国国内战争时期的英雄，后来成了苏联最杰出的军事领导人之一。这个小组的成员还有A.I.耶哥罗夫、V.罗加奇夫，可能还有G.K.朱可夫。参阅刘馥：《1924—1949年现代中国军事史》，6页；《1926年加伦的"宏大计划"》，载《中国季刊》第35期，18页。

训练工作中，发挥了很大的作用。①

国民党给予黄埔大力支持，中国教员的高质量，学员的高标准，以及苏联顾问们提供的帮助和先进的教具，都使黄埔军校成为20年代最好的、也是最大的军校。

1926年1月，黄埔最初的4个班毕业了5 540名学员。② 学校的发展是很显著的，从第一班不到500名学员到第四班超过3 500名学员。③ 即使是保定军校，每一个班从来没有超过1 500名学员。④ 1926年6月，蒋介石宣布已有6 400名学员经过黄埔训练。⑤ 因此，在不到两年的时间内，国民党所训练的军官数目接近于全国所有的军校（省初级军校以上）在1912—1916年中所训练的总数，而且训练得更好。

在这个时期，学员的活动超出了教室和训练场的范围。1924年10月，学员参加了镇压广州商团的叛变。黄埔军校以缴获的武器于1924年11月和12月着手组织训练团，让学员充当教官，在上海和广东招收新兵。1925年春，两个训练团约计4 000人已经完善地建立起来。这些训练团，以黄埔军校的毕业生为基层军官，成为1925年8月组织起来的国民党新军队的核心。⑥

结论

我们对于中国军队的纪律性和技术训练的调查，说明在他们之间存在

---

① 加索夫:《中苏军事关系》，46~47页。
② 毛思诚:《民国十五年以前之蒋介石先生》，595页。
③ 《血洒惠州城》，载《传记文学》第3卷，第4期，13页，1963年10月。
④ 《春秋》，第64期，4~5页，1963-03-01。
⑤ 毛思诚:《民国十五年以前之蒋介石先生》，675页。
⑥ 《北伐战史》第1卷，104~108、114页；毛思诚：《民国十五年以前之蒋介石先生》，382页。应当指出，北伐之前，在苏联帮助下，军官训练早已在其他国民党军队中展开。据基斯内柯（Kisanko）说:"在第一、第二、第三、第四军中都有军官学校"。第二军官学校有750名学员，士兵学校有550名学生。第三军军官学校有800学员，附属学校有600人。威尔伯等编：《1918—1927年关于共产主义、民权主义和苏联顾问在中国的文件》，191~197页。

着很大的差别,他们中的大部分,那些雇佣军,训练很差。那些训练较好的军队是由于某些思想信仰所造成,从严格的道德准则到全面的政治学说。某些而不是全部军队的雇佣性质对中国政治制度的稳定性起阻碍作用。

因为只有某些军队具有强烈的雇佣性质,他们不能把自我利益之最大化的战争法则,即自我生存的原则强加于整个体系。当具有思想的军队旨在摧毁敌人时,战争就不能按"保护论"的方针进行。这时,雇佣军由于不能改变战争状态,又不愿意艰苦作战,于是就玩弄阴谋、背叛、投降以保护他们自己。

由于这些单位的投机性,他们可以被使用但很少被信任。他们反抗军队里的严格管束,常常造成军队内部的关系紧张。"不可靠"的雇佣军的存在,使军事行动很难预测。高度团结和训练有素的军队很少投向对方,但雇佣军则常常这样做。当这种事情发生时,这些单位所在的军队就面临全军覆没的危险。1920年皖系的失败不是因为它的军队在战场上被打败,而是因为它的许多单位在战争开始后不久就失去了战斗的意志,并投向直系和奉系。后来在1926—1927年,国民党打击孙传芳的任务,也由于福建、江西和浙江的许多南方军人被收买、在关键时刻背叛,而轻易完成的。从这意义上说,雇佣军的存在使中国的制度相当不稳定。

在最后的三四年中,像山西军队、国民党和国民军这样的军队,都带有显著的意识形态特征。这些军队的坚强核心表现出高度的集体团结。面临这样的团结,即使是北洋军队,从广义上说也被驱使带上了几分意识形态色彩。他们认为,他们反对国民党的战争是南北之间的地区之争。北洋军领导人如张作霖、吴佩孚称国民党为"红色",并警告其手下人——直率、老实的北方兵,永远别想从狡猾奸诈的南方人那里得到什么好结果。

大家都知道,北洋军队从不具有良好的纪律或高尚的道德;但在整个北伐时期,他们勇猛反抗国民党的进攻。投降国民党的绝大多数是江苏、浙江、江西、湖南、湖北和福建省的军人。北洋军队中的高级将领不经过激烈的战斗而投降国民党的几乎没有。在北洋军阀和国民党之间,不可能有妥协和解,因为无论在政治作风、思想观点、教育背景以及个人关系方面,二者都存在着很大的分歧。

第六章　军事能力：武器和战术

军事现代化是晚清为回答西方挑战而制定的改良计划的重要组成部分。清廷拨了相当大的一笔款子购买外国设备并希望最终能自己进行生产。朝廷大力依靠外国，特别是德国，帮助训练中国的官兵。但是，中国军队在第一次中日战争和义和团运动中很快遭受了失败，清政府没能完成这项任务。

在这些不景气的年月里，清政府曾经有过某些改进。但是，从整个说来，军事技术和战术方面的进展很小，即使这样微小的进展，也被几年的政治动乱所抵消。这种情况对1916—1918年的军事有很大的影响。从某种意义上说，军事技术和战术给所有的旧中国军人带来一系列紧张因素，中国的交通系统和地理状况又造成了另一些紧张因素。这些紧张因素最终影响到政治权力的分配和变化。这一章就是要阐述这些紧张因素，并论述它们在中国政治制度中的意义。

武器

虽然在某些部队里，梭镖、刀矛和猎枪被广泛使用，但步兵的最重要的现代化武器是步枪。这种步枪没有统一的质量或标准的规格。[①] 因为，第一，大部分兵工厂由地区开办；第二，外国供应的武器来自许多不同的国家；第三，采办武器是每个军阀个人的事，他能买到什么样的就要什么

---

① 1916年陆军部所作调查说明在各军队中使用下列各种步枪：制造国家——德、俄、意、英、法、奥、比、日、美、中；型号或口径——65、68、70、79、80毫米；老式的毛瑟枪、单筒毛瑟、双筒毛瑟以及"各种各样"的枪。参阅：《陆军统计》，1~2页。

样的，情况相当混乱。在一支军队中，步枪的规格不统一，零件和子弹不能通用的现象十分普遍。此外，这些步枪往往是过时的，还缺乏保养。最重要的是无论任何型号的步枪，其数量都供不应求。①

在战场上使用的最有力的武器是大炮。大炮的型号也是各种各样的。② 种类的不同并不反映技术上的复杂，而是由于分散采购所造成的。一份调查资料说，1918 年初，全国只有 1 480 门小炮和 46 门重炮。当时享有占有大炮特权的极少数军阀非常令人羡慕。③ 20 年代中期以后，国内的兵工厂就开始生产大量的迫击炮了。

虽然不能确定开始使用机枪的确切时间，但一直到第一次世界大战中证明了它们的作用之后，中国军队才开始大规模地使用机枪。从一开始，就有许多种的式样和口径。④ 1920 年，有资料说在全国有 1 394 挺机枪投入使用。其中有许多是中国模仿西方已经淘汰的式样造成的。1920 年后，机枪在中国军队中日益普遍，数量大大增加。⑤ 但是机枪的价钱昂贵，这对大多数军阀来说是个很大的负担（1923 年，一挺机枪的售价是 450 元，而一支步枪只有 17 元）。⑥ 因此在整个 20 年代，中国军队使用的机枪恐怕从来没有超过数千挺，大部分为大军阀所占有。⑦

虽然并不排除有时也采用一些新式武器，但步枪、机枪和大炮 3 种武器是中国军队的基本装备。第一次使用飞机是在 1917 年反复辟运动的军事冲突中。⑧ 这时，全国只有几架飞机。1924 年直奉战争前夕，飞机数量增加到约 170 架，其中 100 多架属于直系军阀。⑨ 1928 年，总数可能达到

---

① 《中国年鉴》，516 页，1921—1922。
② 1916 年陆军部的调查列举了 24 种大炮，有德国、日本、法国、英国制造的，也有中国兵工厂制造的。参阅：《陆军统计》，1～2 页。
③ 《东方杂志》第 15 卷，第 5 期，181～186 页，1918 年 5 月。
④ 在 1916 年至少有 6 种不同式样和 5 种不同口径的机枪。参阅：《陆军统计》，1～2 页。
⑤ 《中国年鉴》，516 页，1921—1922。
⑥ 《北华捷报》，1923-07-21。
⑦ 胡适：《丁文江传》，86 页。
⑧ 田布衣：《北洋军阀史话》第 4 卷，98 页。
⑨ 《中国年鉴》，954 页，1924。

240 架。① 其他新武器还有坦克、装甲车、毒气和手榴弹。

从 1916—1928 年间国家的军事技术状况中可看出，虽然在一定时间内各派军阀之间存在着差别，但他们都比以前有所发展。这些年中，在扩充军队规模的同时，武器也得到了不断的改进。这种迅速扩军，其武器也在不断改进的过程，就提出了一个重要问题：这些军队如何才能满足这种日益增长的扩编和现代化的需求的？要回答这个问题，就必须考察供应军事武器的国内和国外来源。

北洋时期坦克协同作战

国内的军械工业停留在一个非常薄弱的基础之上。清政府除了创办江南和汉阳兵工厂外，在其扩充军械工业以满足新军需要方面，几乎没有什么进展。1916 年，全国只有 8 所具有不同生产规模的兵工厂。② 还有 21 所由国家和省管理的所谓"兵工厂"，只管贮存和简单修理，因此，更确切地应称为"军械库"。

兵工厂的营业预算说明，即使是较大的兵工厂也只有极少的产品。只有汉阳兵工厂每年营业预算超过 100 万元（$），还有 3 所在 50 万元～60 万元（$）之间，其余的营业额都很小。

具有生产能力的兵工厂集中于 6 个省（湖北、山东、四川、广东、江苏和河南）内，绝大多数的省没有自己的兵工厂。中央政府于 1916 年瓦解时，兵工厂就成了控制这些地区之军阀的私有财产，从而使其他许多军队没有固定的供给来源。许多军人就采取扩充现有工厂设备或另建新兵工厂的办法来解决问题。20 年代初期，差不多每个省会都有一个兵工厂，制造少量的手枪、步枪、机关枪及大炮。较小的军阀也采取各种可能的办法，例如让当地铁匠制造武器以供所需。③

---

① 《中国年鉴》，1285 页，1928。
② 《陆军统计》，1～28 页。
③ 《中国年鉴》，532 页，1921—1922。

由于绝大多数兵工厂都是临时营业,对国家的总产量不产生任何重大影响,我们可以参考表4所列的数字,作为1923年及1928年中国武器总量的依据,这些数字使我们对20年代中国的军械工业有若干进一步的看法。在中国关内的范围内,除了大炮和炮弹外,其余产品的产量,增加不到3倍。如果把中国关内与关外东北的产量相比较,中国关内的产量增加之微小就更加明显了。虽然它们的总数比早几年确实是增加了,但是最后,东北和关内的产量几乎相等这个事实,说明其发展是非常不平衡的。

表4　　1923年和1928年关内和东北武器月产量

地区	类型	1923	1928
关内:			
	步枪	7 000	8 500
	子弹	5 500 000	9 500 000
	手枪	750	1 250
	机关枪	33	72
	大炮	6	300
	炮弹	1 200	96 000
东北:			
	步枪	—	7 500
	子弹	—	9 000 000
	手枪	—	—
	机关枪	—	70~80
	大炮	—	大量
	炮弹	—	120 000

资料来源:《中国年鉴》,592~594页,1923;751~753页,1929—1930。《奉直兵力之比较》,载《东方杂志》第21卷,第19期,160~161页,1924-10-10。D.G.杰林:《1911—1949年:山西军阀阎锡山》,26~29页。

在中国所有的兵工厂中,有3个——沈阳(东北)、太原(山西)、汉阳(湖北)——能生产足够数量的小型武器以满足地方军人的需要。汉阳兵工厂甚至可以供应直系军队并少量出售给邻省军队。① 其他的兵工厂,

---

① 《中国周报》,1924-02-09。

则是另外一番景象。许多工厂原先从国外进口旧设备，随着时间的推移，这些设备就越来越过时了。许多工厂即使没有直接遭受战争破坏，也由于军阀之间连年不断的战争而恶化①，生产不能正常进行，产量下降。

中国士兵总数从 1916 年的 50 万，到 1928 年增加了 4 倍，超过 200 万。每年大约 20 万支步枪的产量（1928 年的最高数字），很难满足哪怕只是一小部分军队的需要。事实上，这些产量还不够更换那些在这个时期后期，由于战争更加经常、更具破坏性所造成的战场损失。② 在这种情况下，军人们发现，唯一的办法是去寻找外国的供应。

军事现代化计划开始后，外国武器在中国曾发挥了显著的作用。它们的重要性不断加强，到军阀主义统治时期达到了高潮。但是，要确切评述外国武器的重要性则是很困难的③，最好的办法是叙述某些实际情况，并说明进口外国武器的比例及其政治后果。

只有日本政府有一个 20 年代前和旧中国军人关系很深的清楚记录。当西方一心一意投入第一次世界大战时，日本和段祺瑞及其安福系统治下的北京政府建立了密切关系。通过中日共同防敌军事协定（1918 年 5 月）和它的补充协定（1919 年 2 月），日本成为供应和训练中国军队的唯一外国政府。④ 随着皖系的失败，日本官方的武器供应开始下降。1920 年后，几乎没有证据说明日本政府对任何中国军队有大量的武

---

① 例如，山东德州兵工厂在 1926 年被张宗昌完全毁坏。四川成都兵工厂于 1925 年被烧掉。1920 年莫荣新被赶出广州时要毁掉广州兵工厂，造成了相当大的破坏。参阅：《中国年鉴》，751～753 页，1929—1930。

② 例如，1926 年 7 月在湖南汨罗和湖北贺胜桥两个战场上，国民党军队在进攻中消耗了 63 万发步枪和机枪子弹。参阅：《革命文献》第 12 卷，149～152 页。

③ 有几个原因，第一，外国政府不愿完全公开他们（或他们的代理人）和中国军阀之间的武器交易。第二，如果交易纯粹是商业性的和私人的，常有大量代理人和经纪商参与，他们之间没有直接联系，没有集中管理，因此很难追踪其线索。第三，双方出于共同利益，掩盖他们之间的交易，中国人这样做是为了维护军事秘密及他们的名声，外国人是为了避免在国内被指控，常常是采用现金交易，没有文字记录，即使要通过银行或信用机构，银行也往往保护他们匿名的委托人。

④ 关于这笔款项的详细情况，可参阅李剑农：《中国近百年政治史》第 2 卷，516 页。

器支持。

　　日本是1919年5月5日武器禁运条约签订国之一。签约国正式保证停止向中国供应一切武器，以阻止进一步的内战。① 但是，条约的执行从一开始就遭到了阻碍。第一，由于某些国家对条约有所保留和自做解释，使禁运不能彻底执行。例如，日本说禁运不能禁止日本把武器运进旅顺的日本租界地区；法国认为有权向上海和其他地方的法租界的警察和志愿军输送武器。② 这些政府就在把武器运给自己军队的借口下，把大量武器装运到中国。

　　第二，签约国可以在不违背条约规定的情况下进行武器交易。例如，他们可以公开出售飞机和兵工厂的机器设备。③

　　第三，某些主要武器生产国——德国、苏联、澳大利亚、挪威、丹麦和捷克——并不是签约国。因此，这些国家的政府就可以公开与中国进行武器交易，不用顾虑被没收或受惩罚。

　　虽然禁运条约在开始的几年中，对运到中国的外国武器总数曾起了某些限制作用，但上述这些缺陷使禁运条约没有达到它原先规定的目的。1924年后，违约现象如此经常和明目张胆，以致禁运条约已没有任何存在的价值。④ 因为所有的派系都进行武器走私或使交易严格保密，因此，我们不可能测定中国这种活动的整个规模。然而根据有关资料，可以提出几点一般的看法：

　　首先，外国武器的供应在中国的内战中起了重要作用，与国内生产相比，外国是武器供应更重要的来源。可以毫不夸张地说，大部分中国军队面临两个抉择：维持可怜的装备，或依靠外国武器。这个时期后几年中的大量损耗甚至迫使那些有自己兵工厂的军阀，如奉系，也进口外国武器。中国军阀之间的武器竞赛的决定因素是他们采购外国武器的本领。一方因得到大量的武器所造成的力量上的突然转变，常常使战争的结果出人意料

---

　　① 原签约国是：英国、西班牙、葡萄牙、美国、俄国、巴西、法国和日本。后来，荷兰、丹麦、比利时和意大利也同意这个文件。参阅：《中国年鉴》，598～599页，1923。
　　② 《斯特温先生与中国的军火走私》，载《中国周报》，1926-12-11。
　　③④　《中国年鉴》，957页，1924。

并引起一系列连锁反应。①

随着军阀之间冲突的日益加强，对武器的需求也日益增长，外国的武器供应也就逐年增加，他们对外国武器的争夺达到了狂热的地步。到1927年，特别是国民党军队把战争推向华北的时候，根据《华北明星》（The North China Star）中的材料，有总值超过1亿美元的外国武器进口到了中国。②

哪个国家是武器交易的罪魁祸首，这个问题引起了大家的兴趣。由于缺少可靠的统计材料，没有人能决定哪个国家是主要的被告，国民党和共产党人都说，主要的帝国主义国家，如日本、英国，是把武器卖给他们各自影响下的军阀的主要卖主，他们认为外国政府和私营商人实际上是互相勾结串通在一起的。

但是，有关的材料并不支持这种外国武器交易者的活动是代表其政府的论点。在中国军阀和某个外国国家之间也不存在武器供应方面的顾客——卖主的关系。一般的假设认为，张作霖依靠日本的武器，因为东北属于日本的势力范围。无疑，奉系买日本的武器是因为供应来源接近，并由于日本有许多商号和银行设在东北而使交易比较方便进行。但是奉系也从别的国家大量购买武器，沈阳兵工厂是以欧洲的机器装备起来的，并且是由欧洲专家监督管理的。③

在一般情况下，交易的最重要因素是为了获利。虽然外国政府确实关心他们在中国的权利和利益，但他们并不公开支持某个军阀。日本在1927—1928年改变方针之前，并没有设法阻止段祺瑞在1920年以及张作

---

① 关于外国武器在中国内战中的决定作用，可参阅P. S. 乔（P. S. Jowe）：《谁把武器卖给了中国的军阀？》，载《密勒氏评论报》，1925-04-18。

② 《日本和中国最近的武器交易》，载《中国周报》，1928-02-04。

③ 1923—1924年，张作霖买了大量德国克鲁伯工厂制造的武器。1924年战争中，他从法国买了18架飞机。1925年5月，他又从意大利买武器和弹药，价值达600万墨西哥银元。他甚至想从美国购买武器，但未成功。P. S. 乔：《谁把武器卖给了中国的军阀？》，载《密勒氏评论报》，1925-04-18；《东方杂志》，第21期，147页，1924-10-02；《驻沈阳美国领事的报告》，1925年5月，见《国务院档案》，893.24/26。

霖在1922年的失败。也很难列举英国帮助孙传芳和吴佩孚，法国支持唐继尧的任何证据，很可能通过私人交易卖给中国军阀的武器要比通过任何秘密的官方渠道的要多得多。①

与这种背景相对照，我们必须评价苏联的作用，它的活动与上述一般情况有重要的不同。苏联供给国民党相当大数量的武器，虽然这些武器对国民党的成功所作的贡献很难估计。

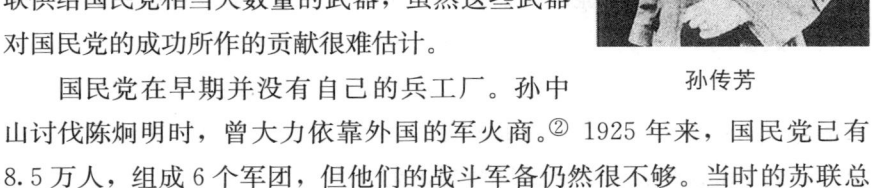

国民党在早期并没有自己的兵工厂。孙中山讨伐陈炯明时，曾大力依靠外国的军火商。② 1925年来，国民党已有8.5万人，组成6个军团，但他们的战斗军备仍然很不够。当时的苏联总顾问Kisanko说整个国民革命军只有13门不同型号和口径的大炮，其中有的已过时。步枪和机关枪也很不足。各种弹药普遍缺乏，特别是炮弹。③

因此，在建军初期，苏联的军事援助非常重要。它使国民党新的军事力量得以成长壮大。④在1927年4月6日袭击北京苏联使馆所缴获的文件说明，在1925年1—11月中，苏联交给广州的物资供应价值总额达250万卢布。1926年春，

孙传芳

孙中山

---

① P.S.乔：《谁把武器卖给了中国的军阀?》，载《密勒氏评论报》，1925-04-18。

② 例如，在1922年夏秋之交，上海和天津的中国海关当局发现大量装运意、日、德、俄诸国武器、弹药的船只，从中国其他港口经过到广州去。见《中国周报》，1925-04-18。

③ 威尔伯等编：《1918—1927年关于共产主义、民权主义和苏联顾问在中国的文件》，191～197页。

④ 第一批苏联武器到达广州的时间是1924年10月8日，有8 000支步枪和400万发子弹。估计苏联仅仅供给黄埔军校的开办费用就有300万卢布。参阅加索夫：《中苏军事关系》，46页。关于这一时期苏联援助的其他估计，可参阅蒋介石：《苏俄在中国》，272页；《革命文献》第10辑，4、28页。

另有200万卢布的军火集中于海参崴待运广东。① 很可能，如刘馥所说，1926年3月国民党"清除"共产党员之后，苏联的军事援助数量减少了，质量降低了，而价格则提高了。② 减少的实际数字不清楚。1926年7月，苏联在北京的武官通知加伦将军，苏联政府交付国民党武器的方针是：国民党必须立即支付从海参崴到广东的运费，必须付清早已交付或即将交付的武器的款项。以后必须尽可能以现金支付。③ 这些言词显然是不友好的。然而，只要国民党能以现金支付，他们仍然有可能提供武器供应。某些满载武器的苏联船只仍然继续到达广州港。④

总的说来，苏联武器在促使国民党军队的成长方面起了关键作用。并在帮助国民党军队进行北伐方面尽管后来有所减少，仍起了重要作用。但是，我们不能说仅仅是苏联武器使国民党打败了北方敌人。事实上，在北伐战争中，苏联武器只使用了一小部分。⑤ 国民党由于占领了大量的领土和较好的兵工厂而使自己得以自给。

苏联武器对于恢复国民军也起了作用，使它在北伐战争中作出了重要的贡献。因为冯玉祥自己从来没有大的兵工厂，他所在的地区也没有港口可以进口武器，所以，苏联的援助就显得特别重要。苏联从西伯利亚经蒙古运货给冯玉祥。从1925年初到1926年6月，冯玉祥已收到价值将近650万卢布的苏联武器。⑥ 南口失败后，国民军丧失了大部分装备，退向西北，没有本地的武器供应来源。但冯玉祥还是设法得到了另一些苏联

---

① 《中国年鉴》，802页，1928。关于1926年苏联运货到中国的亲眼所见的第一年叙述，可见H. 阿本德：《1926—1941年：我在中国的岁月》，18～19页，伦敦，1944。

② 刘馥：《1924—1949年现代中国军事史》，26～27页。

③ 《中国年鉴》，802页，1928。

④ 毛思诚：《民国十五年以前之蒋介石先生》，663、686页。事实上，据《密勒氏评论报》估计，1926—1927年间苏联卖给国民党的武器，价值达1000万元。《日本和中国最近的武器交易》，载《中国周报》，1928-02-04。

⑤ 例如，从广西来的国民党第七军在整个北伐战争中一直没有得到苏联的援助。参阅黄旭初：《国民革命军的崎岖史实》，《春秋》，第247期，19页，1967-10-16；第250期，21页，1967-12-01。

⑥ 《中国年鉴》，818页，1928。

武器。① 有了这些武器，冯玉祥很快重新集合了队伍，及时从西侧攻打北洋军队。再度投入战斗的国民军，由于缺乏充足的苏联援助而曾历经艰难，但还是大大地减轻了国民党的压力，而使华北平原上的战役迅速结束。

汉阳兵工厂全景

国内兵工厂地理分布的不均衡和极大地依赖于国外的武器，使某些地区的军人处在竞争中的不利地位。有自己的大兵工厂的几个省，能停靠外轮的沿海各省，通常比较容易得到某些武器和弹药的供应。而内地各省，则困难很大。湖南、四川、云南、贵州、陕西、河南西部和广西、广东西部的及其他西北地区，处在特别不利的地位。远离海岸妨碍了他们与外国军火商进行交易。如果想与国内有剩余武器可供出售的少数兵工厂打交道，则不仅要与拥有这些兵工厂的军阀建立友好关系，而且还要为少量低质的武器付出昂贵的代价。

如果这些地区的军人想设法自给，他们遭到同样不可克服的障碍。外国机器和原材料与产品一样，也面临运输问题。②

20年代武器采购或武器生产的原始状况，对政治权力结构有相当大的影响。我们的材料支持下列三种一般看法：第一，外国武器的极大重要性，使沿海各省在军事上处于决定性的有利地位。第二，有自己的兵工厂的几个省武装得也比较好。第三，没有这两个来源的内地各省，则装备最次。这种武器占有方面的地理上的区别，对军人们采用的战术、他们中间的冲突和政治权力的变化，都是很重要的影响因素。

---

① 有一份材料估计说，1926年苏联支援冯玉祥24门大炮，10门迫击炮，90挺机关枪，25 970支步枪，240万发子弹，22 000发炮弹，10 000个手榴弹和1 000发法国迫击炮弹。参阅：《武器禁运令毫无用处》，载《中国周报》，1928-02-11。

② 例如，四川省兵工厂用来制造白火药的硫酸是从昆明经贵州用马运来的。每匹马只能带两坛，运费很贵。在山间小路上行走损失也相当大。参阅：《辛亥革命后之四川战记》，见《近代史资料》，第23辑，57页，1958。

战术和战略

　　武器数量的增加和新式武器的引进，大大改变了作战方式。在探索这些变化之前，让我们对这一时期中主要武器的重要性，作一简单的比较。

　　飞机的总数太少，无法使这时期发生战略变化，即使在战术方面，它们的影响由于下述原因也很微弱：中国军阀进口的飞机往往质量很差，常常出现机械故障，备件系统相当简陋，维修工具和机修工人都很缺乏。① 炸弹太小，其中有许多根本不能爆炸。飞行员只受过很少训练（没有好的飞行学校），他们飞得太高以致不能精确测定目标或轰炸。② 刚开始使用飞机时，至少使士兵感到害怕，几年之后，甚至这样的效果也消失了。③ 因此，飞机的战斗价值很低，它们的主要作用只限于侦察。

　　机关枪对中国的战争也没有产生重大的影响。这与第一次世界大战中的情况形成鲜明的对比。在那时，机枪用来进行毁灭性的战斗，而且要依托于战壕作为掩体，从而使战争转入了消耗战和长期的相持阶段。在中国，尽管使用机枪和战壕，但并没有发生这样的相持。这主要出于经济上的原因，因为只有大量地使用机枪，才具有战略意义。但很少军阀能大量购买机枪，他们也无法供应和维持大部队进行战壕战的各种需要。而且，即使是在几支训练有素的军队中也不熟悉机关枪的性能。④ 在大部分情况

---

　　① 陈训正编：《国民革命军战史初稿》第3卷，364～388页。

　　② 例如，1924年直奉战争处于高潮时，奉军在8天内动用了24架次飞机到直系军队大量集中的山海关地区。投下的炸弹炸死了5名士兵，掀倒了两棵树，一个旅馆受到部分损失。结果，奉军还损失了两架飞机。参阅：《奉直战史》，41～42页。

　　③ 例如，一个目击者报道，1924年直奉战争时，士兵对飞机是好奇心多于恐惧心，他们争着收集弹片作为纪念品。参阅：《密勒氏评论报》，1924-12-27。

　　④ 例如，苏联顾问在视察冯玉祥的军队时，发现机关枪与士兵们一起行动，而不是以它组成一个火力网掩护他们前进。机枪手不会装配和拆卸他们的武器。见J.E.谢里登：《中国军阀：冯玉祥的一生》，166页。劳伦斯·伊姆佩（Lowrence Impey）曾目击1924年直奉战争中的多次战斗，说"高级指挥员看来不懂得马克西姆机枪的战略作用，也不知道怎样利用它们去纵向射击敌人或扰乱他们的交通线"。参阅：《中国人在战争艺术方面的进展》，载《密勒氏评论报》，1924-12-27。

下，机枪作为步兵的另一种武器，确实增强了他们的火力，但没有根本改变战争的局面。

与机枪比较，大炮在中国战争中显得比较重要。1917 年反复辟战役中只发射了几发炮弹，造成了一些微不足道的损失。1922 年第一次直奉战争高潮中，有报道说奉系军队在一天中向直系的一个目标发射了几千发炮弹。① 大炮的普遍使用使传统的守城战略失掉了效用。泥浆和砖块挡不住大量炮弹的猛轰。持久的轰炸和食物、弹药的严重贫乏，立即使士兵和居民陷于混乱。1917 年张勋在北京只守了 5 天就投降了，虽然当时的大炮只是恐吓性的，而不是真要造成破坏。到这个时期结束时，重要城市能长期扼守的不超过 2～3 例，而且又都由于出现特殊情况而延长了围攻的时间。大体上，在 20 年代，如果大量使用大炮，城市防守就没有什么战略价值。

机关枪不能起到像第一次世界大战中的作用，并且不能与步枪和大炮配合使用，使战争逐渐具有更大的流动性。铁路和公路系统，以西方标准衡量是不发达的，但还是大大有利于运送军队和重型武器。随着交通网重要性的增加，军阀们更加注意管理这些道路。守卫主要交通干线成为他们最重要的问题，因为他们认识到如果不掌握这些干线，他们的地区就容易遭受袭击。而且，后期战役中大炮的广泛使用和军队的大量集结，使战争一般都发生在铁路和主要公路沿线比较平坦的地方。

因此，就形成了这样的战争方式：交通线特别是铁路，不仅成为争夺最激烈的军事目标，也决定战场的位置和规模。那些不被人注意的城镇（如长辛店、廊坊、汀泗桥和龙潭）都位于或靠近主要的交通线上，成为血战的场所。事实上，在某些情况下许多战争都发生在距铁路线只有几里远的地方。战斗地区的限制使重机枪和大炮武装起来的装甲车成为战争中非常有力的工具。灵活和集中的火力，成为两项最大的优势。装甲车在某些情况下是"决定性的武器"，因为敌对双方都大力依靠铁路把他们的军

---

① 章君毅：《吴佩孚传》第 2 卷，360～393 页，台北，1968；《奉直战史》，65～82 页。

队集中在非常靠近铁路线的地方。①

良好的交通工具可以使军队的地区性影响大大扩展。愈是靠近主要的交通要道，纯粹的地方性冲突就愈减少，交通工具使军阀可以更迅速、更有力地到达出事地点。同样，一个军阀的交通工具愈优良，他所能统治的地区也就愈大。

为了了解中国的交通网对军事战略和战术的影响作用，我们先简要叙述运输系统的发展情况。

中国现代化公路的建设开始于1916年以后。② 1921年5月开展"好路运动"（the Good Roads Movement）以后，情况有所改进。到1923年，至少已建成1 800公里公路。这些道路大部分建于华北——直隶、山东、山西和河南，江苏和四川也有一些。但云南、福建、贵州或广西则完全没有。③ 如表5所示，这样的发展情况一直持续到1928年，而极少例外。

除了缺少现代化的公路之外，也严重缺少机动车辆。据中国关税会议和治外法权委员会中的美国代表赛拉斯·斯特朗说，1926年全中国只有8 000辆机动车。而美国在同时有2 000万辆。④ 大部分机动车集中或靠近东部的主要港口城市。机械化的交通工具在内地是非常不方便的。

20世纪初，铁路从长度和分布上说，也很不够。专心致力于防守和大量依靠外国资本，造成了铁路分布的极不平衡，它不考虑中国国内的经济需要。⑤ 20年代末期，只有将近5 000公里铁路属于中国政府所有。把表5和表6比较一下，就可以看出凡是公路少的省份，往往

---

① 《北伐战史》第4卷，1065～1066页。

② 在1916年9条主要的"国有公路"中，有7条是从北京伸展出去的，除一条外，其余都在华北平原上，在其他城市之间没有大路，即使这些是"公路"，也不比"小路"强多少，只能提供很少量的交通运输。参阅：《中国年鉴》，240～241页，1916。

③ 《中国年鉴》，403～413页，1923。

④ 《赛拉斯·斯特朗叙述中国情况》，载《密勒氏评论报》，1926-12-04。

⑤ 费维凯（Albert Feuerwerker）：《1912—1949年的中国经济》，40～44页，密歇根，1968。

铁路也很少或根本没有。实际上，铁路甚至比公路更集中在华北平原上。

表5　　　　　　　1928年中国公路长度　　　　　单位：英里

省	长度	省	长度
安徽	1 010	江苏	1 036
察哈尔	1 562	广西	1 336
浙江	559	广东	2 440
福建	336	贵州	—
河南	687	满洲里	—
直隶	1 742	山西	1 307
湖南	291	山东	1 535
湖北	808	陕西	107
热河	733	四川	735
甘肃	1 787	云南	267
江西	312	总计	20 973*

资料来源：《中国年鉴》，217页，1931。（*原统计数字疑有误。——译者注）

表6　　　　　1930年中国政府所有的铁路长度　　　　单位：英里

省	长度（主线）	省	长度（主线）
直隶	790	湖北	210
河南	790	湖南	160
江苏	487	江西	80
山东	510	察哈尔	235
山西	200	绥远	125
安徽	175	满洲里	1 100
浙江	125	总计	5 237
广东	250		

资料来源：铁道部铁路统计局1930年8月发布的报告。《中国年鉴》，178页，1931。

把内地和华北沿海各省的某些地区加以比较，就可以很好地说明交通系统对军事的意义。例如，直隶省在1928年有790公里铁路和1 742公里公路。这个经常有冲突的地区可以从京汉、京沈、津浦和京绥 4 条主要铁路线到达。1924 年，从北京伸展出去的这 4 条铁路，容纳了中国（除南满的铁路）全部车辆总数的 70% 以上。① 北京与各终点站之间的距离都可以在两天至一周内到达。沿线能动员起来的人数和战略物资可以满足京津地区发生一场较大规模的战争的任何后勤保障的需要。② 此外，地形十分平坦，易于步行，即使是重炮在没有道路的情况下也可以由牲口拖拉。这些条件都造成了有可能集中大量军队和重型装备来打一场战争。

如果我们考察内地的后勤情况，就会发现大不相同。例如在广西，陆路交通实际上是不可能的，因为完全没有铁路。在 1925 年前只有 60 公里公路。③ 河流是交通的唯一重要渠道。因为大部分河流从西北流向东南，所以这个省的东北和西南部分之间的交通就十分困难。即使是西北和东南部分的沿河交通也是不可靠的，因为各季水面涨落变化剧烈。④ 而且，如果向东南方由于顺流而比较容易走时，向西北方向由于逆流就非常困难。即使是主要的支流，平均流速也是慢得令人厌烦。如果处在逆流时，行走 700 里需要三个多星期。⑤ 因此，虽然广西的可航行河流总长超过 11 700

---

① 《中国年鉴》，347～377 页，1925。

② 为了更加详细地说明，让我们看看京汉铁路的情况。它全长 892 英里，1916 年这条铁路上有 129 辆机车和 2 867 辆列车在运行，能运载 296 万人和 35.2 亿吨货物。参阅：《民国五年国有铁路各路情况》，《东方杂志》第 15 卷，第 1 期，165～166 页，1918 年 1 月。因此，如果军阀完全控制这条铁路，就可以每个月从汉口到北京运输大约 26 万士兵和将近 30 亿吨战略物资。到 1924 年，这条铁路已有 229 辆机车和 4 200 辆列车，与 1916 年相比已有了很大增长。参阅：《中国年鉴》，347～377 页，1925。虽然我们没有统计数字，但可以肯定，它的运输能力也有很大增长。京沈铁路在多次内战中具有重要作用。1922 年第一次直奉战争结束后，据报道，吴佩孚在秦皇岛集中了 1 500 辆列车，把其军队运回基地，速度是每天运 5 000 人（《北华捷报》，1922-07-08）。1924 年第二次直奉战争时，直系动员了 600 多辆列车运送军队和装备。为了加快运输速度，还从别的路线上借了 1 000 多辆来。参阅：《北方战争使中国铁路得以恢复》，《密勒氏评论报》，1925-01-17。

③ 黄绍竑：《五十回忆》第 1 卷，157～158 页。

④ 1913 年，梧州水平面的记录相差 73 英尺，同上书。

⑤ 陈晖：《广西交通问题》，38 页，长沙，1938。

里，流经全省 99 县中的 80 个县，但其运输量还是很小的。①

广西省的邻省的情况更糟糕。云南几乎被平行的南北向山脉所割裂，其间是很深的山谷，交通十分困难。这个省的许多地方根本无法进去。贵州省有一半以上是海拔 2 000 米的山区。这里，主要依靠双脚踩出来的小路，连河水都几乎没有，更不用说缺乏铁路公路了。比较富有的四川省的情况不见得更好些。1928 年前，那里没有铁路，成都和重庆，这两个相距 250 英里的重要城市之间，没有公路联系，大部分交通是在小盆地内沿着长江及其支流航行。由于有高山阻隔，很难到达边疆各地和广大的西部地区。

中国东部与内地的交通工具的显著差别，造成这两个地区不同的作战方式。我们先叙述内地的一般作战方式。

在陕西、四川、云南、贵州、广西、广东西部和福建这样的省内，现代交通很不发达，我们发现小规模的战争常常发生在一个非常集中的地区内。由于缺少铁路、公路和机动车辆，士兵们开到战场就需要依靠水路或步行。因此，一般卷入战争的只有几百人，最多几千人。依靠木船和牲口很难调动重型设备，即使是运输几百万发步枪子弹也会成为军阀不能解决的一个后勤问题。侦察范围受到限制，友邻部队之间的协作也很困难。

仅仅是地理因素就排除了大区域的作战。一般的战争都发生在比较平坦的地区。因为既然是小规模的军队，又只能沿支流、小河使用拖车活动，因此军事接触点必然也很小。在这样的地区，城市防守很普遍。因为城市一般也是交通中心。成都、重庆、梧州、桂林在这个时期都具有重要的军事战略意义。

随着这个地区内的位置和不利地形而来的另一个问题是军事技术的落后。国内和国外的武器都很难得到。武器要使用好多年，没有大量的更

---

① 我们没有 20 年代的任何数字，但有一份 1938 年调查说，全省有 6 084 只各式各样的船，总载运量只有 62 985 吨。北部最大城市梧州与桂林之间的河流是省内交通最繁忙的部分，也只有 553 只船在运行，总载运量 5 580 吨。参阅陈晖：《广西交通问题》。

换或革新，这些过时的武器不能大量杀伤敌人，在这个地区，拉锯战是很平常的事情。

后勤供应的不便使军阀不敢发动远距离的战役。我们回顾这个时期的历史，就可发现这些省的军阀很少越过邻省的范围进行军事冒险。云南军队在四川，广东军队在福建，广西军队在广东，都是很短的时间。这样的军队常常处于很困难的局面，它的后勤部门很难供应一支远离家乡的庞大远征军。而完全依靠被征服的地方生活，又不可避免地引起当地群众的憎恨。

只要军人们被相当的距离所分离，只要武器低于一定的技术水平，那么，防守就比进攻有利。接触点仅仅产生在中间狭小而开阔的空地上，及其沿河地区或山间隘口。在这种不利的情况下，战争往往没有决定性的胜利。胜者不能在取胜之后继续肃清残敌。败者也不怕被全歼，因为他们可以退却到隐蔽的地区医治创伤，重建部队。① 这样的地理特点和不发达的交通系统，趋向于维持这些地区军阀之间的现状，造成政治上的分裂。

军事技术的低水平也为许多小部队的存在提供了有利条件。既然一个军人比较容易建立和保持一支简单的军队，那么，在那个地区就会产生许多军阀。由于士兵们都使用原始的战争工具，由于它的技术要求不高，很容易学会，因此在指挥员和士兵之间就不需要有许多中间的军阶层次。指挥员和士兵之间的关系是相对简单、直接。指挥员下面所有的人都使用相同的武器，执行相同的任务，这种情况很难造成军队集中或形成大部队。军人很难用武力合并或收编较小的军队，因为简单的武器很难取得决定性的胜利。

因此，许多这样的省存在两个、三个甚至六七个军阀互相争权的局面。战争的频率较高，而战争的费用则较低。因为，一支简单的军队可以

---

① 例如，四川的地方军阀多少年来为了赶走云南军队而烦恼，1920 年 9 月末，云南军队大约 10 000 人最后被迫撤离成都。他们只是退向城东的山区。虽然四川的军官们联合起来集合了不少于 45 000 人，却不能把云南人从严密设防的高地上赶走。经过一个星期，攻击并不成功，四川军队筋疲力尽，撤回成都。于是云南人立刻跟在他们后面进行反包围。参阅：《北华捷报》，1920 年 10 月。

比较容易地建立、保持和装备起来，战争的消耗少，容许军人们经常进行较量而不会在军事上或财政上遭到致命的结果。所以，从表面上看，这些地区的战争多于和平。确实，从这一时期的报纸看，在四川，几乎每个月都有几则战事报道。① 陕西、福建和广西的情况也是如此，不过稍微好一些。

对这个地区战争的高频率和军事政治管理的普遍困难，应该作一些说明。虽然我们没有统计数据，但已知的证据仍可说明战争的双方使用权谋的可能比真正战争所花费的时间要多。从当时的材料来看，军阀们采取恐吓和反恐吓、互相警告和别的戏剧性姿态，比真正打仗要多。而且，即使军阀们真的打起来了，战争往往也是低度的。在大部分情况下，只影响到战场附近和直接参加者，而且很少伤亡。因此，把这种情况称为"小冲突"比称为"战争"更为确切。在这种情况下，许多较弱的军阀也能生存并继续参与敌对活动，这就不足为奇了。

但是这种情况要求武器的水平和质量、军队的训练和领导，都一直维持现状。当地的军阀不可能在这些方面突然得到很快改进。四川的内战说明了当地方上的均势被打破后会发生什么情况。多年来，这个省由六七个军阀分治，他们都处于技术水平拙劣、无暇顾及后勤的状况下。1923年，杨森在吴佩孚支持下，带了一支装备和供应都比当地军队优越的大部队开进四川。他沿着长江，迅速驱逐沿江城市中的敌人，看来很有可能统一全省。但是当从湖北来的两船军用供给，一艘被俘，一艘沉没时，他的运气就完了。由于不能到达主要交通航道和得到外援，他的部队在陆地上的战斗受到阻碍，最后被迫放弃了原先的取胜计划。② 这样，四川内部的分裂，依然如旧。

总之，交通不发达和后勤供应差的地区，使一般军阀部队较小，军事技术水平较低，战争比较缓和，政治比较稳定。而交通发达、后勤供应好

---

① 有份资料说，1912—1933年间，中国有700多次战争，其中有500次发生于四川。参阅邓云特：《中国救荒史》，102页，上海，1937；另一资料估计1911年后这个省有400多次大小内战。参阅何炳棣：《1368—1953年中国人口问题研究》，248～249页，剑桥，1959。

② 《北华捷报》，1923年7—8月。

的地区，战争技术发展迅速，战争次数虽少但破坏性很大，政治形势很不稳定。在这里，战争往往牵连大量的军队，冲突地区更广泛，伤亡更严重。

这个时期开始时，没有一个军人有把握管好一支庞大的军队。第一次微小的进展是，段祺瑞的湖南战役。在整个战役中，段祺瑞一共动员了士兵 6 万～8 万人，湖南人加上一些广西来的小部队大约 2 万人。① 说这次战役牵连了 10 万人是并不夸张的。但是形成这么大的战斗动员，不是由于具有健全有力的指挥系统，而是紧张的政治交易和妥协的结果。虽然军人们感到很需要协作，但从这次战役实际情况看来，动员水平仍然很低，北洋军队数量上的优势没有得到充分发挥。

随着派系阵营的明朗化和先进武器竞争的形成，军事动员变得更为有力一些。1920 年的直皖战争第一次证明这一点。根据文公直的叙述，皖系投入这次战争的总人数较保守的估计是 6 万或 7 万人。直系方面，总人数大概在 4 万～5 万人之间。此外，奉系派遣两个师帮助直系，大概至少有 2 万人。总起来，直皖战争仅在北方主要战场上，直接卷入的至少有 12 万人，也可能达 14 万人。②

此外，浙江、江苏、湖北和河南这些省也非常关心这场战争，并作了某些准备。直皖战争可以视为军阀派系之间第一次真正的大规模内战，因为与以前不同，它是全国性的战争。现在许多军人参加这次战斗，因为他们认为自己的利益与这场战争的结局密切相关。

这种局势一直继续到 1928 年以后。从资料上看，愈来愈多的人投入战争，在这个意义上说，中国的内战迅速升级。事实上，表 7 的数字说明，在这个时期内他们的数量增加了将近 20 倍。战斗人员显著增加之所以成为可能，只是因为后勤系统能够供应这样规模的兵力动员。军事动员的发展只发生在东部地区，这并不偶然，因为那里有最先进的交通工具。

---

① 《北华捷报》，1918 年 6 月；《春秋》，第 160 期，15～16 页，1964-03-01。

② 文公直：《最近三十年中国军事史》第 2 卷，9～10 页；《直皖战争始末记》，载《近代史资料》，93～96 页，1962 (2)。

第六章 军事能力：武器和战术

表7　　　　　　1916—1928年间主要战争中的参加人数

年份	军队人数	指数
1917	55 000	100
1918	100 000	181
1920	120 000	218
1922	225 000	409
1924	450 000	818
1926	600 000	1 090
1928	1 100 000	2 000

资料来源：无聊子编：《第二次直奉大战记》第2章，5页，上海，1924。文公直：《最近三十年中国军事史》第1卷，226页；第2卷，53页；第3卷，119、167～168、185～188页。章君毅：《吴佩孚传》，358～389页。《中国周报》，1924年9月。《奉直战史》，20～23页。陶菊隐：《吴佩孚将军传》，100～101页。《东方杂志》，第21期，152～157页，1924-10-10。《中国年鉴》，836～840页，1926。《北伐战史》第2卷，321页。J.E.谢里登：《中国军阀：冯玉祥的一生》，191页。

因为有了这些交通工具，致使冲突地区扩大，并使军阀势力范围伸展到较远的地区。四川或云南军阀"小冲突"的地区不超过几个县。东部的军阀们的活动有时在几个省内同时进行。我们回顾那些主要的战争，就可以清楚地看到冲突从一个省发展到牵连好几个省。这些年中战争地区的不断扩大，概括于表8内。

表8　　　　　　1916—1928年间主要战争地区的规模

年份	战争名称	发生战争的省份数	受影响的省份数	牵连省份的总数
1917	反复辟	1	—	1
1918	湖南战役	1	4	5
1920	直皖战争	3	3	6
1922	直奉战争（一）	4	6	10
1924	直奉战争（二）	5	9	14
1926	奉—国民军之间的战争	8	5	13
1926—1928	北伐战争	12	8	20

资料来源：文公直：《最近三十年中国军事史》第2卷，19、53页；第3卷，160～178页。章君毅：《吴佩孚传》，358～359页。

我们已说明在1916—1928年间战争的明显趋势是参加的人数愈来愈多，包括的地区愈来愈大。现在要解决的问题是：他们之间进行的是些什么样的战争。有些记者和学者把中国内战说成是"喜剧"。① 事实上，许多战争既不"文明"，也不是"喜剧"。② 随着时代的发展，战争变得日益激烈，表9中显示的双方伤亡人数逐步上升，可以说明这一点。

反对张勋复辟的战役确实像一场喜剧。战斗一开始，张勋的士兵很快就放弃岗位躲到北京城内安全的地方。虽然战争拖延了6天，但真正发生战斗只有2天。城门最后被攻下时，张勋的士兵欣然剪掉辫子，扔掉步枪和烟枪，逃之夭夭。伤亡总人数是100人，大部分是老百姓。③

表9　　　　　　　　1916—1928年间主要战争中的伤亡情况

年份	参加者	总人数	伤亡人数
1917	张勋	55 000	100
	段祺瑞		
1918	皖系	100 000	1～2 000
	湖南		
1920	皖系	120 000	3 600（高）
	直系		？（低）
1922	直系	225 000	30 000（高）
	奉系		10 000（低）
1924	直系		20 000（高）
	奉系	320 000	15 000（低）
	江苏	147 000	6 000
	浙江		

---

① U. 克洛斯（U. Close）：《在如来佛的国度里》，57页，纽约，1963；盖尔（Gale）：《关于龙的常识：从个人角度看1908—1945年的中国历史》，110～111页，南兰辛，1953；陶菊隐：《督军团传》，128页。

② J. E. 谢里登：《中国军阀：冯玉祥的一生》，22～23页。

③《北洋军阀史话》第4卷，98～104页；芮恩斯：《一个美国外交家在中国》，270～285页。

续前表

年份	参加者	总人数	伤亡人数
1926—1928	孙传芳（龙潭）	7 000	20 000（高） 10 000（低）
	国民党武汉政府（河南东部）	70 000	14 000
	国民党第三军团（方顺桥）	70 000～80 000	19 840

资料来源：《北华捷报》，1917-07-21，1917-12-15，1918-03-18，1920-08-07，1927-08-18。《近代史资料》，99～101页，1962（2）。《最近三十年中国军事史》第3卷，132、192～193、274～281、330～340页。《中国年鉴》，573～576页，1923。《中国周报》，1924-11-29。《吴佩孚先生年谱》，30～32页。《奉直战史》，94页。J.E.谢里登：《中国军阀：冯玉祥的一生》，184、224、364n45页。《革命文献》第11辑，212页；第16辑，43页；第20辑，1493～1509页。毛思诚：《民国十五年前之蒋介石先生》，988页。《国民革命军第七军史实》，《春秋》，第247期，20，1967-10-16。高荫祖：《中华民国大事记》，267页，台北，1957。陈训正编：《国民革命军战史初稿》第3卷，214～215、722页。唐良礼：《中国革命内幕史》，278页，伦敦，1960。冯玉祥：《我的生活》第3卷，202～203页。

湖南战役从1917年8月拖到1918年8月，但战斗是断断续续进行的。除了吴佩孚的第三师外，大部分北洋军几乎都无意与敌人交战。许多部队在与数量、装备都较差的湖南人进行了小小规模战斗后，干脆就瓦解了。①

1920年直皖战争中，中国士兵开始能比较认真地打仗了，交战的双方可以比较有效地指挥他们自己的军队了。虽然由于士气低落和领导无能，仍有整个部队停战的事例，但战争总的趋势是认真的，某些战斗是"1911年以来最激烈的战斗"②。

以所有的标准衡量，第一次直奉战争使两年前的直皖战争相形见绌。双方的军队和武器的数量大大超过1920年。③ 奉系依仗大炮的威力，但

---

① 北洋军队不愿打仗可由下列事实得到证明：1917年底前不到4个月的时间内，北洋军队损失了10 000支步枪，8 000人被俘。参阅：《北华捷报》，1917-12-15。

② 《近代史资料》，99～101页，1962（2）；《北华捷报》，1920-08-07。

③ 估计奉系军队有12万人，150门重炮，200挺机枪，而直系有10万人，100挺机枪和100门大炮。参阅文公直：《最近三十年中国军事史》第3卷，132页。

指挥员们却不懂战略,所以大炮的作用并不大。① 奉系士兵在战场上的糟糕表现,使一些外国军事观察员认为他们的指挥员完全不懂现代军事战略的基本知识。战争中损失相当多的人和物,这说明中国的官兵确实还需要更多地补现代战争的课。虽然因为双方指挥员都缩小自己的损失,夸大敌人的损失,以致不能确定战争中的实际损失,双方伤亡总数至少达1万人。此外,奉系的4个高级军官(团长以上)被杀,7个受伤。② 这些高级军官的伤亡说明战争的残酷,因为中国的军官除非特别需要,一般是并不直接参加前线作战的。

1924年的战争是1922年战争的继续,规模比前更大。奉军经过更好地训练和装备,广泛设置了地雷区,树起了电网以保护防御工事,使用了装甲车和坦克大炮,火力很强,战斗相当激烈。有的重要的阵地一天数次易手,双方都用机枪扫射擅自退却的士兵。胜利的军队一天以40～50里的速度追击败军,肃清残敌。③

1924年后,因为战争是在许多军人之间持续进行的,伤亡人数很难估计,关于某次战争的迄止时间,也很难确切地断定。奉系和国民军从1925年末到1928年一直处于敌对状态。1926年后,国民党也扩大了它的活动,使情况更加复杂。把这些年看成一个由许多不同战役所组成的长期作战的时期,是比较现实的。军队规模扩大了,武器改进了,战争常带有军队之间个人仇恨和意识形态方面的特征。

1925年后,战争质量和数量的变化,引起了所有参战者伤亡人数的增加。军官与士兵一样有重大的伤亡。在1920年前,指挥官在战斗中伤亡的情况极少,1925年后,高级军官伤亡人数显著增加。北伐战争时,国民党军队常迫使敌方指挥官作战或面临全歼时,这种倾向更为加剧。在北伐战争的两年中(1926年6月—1928年6月),国民党的指挥员中有55个团以上的军官在战斗中阵亡。④ 仅在江西战役中,就有9个团长、1个

---

① 《中国年鉴》,573～576页,1923。
② 文公直:《最近三十年中国军事史》第3卷,119～131页。
③ 《奉直战史》,44～57、94页。
④ 《北伐战史》第5卷,《国民革命军北伐阵亡将士题名录》。

师长在战斗中阵亡,大部分都发生在战斗最激烈的 1926 年 10 月。①

没有国民党之敌人的全面伤亡数字,他们的军队无疑也受到了很大的损失。在汀泗桥战役中,刘玉春所领导的旅受到很大损失,3 个团长、39 个连长中的 24 个死于战场。战斗如此激烈,以至于吴佩孚为了防止其防守阵地的崩溃,不顾一切地派兵堵住了所有可以逃跑的道路,并枪毙了擅自退却的 9 个营长和团长。② 这样强制性的战场纪律在以前的战争中是从来没有过的。

战争在 20 年中经历了巨大的变化。1916 年,每一个省(除了满洲里)都被两三个或更多的军阀所瓜分,他们所指挥的军队没有超过 2 万人以上的。而到了 1928 年初,国民党在前线的兵力大约已有 70 万人,北洋军不少于 40 万人。前几年战争的伤亡从来不超过几百人,而 1928 年后,一次战役造成几千人的伤亡是很普通的。③ 战争成为持续的现象,激烈的战斗一个接一个地连续发生。因为经常遭受如此重大的伤亡,战争必然更带有决定性的意义。④

结论

战争在中国东部地区显著增加,是因为后勤情况允许集中大量的军队和使用更加复杂的武器。迅速采用具有更大破坏性的和更广泛用途的武器,在一定程度上影响了政治体系。例如,军事组织的特征发生了变化。1920 年后,在交通发达的地区,大部分军队使用步枪、机关枪、轻重大炮、装甲车甚至飞机。武器的多样化和复杂化,就需要最低限度的协作,以利于武器的保养和使用。技术的专门化和任务分工,成为迫切问题。官

---

① 文公直:《最近三十年中国军事史》第 3 卷,274~281 页。
② 陶菊隐:《吴佩孚将军传》,159~160、163 页。
③ 《革命文献》第 15 辑,692~702 页。
④ 例如,龙潭战役全部歼灭了孙传芳的军队,并挫败了他想收复长江下游三角洲的地盘的企图。同样,方顺桥战役粉碎了奉军镇守保定地区的愿望,使张作霖在北京站不住脚。参阅陈训正编:《国民革命军战史初稿》第 3 卷,722、734~735 页。

兵之间的简单和直接的关系发展为更复杂的军事指挥体系。

武器的复杂化也为大部队的进一步扩大铺平道路，小的军队发现由于缺乏多种武器，难以对付拥有各种装备的敌人，想要独立存在是愈来愈困难了。不同的步枪、短枪、大炮和装甲车只能在现代化的兵工厂里由技术工人制造，或者要有大笔金钱才能大量购买。这两方面的资源都掌握在几个最大的军阀手里。这些大军阀对他们的下级和其他小军阀具有更大的权力。只有拥有大兵工厂或能得到外国武器的军人，才能指挥一支大规模的常备军。那些在武器上依赖别人的军阀，只能处于从属地位。

此外，军队由于使用机枪和大炮，就能控制比以前更大的地区。与一个省被几股力量薄弱的军阀所瓜分的情况相对比，在军事先进的地区则存在几个省结合在一个军阀周围的趋势。在张作霖、冯玉祥、吴佩孚、孙传芳经历中的全盛时代，都曾统治过5个或6个省。这种政治和军事权力集中的趋向，使主要的竞争者的数字始终保持在一个很小的数目上。

总而言之，尽管有些武器由于军阀不了解其性能和士兵不会使用而没有充分发挥潜力，但武器的日益复杂和大量增多的总趋势，破坏了当时的均势。我们比较了具有不同交通体系和军事技术水平的两种不同地区，说明在先进地区的军阀意识到了这一点。他们下的本钱很大，在每次战役中都打得很卖力。战斗步伐的加速和带有决定性作用，加上愈来愈大的破坏性，严重破坏了军阀政治体系的稳定性。这个体系由于国民党的出现而被扰乱。国民党是一支新兴的力量，它具有很大的军事活动能力，与别的军阀作战时不惜代价血战到底。在这种情况下，雇佣军队最后的失败是毫不奇怪的。

关于地理的重要性

上述我谈及的交通、后勤和武器分配问题，无疑都与地理因素有关。很可惜，现代中国政治史的分析很少详细研究国家的地理状况，而这是中国国内生活最重要、最不稳定的方面之一。这种忽视可能是因为觉得地理因素太固定、太明显，不需要再详细叙述；也可能是为了避免陷入"地理政治论"的缘故。

但中国地理的复杂情况不能不予以注意。这些特点不是固定的，在不同情况下，它们有不同的含义。它们与政治事件的发展有关。这里，我们只考虑对政治稳定密切相关的那些地理因素的问题。

我们曾指出，地理因素在开始组成军阀派系时，对选择同伙起过一定的影响作用。在开始阶段，军阀们都与远处的军人联合以对付共同的威胁。结果造成了派系地盘的分散性。皖系的情况最为明显。虽然段祺瑞的基地在北京，而其支持者卢永祥和何丰林的地盘在浙江和上海，与派系的中心地区是分离的。直系的地盘也是分散的。1920年前，长江流域和直隶省是两块决不相接近的地区。即使在直系权力处于顶峰时期，也没能对山东和安徽进行有力的控制。开始时的分散给派系留下了持久的标志，后来的战争并没有完全改变这种情况。直到北伐战争前夕，只有奉系的地盘是高度完整的。

地区的分散必然带来一定的不利条件。例如，派系中的不同部分同时面临军事压力时，就发生严重的后勤供应问题。此外，地盘的分散也使这个派系缺少纵深地区，如果不把敌人阻止在边境上就会使中心地区面临严重危险。例如，1920年，皖系的前线被冲垮后，整个防守崩溃，它的全部北方地区落入敌手，失败来得如此突然，使上海和浙江都无法增援。因此，一个派系内不同地区的军人，常常被迫建立独立的防御工程。这种情况有时削弱了派系的团结。

与此相比，领土完整的派系与行政管理巩固的有利条件一样，在防守政策方面具有充分的灵活性。它能吸引敌人进入他的地区打一场长期的后卫战，并寻找机会组织反攻。即使前线被突破了，仍可以把敌人从内部赶出去。

地区的分散和集中与派系内部推行的政策有广泛的联系。因为分散的派系在地区方面缺乏反抗敌人侵入的灵活性，它必须始终保证边界的安全。这是它在防御方面的先决条件。边界既是第一也是最后一条防线，必须不惜一切代价来保护它。但这样的方针是靠不住的。更大胆和值得采取的方针是进攻，特别是突然的进攻，把战争引向远离自己地区的敌人的区域中去。一个派系对别的派系之间关系的变化必须具有敏感性，当遇到挑战时，要果断行动，敢作敢为。拖延会造成时间上不可弥补的损失而导致灾难。

地区分散的派系很少有可能进行联合防御，在大多数情况下，军队从一个地区调动到另一个地区非常困难。分散的派系进行战争时，常常几个战线同时作战。所以，虽然分散的地理结构从一开始就使派系的许多成员感到是一种政治压力，但这些成员们却永远不能形成统一的防御体系的一部分。每个成员都必须组成自己的防御系统，几乎不可能形成互相支援的态势。分散的派系很容易被各个击破，特别是那些远离中心的目标。它常常会面临进退两难的困境，或者为了维持足够的力量保卫中心区域，而放弃某些部分，或者去营救他们而把中心地区暴露在敌人面前。所以，地区分散的派系无论面对大规模的进攻，还是虽属局部但却经过选择地进攻，都将处于被动局面。

与此对比，地区集中的派系对外政策的一个很宝贵的特点，是能承受长期的战争的洗礼。因为它有许多防守办法。形势紧张时，仍可以沉着对待。因为拖延不会导致灾难，就有利于和平解决。两次大的派系战争提供了有趣的比较。1920年直（地区比较集中）皖（比较分散）战争中，皖系受到挑战后迅速作出了决定性的反应。1922年直奉战争时，双方的领土都比较集中，只是程度不同。战争之前有一段长期的酝酿阶段。开始，当奉系似乎快要在南方得到同盟军时，直系并不感到需要立即出击。事实上，曹锟曾设法谋求和平解决。这样做对于两年前在直皖战争中刚刚取得很大胜利的直系来说有点过分小心。但直系的地理特点使他不用担心其防御体系会突然崩溃。因此可以采取克制态度，并提出各种可供选择的方针。它能打一场长期的战争，并不在乎敌人的突然袭击。如果奉系、皖系和国民党之间成立了三角联盟，直系仍然有时间决定是妥协还是反抗。

在战争中，地区集中的派系往往有更大的能力调动各种力量。它的交通线较短，在地区内受到很好的保护，后勤问题也容易解决。地区集中的派系是否能遭受一处以上的攻击，取决于它与邻居的关系。例如，直系要防备国民党、皖系或奉系侵入的危险，而奉系只需防备它的南方邻居。与分散的派系相比，地区集中也为其他方面，如政治或经济集中提供了更加有利的环境。

从地图上可以看到所有强大的派系都集中于中国东部。每家分享一段海岸线，所有较小的派系都在内地。为了了解这些派系所处的位置怎样规定了他们的行动，必须首先叙述它们的地理特点。

最北边的奉系，只有一边与关内接壤，最易防御。

在南方，山脉把国民党分成江西和福建两部分。在北边的另外两个邻居：湖南和四川严守中立，特别小心地不去触犯它们的南北邻居。国民党与他们的边界关系是很明确的。

所以，奉系和国民党在地理上都处于隔离地位，远离大的政治冲突，如果愿意的话可以集中精力处理自己的内务。这个有利条件在1922—1924年间对奉系十分重要。如果奉系有一面以上与直系相邻，或夹在两派中间，它就很难保持独立，很难进行重要改革而不受直系干涉。国民党也从它的地理位置上得到不少好处，北洋军阀多次企图侵入但始终没有实现。部分原因可能就是因为进行这样长距离的征战必然带来战略上的困难。这个事实对整个体制具有深远的意义。国民党前几年的时间巩固它在南方几省的统治，然后利用它们作为跳板发动北伐战争。如果国民党不是位于大陆的最南端，而是在华中，那么，就很难设想它怎样执行一个挑衅性的计划而仍能生存。

因此，奉系和国民党的地理特点给它们的行动提供了方便。地理特点使它们的政治策略有更大的灵活性。至少，在它们与其他军人的相互关系中，具有更大范围和更大程度的支配权。

与此形成鲜明的对比，皖系和直系都位于华中，边界互相交错并至少与另一个派系相邻。这样的边界状况存在许多冲突的可能性。它们将第一个卷入一场重大的冲突，这是并不使人感到意外的。从地理的观点看来，很难出现另外一种情况。它们都处于无法后退的地位。无论是为了执行内部统一的计划，还是向南方深入扩张的计划，皖系的第一件事就是从前进道路上扫清直系。从直系的观点看来，对付来自皖系的威胁的最有效的办法是直接打击挑衅行为的策源地——北京，它这样做了。

这个分析不仅从直皖两系的关系中，而且也从后来所有的事件中得到证实。这个时期的历史说明，几乎所有的大战都发生于奉系边界以南和国民党区域以北的地区中。因此，中国的这个中间部分是发生军事活动和形成政治决定的地区。在这个地区内，京津地区可以视为中国的地理"中枢"。在那里，地理位置的因素充分发挥了作用。假如奉系、皖系和国民党是依次排列下来的边界关系，没有京津地区，中间的派系仍然比两边的两个派系面临更为复杂的对外关系。但至少它们在对外政策方面有更多的回旋余地。但事实上，它们对外关系不仅由它们的锯齿形的边界带来的互相纠缠的性质所影响，而且由它们靠近京津地区的事实所决定。派系之间的战争说明控制京津地区的派系总是单独面对别的派系的联盟。1920年，皖系面对奉系、直系。1922年，直系面对奉系和皖系及国民党那中途夭折的联盟。1924年，直系面对奉系和皖系的联盟。1926年，国民军面对直系和奉系的联盟。在这些战斗中，相距较远的派系建立联盟反对它们中间的敌人。

从这一系列的事件中，可以进一步归纳几点意见。第一，占有京津地区的派系，战争频率最高，在大多数情况下，要准备单独作战。第二，无论是局部的或由许多派系参与的全面战争，最好是孤立敌人或寻找同盟军，共同攻打敌人。相邻的派系之间有可能发生冲突；相反，与远处的派系则有较少发生冲突的可能性。这样，在后者之间建立联盟是最合理的。从而迫使敌人面对两方面的敌人，而更有利于自己。（1920年前奉系与直系的关系，1927年前奉系和国民党的关系就是例子。）但是如果地理位置的关系变化了，政治关系就会随之改变。所以，直系代替皖系成为奉系的南邻后，它立即继承了皖系对抗奉系的角色。甚至国民党，在许多场合下曾经是奉系的同盟，当它领土发展到奉系的边界时，与奉系也形成了直接冲突的局面。

京津地区与某一派系地理位置的关系，对于这一体系的稳定是非常重要的。这可以从两方面看。一方面，正是由于京津地区处于地理位置的中心地带，才使得各派系采取冷战角色，以攻击其中的一个敌人。否则，冲突的规模将可能更分散，形成更为均匀的分布。如果政治中心不在地理中心，比如说在广州或沈阳，那么就不会出现两个打一个的策略，对手之间的能量分布就可能更为均匀等。这个作为整体的系统就可能更为稳定，或者转入两极状态。另一方面，处在两极的位置，像奉系和国民党那样，显然是很有利的。那里比较僻静，比较容易防御，更有灵活性。同时，这个位置也决不会妨碍它们向中部地区推进。这样的地理位置，富有战略意义。到 1928 年末只有奉系和国民党地区没有被侵犯的事实可以说明这一点。最后国家的政治统一不是由军事征伐而是由奉系和国民党之间的政治交易完成的。根据这些观察，我想作出这样的推测，即如果国民党不是位于最南端的位置（无论是在长江流域或华北平原），中国的制度可能会出现完全不同的情况。

第七章 经济能力

在任何政治制度下，物质资源都影响人们的能力、行动和目标，中国的军阀集团也不例外。第一，派系中的重要人物如师长、旅长待遇都很优厚，财源的分配可能成为一个难以处理的问题，特别是在个人利益成为这个集团巩固的基础的情况下。第二，军阀们需要钱维持庞大的军队，付津贴、供伙食以及装备自己。第三，他们需要金钱满足不断上涨的战争消费和补充战争损失。第四，他们需要金钱作为外交经费，收买对手与其合作或诱使对手的下属背叛。在敌人内部发动政变总比在战场上打仗更合算。第五，这些军阀为了个人发财，也需要金钱。在这些年里，节约这个美德在军队中是绝无仅有的。职业的不牢靠，使军人们抓住一切机会积聚个人财富，以便一旦失去这些机会时生活能有所保障。所有这些都需要钱，军人们就想方设法去发掘中国社会的财源。

大体上，19世纪许多时间实行中央集权的财政制度。各省在中央政府的明确批准下收取各种税金。扣除了本省和地方上规定的开支后，其余的上交中央政府或作为中央政府的补助指定给邻省。这样的制度形成了中央和地方政府之间互相依赖的关系。但是，19世纪中叶以后，政治局势长期动荡。南方各省拒绝向中央政府交纳税收。湘军兴起后，财政权力归于各省，中央政府的权威更为下降。后来，省里的官员不仅可以增加原有的税收和另设新的税目，还铸造硬币，征收厘金（国内运输税），发行货币，最后还扣留了本该交给中央政府的税收。宣统（1909）开始时，朝廷实际上已无法控制国内的财政，而大力依靠国外借款。①

---

① 彭育新：《清末中央与各省财政关系》，载《社会科学杂志》第9卷，第1期，83～110页，1947年6月；R.鲍威尔：《1895—1912年中国军事力量的崛起》，23～26页。

1911年清政府被推翻时，中央政府的财政权力遭到另一次严重的挫折。1913年镇压"二次革命"时，袁世凯派遣忠于他的北洋军队到南方各省后，情况稍有好转。① 但是，1915年爆发反袁起义，许多省干脆停止交款，有的甚至把本来属于中央政府的专门税收据为己有。② 袁世凯死后，秩序部分恢复，有的省重新交纳部分款项，但其数目大多是象征性的。即使这些款项，1918年后当内战席卷这个国家时也全部停止了。

因此，军阀们最强大时，中央政府的财政权力降到了最低点。中央和各省之间传统的财政关系被破坏了。为了了解这些军人政权是怎样生存和兴旺的，让我们较详细地考察他们的年收入来源。他们固定的收入来源是土地税、关税和盐税。特殊收入的来源包括公债、借款、操纵货币、鸦片利润以及各种临时性的苛捐杂税。在叙述这些税收来源后，我们将分析北京政府财政上的弱点，战争费用的增长，以及军阀的财政政策对政治的稳定和统一所产生的影响。

固定的收入来源

按照惯例，土地税是唯一最重要的政府岁入来源。所以，如果这个来源停止了，就会使中央政府的财政遭到沉重的打击，但这却有利于地方权力的滋长。中央政府大力依靠这个项目，使它很容易受到来自各省的挑战。③ 在20世纪，几乎所有的军人都懂得，为了加强他们自己的地位，就得拒绝将土地税上交中央政府，而利用这些财源加强自己的力量。

土地税几乎总是增长最快，在它上面还常常附加新的税收。这个世纪的最初几十年的数字说明，土地税大幅度地增长。④ 北方的某些地区，干脆就在原有的税收统计表上增加税收。在其他地区，在原有的土地税上设

---

① 《中华民国时期的资金来源》，载《中国周报》，1925－11－01（增刊）。
② 参阅张其昀1964年出版的关于中华民国历史的著作。
③ D.H.伯金斯：《1368—1968年中国农业的发展》，176～177页。
④ 一份由日本人Amano Motonosuke整理的调查材料估计，山东省每亩土地税指数以1902年为100，到1925年上升为268，到1927年更上升为468。马若孟（Ramon H. Myers）：《中国农业经济》，264页，坎布里奇，1970。

附加税，这些额外的税收不断增长，在 20 年代更是大量增加。①

进一步从土地抽税的做法，是预先征收许多年的税。如果收过当年税的军阀被赶走了，他的继任者要维持其军队，只好收未来几年的土地税。如果很快地更换了好几个军阀（这种情况在那时是很普遍的），农民就要被迫预付好几年的税收。当年的收获和过去仅有的节余尽被囊括。

在收税的实际过程中，往往给纳税人增加额外的负担。由于缺乏土地占有的现代信息，当地士绅和税收官员勾结起来转移税收负担，严重缺少合格、诚实的地方官员和其他工作人员，使这种情况更加恶化。

军阀们尽可能让现有的官僚成为收税工具。如果这个官僚不能完成税收数字，这个军阀就委任税收承包人去干这件事。因为这些税收承包人唯一的动机是获利，所以总是非常专横和腐败。征收到的实际税额往往超过规定，军阀只要得到他规定的数字，收税人就把多余的占为己有。

虽然我们知道这个时期的土地税大幅度增长，但我们没有全国性的统计数字。我们只有 1916 年后个别省的增长情况。例如，在江苏，土地税从 1921 年的 59.22 万元（$）到 1923 年增长为 69.81 万元（$）。四川省 1925 年是 68.61 万元（$），下一年该省军阀决定预征一年税收，总数达 140 万元（$）。② 虽然这样剧烈地增长不是普遍的，但各省都有大幅度的增长。

在中国，1854 年后，海关由外国人管理。20 年代初期，关税收入一直上升达到很大数量。但是，中国政府不能自主支配这些税款。这个世纪开始，这些收入的大部分被留下作了偿还外国政府和商业债务的保证金。1912 年，北京政府向外国交出处理国内关税的权利后，就只有剩余部分（称为关余），归中央政府。结果，在 1912—1927 年间，只有 132 441 000 海关两（HK.Tls）归北京政府自己处理。它只是收入总额的 18%。③

像"关余"这样少量的数目，对中央政府来说也是十分重要的，因为这是固定收入中最可靠的来源，各省的军人不能进行干预（只有广东

---

① 有人估计，在这个时期全国有 673 种不同的税收是根据土地征收税款的。参阅刘世仁：《中国田赋问题》，172~173 页，上海，1925。
② 周开庆：《民国四川史事》，225~237 页，台北，1969。
③ 费维凯：《1870—1911 年的中国经济》，49 页，密歇根，1969。

例外，孙中山领导的保宪政府说"关余"应该用于他领导下的地区，1924年后，他们得到了其中一部分钱）。中央政府以这些钱作为外国借款、国内公债或从国内银行借款的保证金。到 1922 年 7 月，整个关余都作为将来偿付这些借款的本利的保证。①

与关税形成鲜明对比的是，盐税的收入从来没有成为中央政府的一项有保证的收入。传统的做法是由各省收集，然后把其中的某些部分上交朝廷。事实上，盐税常常成为北京政府和地方政府竞争的目标。这往往决定于他们在某个地区的权力关系。

对于盐税的竞争开始于这个时期的初期。② 随着内战次数的增长，对于经费的需要愈来愈迫切，许多军人把他们地区内的盐税作为增加自己收入的自然手段。③ 1924 年后，军阀的干涉和剥夺行为影响到大片地区，包括广东、广西、四川、云南、湖南、浙江、安徽、江苏、湖北、山东、山西、福建以及东北三省。④ 如表 10 所示，盐税增长趋势持续到 1922 年，然后开始平稳下降。1925 年后急剧下降。主要是中央政府的部分下降。1924 年第一次标志着地方的份额超过了北京政府。1928 年北京的部分减少到零。

从表上看，1923 年后，总收入数字下降，各省从盐的生产和销售中提取的税额却没有下降。很可能，生产者和销售者付出了比以往任何时候更高的税额。有的地方军人把税收全归自己掌握。⑤ 1925 年后，军人在其

---

① 参阅张其昀 1964 年出版的关于中华民国历史的著作。
② 1916—1918 年云南、四川、广东等地方的征税情况，可参阅爱德希德（Adshead）：《1900—1920 年中国盐政的现代化》，199～200 页，坎布里奇，1970；1918 年广东和广西方面的情况，可参阅：《北华捷报》，1918 - 03 - 16，1918 - 03 - 23；1919 年东北的情况，可参阅：《北华捷报》，1919 - 10 - 11。
③ 他们对盐税的干预可以采取几种办法：建立盐税检查所，可以坚持税收必须付给他们而不给北京政府。他们还可以迫使盐商给他们借款，甚至掠夺银行和恐吓检查员个人。他们可以非法地、不受约束地强加税额。参阅爱德希德：《1900—1920 年中国盐政的现代化》，197 页。
④ 《中国年鉴》，507～510 页，1926—1927。
⑤ 爱德希德：《1900—1920 年中国盐政的现代化》，197 页；《中国年鉴》，507～510 页，1926—1927。

所管辖的区域内不仅收集盐税,并且还管理盐的生产、出售的情况日益普遍,这样就使盐务税收机关不能计算其税收损失。① 在以后几年中,盐税无疑成为中国各地地方军人的收入的重要来源,而对北京政府的重要性则降为乌有。

表10　　　　　　　1918—1928年间盐税收入的分配　　　　　单位:千元

年份	中央政府所得份额	地方所得份额	总数
1918	$56 600	$15 000	$71 600
1919	49 100	26 000	75 100
1920	40 000	24 000	64 000
1921	52 400	18 000	70 400
1922	47 862	30 000	77 862
1923	不详	不详	不详
1924	31 700	33 000	64 700
1925	32 900	33 000	65 900
1926	8 868	47 672	56 540
1927	2 750	52 557	55 307
1928	0	39 642	39 642

资料来源:《中国年鉴》,507～510页,1926—1927;641页,1928;672、674页,1929—1930。《北华捷报》,1923-02-03。

厘金,即国内商品通过货物运输税,是税收的另一个重要来源。在清朝统治时期,征收厘金的权力就在省的官员手里。② 20世纪前30年中,地方军人对厘金有充分的管理权。军阀统治地区的分裂状况使清朝的厘金制度趋于崩溃。在许多情况下,如果一个省的督军或省长地位转弱,就由这

---

① 1926年福建的情况是个很好的例子,参阅何炳棣:《中国在危机中》第1卷,第1册,211页。
② 20世纪初期,各省各地至少有23个厘金局,790个地方站,1 446个分站,大约有25 000个工作人员(湖北、江西、广东、山西、贵州和直隶的统计不完全)。参阅彭育新:《清末中央与各省财政关系》,载《社会科学杂志》第9卷,第1期,83～110页,1947年6月。

个地区内地位牢固的县长来征收该地区的税收。结果，税额猛增并建立了许多新的税收点。例如，虽然在1921年正式的厘金站与晚清时期数字相同（735个），但具体征收税收的分站和关卡，则大量增加。① 分站和关卡往往设在商品和车辆行人大量通过的铁路车站、水路和主要公路上。例如在20年代，在政府所设的铁路上，每60～70公里就设一道厘金关卡。

由于地方情况的多变及普遍的腐败，很难估计每年的厘金数字，但有一些大致的说明。19世纪90年代，厘金总数收入大约为1 300万两，与盐税的收入大致相同。② 莫塞对1916—1928年期间厘金收入的估计，从很保守的数字6 400万两（64 million taels，或9 600万比索）到比较现实的数字1.6亿海关两（HK.Tls 或2.4亿比索）。③ 尽管缺少精确的材料，厘金无疑成为许多军人固定收入的较大来源。在某些省内，只有土地税在数量上是超过它的。

特殊的收入来源

进入20世纪后，中国财政在对外关系方面曾出现几次变化。西方各国曾经是提供借款的主要国家，但是，随着第一次世界大战的到来，这些西方国家包括美国，已没有剩余资金借给中国。在这种情况下，日本成为最重要的贷款国。

中央政府于1916年崩溃后，日本立即向段祺瑞及其安福系提供借款。虽然由于许多借款是秘密的，实际的总数不太清楚，但据消息灵通人士说，在1920年段祺瑞倒台之前，日本政府向北京政府提供的借款至少达

---

① 例如，虽然江苏只有58个厘金站，但还有511个分站。参阅：《密勒氏评论报》，1927-08-20。据莫塞（Moser）估计，全国厘金站和关卡的数目达好几千个。参阅：《密勒氏评论报》，1926-08-07。中国经济学家马寅初估计，这些厘金局雇佣了大约150万人。参阅：《马寅初演讲集》第3卷，292～293页，上海，1925。

② 费维凯：《1870—1911年的中国经济》，65页，图表21。

③ 《密勒氏评论报》，1929-08-07。

3.5亿元（$）。① 北京政府财政改组会议的资料说明，1925年来，中国欠日本的无偿贷款等于英国的6倍。②

对这个时期中国借款作了最全面研究的是徐义生。根据他的资料，在1916—1927年间北京政府如他们的北洋军阀曾有319次外国借款，总数为7.42亿元（Ch. $）。③ 这个数字很可能低估了债务的实际数量。为了确定中国外债的累计数，我们也需要看看某几年的债务数字。1921年财政部公布的预算表明，到1921年9月，外债达12.69亿元（Ch. $）。到1924—1925年，北京政府的财政部和交通部报告欠款外债总数为22亿元（Ch. $）。最后，根据《中国年鉴》1929年1月1日公布，中国欠款外债10.435亿元（Ch. $）。④

当然，最好把这些数字看成大概的估计，而不是精确的数字。而且，任何一年的总数都包括1916年以前很长一段时间的债务，例如战争赔款。但是，超过规定时间，债务应该逐渐减少。如果债务实际上是增加了，我们就可以设想是有了新的债款。即使徐义生的数字（见表11）有一定的误差，但仍然可以说明两个问题：第一，对像中国这样一个穷国来说，债款数字是相当大的。第二，1920—1925年间外国借款数字很高，1925年后数字锐减，对大部分外债的偿还本息都是守信用的。所以，1916—1925年间外债的实际增长数要比表11的数字大得多。因为同时还要偿还和付清旧有的借款。另一方面，1925年后的下降肯定在一定程度上是由于继续分期偿还以前的债务。更重要的，也由于无法得到新的贷款。北京政府的地位是如此不稳，那些外国不敢确信它能否继续生存。外国中断借款无疑加速了北京政府的垮台。

---

① 《密勒氏评论报》，1924-11-15；刘彦：《帝国主义压迫中国史》第2卷，121～137页，上海，1927。

② 一份研究报告指出，1911—1927年间，日本给中国的借款占中国全部外债的近40%。西方国家远远落在后面：法国占15.45%；德国占14.66%；美国占5.03%。参阅徐义生：《中国近代外债史统计资料（1853—1927）》，244页，北京，1962。

③ 徐义生：《中国近代外债史统计资料（1853—1927）》，148～149、240～241页。

④ 《中国年鉴》，703～712页，1923；657～660页，1920—1930。其他年份的情况可参阅伍德海德（H. G. W. Woodhead）：《中华民国的真相》，130～131页；刘秉麟：《近代中国外债史稿》，194～197页，北京，1962。

表 11　　　　　　1916—1927 年间中国所借外债　　　　　　单位：千元

年份	借款次数	借款总数	实际得到数额
1916	15	Ch. $ 39 378	Ch. $ 36 195
1917	19	73 485	64 938
1918	50	149 585	127 900
1919	41	47 990	44 520
1920	58	71 224	57 820
1921	49	84 340	67 040
1922	22	52 892	51 050
1923	10	39 697	26 722
1924	20	28 157	15 357
1925	24	136 022	102 389
1926	5	4 651	3 551
1927	6	15 294	11 669
总计	319	Ch. $ 742 715	Ch. $ 609 151

资料来源：徐义生：《中国近代外债史统计资料（1853—1927）》，148～197、240～241 页。

不要以为外国仅借贷给北京政府，他们还时常借贷给军阀个人和地方政府，地方军人只要愿意接受很高的条件，也可以得到外国借款。例如，1916—1927 年间，东北军人借外款总额达 2 300 万元（Ch. $），大部分是从日本政府及银行借的。别的省也可以找到提供借款的国家，徐义生的资料说，地方政府和军人签署的外国借款有 80 多项，总数为 9 000 万元（Ch. $）。大约为 1916—1927 年间国家借款总数的 1/6。①

民国时期的国内借款通常采取三种主要方式：第一是政府公债。公债

---

① 徐义生：《中国近代外债史统计资料（1853—1927）》，148～197 页。1916 年广东的情况可参阅：《东方杂志》第 14 卷，第 2 期，211 页，1917 年 2 月；福建的情况可参阅：《北华捷报》，1919 - 05 - 03；1921 年湖南的情况可参阅：《东方杂志》第 18 卷，第 5 期，133 页，1921 年 3 月。

有一个长期归还的时间，有时是 5～10 年，偶尔长达 30 年。① 第二是国库证券。往往是为了在紧急情况下能解决某种特殊财政需要而发行，在较短时间内偿还。② 证券的总额根据该计划的性质可以自 100 万元到 1 000 多万元不等。公债和证券可以有担保的，也可以无担保的。第三是从国内银行短期借款。这种借款通常属于下列三种项目之一：以盐税余额作担保的借款、短期借款或预付贷款。③

在这些年里，政府的国内借款，其最重要来源是城市商业部门，包括大亨、商会特别是现代银行。许多银行经常承购政府公债和证券，作为他们主要的或唯一的营业活动。这种活动是有利可图的，因为他们通常可以得到票面价值的一小部分，这方面的利息比市场要高得多，也因为市价随着统治北京的军阀的政治命运而激烈波动。当然，由于同样原因，如果政府不履行偿还义务，它们就统统失掉了价值。

关于政府公债，1912—1926 年间财政部大约发行过 27 次国内公债，票面总值 8.767 9 亿元（Ch. $）。实际得到的只有 6.120 6 亿元（Ch. $）。可能因为某些公债没有售出。④ 如表 12 的数字所示，将近 90％的公债（相当于 Ch. $ 5.481 6 亿元）是在 1916—1926 年间发行的。这个数字只包括北京历届政府正式公布的公债数字，可能还有一些没有公布的，故无法确定其总数。

从商业银行得到的证券或短期借款的金额总数更难确定。根据财经改组委员会的报告，1912—1925 年间，在北京政府的主持下发行了 73 种不同的证券，其中大部分是在 1916 年后发行的。这些，与其他短期借款一起，到 1925 年底使未偿还的借款总数达 1.724 6 亿元（Ch. $）。⑤

---

① 徐昌岁：《内阁公债史》，22～23 页图表，上海，1932。
② 千家驹：《旧中国发行公债史的研究》，载《历史研究》第 2 期，112、118 页，1955 年 4 月。
③ 千家驹：《旧中国发行公债史的研究》序言，10 页。
④ 来新夏：《北洋军阀对内搜刮的几种方式》，载《史学月刊》，第 3 期，8～11 页，1957 年 3 月；千家驹：《旧中国发行公债史的研究》，112 页。
⑤ 千家驹：《旧中国发行公债史的研究》，113～115 页。

表 12　　　　　　1912—1926 年间政府公债的收入　　　　单位：千元

年份	收入	年份	收入
1912	Ch. $ 6 248 460	1920	121 960 450
1913	6 842 200	1921	115 362 248
1914	24 970 520	1922	83 234 910
1915	25 834 155	1923	5 000 000
1916	8 770 515	1924	5 200 000
1917	10 516 790	1925	15 000 000
1918	139 363 760	1926	15 400 000
1919	28 358 700	总计	Ch. $ 612 062 708

资料来源：千家驹：《旧中国发行公债史的研究》，载《历史研究》第 2 期，112~113 页，1955 年 4 月。

不仅是北京政府从国内得到借款。地方军人和各省也常发行他们自己的公债和证券。中央政府在国内借款方面的地位由于几种因素被地方军人所削弱。第一，国内的政治现实与北京政府是中国唯一的合法政府的常理形成矛盾。军阀在他们的统治区域内被认为是事实上最高的政治权威。第二，利益的刺激在地方上和在中央一样发挥强烈作用。如果有通过投机事业可以得到一笔暴利的机会时，地方银行家和有钱人必然会抓住它。此外，地方上的高压统治比国家有过之而无不及。中央政府发行公债主要采取和平的方法，国际租界给银行反对政府的高压政策提供了庇护，而在各省几乎没有合法保护，地方商会、老式钱庄、地主和自由职业者无法逃避在强力威胁下的各种敲诈勒索。

在这个时期中，一度几乎所有的省政府都曾发行过自己的公债。[1] 在国内借款方面，中央政府的最重要竞争者是广州军政府，它有自己的财政

---

[1] 举几个例子：江苏省财政委员会 1918 年发行了短期省内公债，总值 150 万元，年利 7%。参阅：《北华捷报》，1918 - 07 - 13；江苏省 1921 年又发行两次以上的公债，总值将近 900 万元。参阅徐昌岁：《内阁公债史》附录，3~6 页；湖南 1918—1921 年的情况，可参考徐昌岁书；东北和山东 1926 年的情况，可参阅：《东方杂志》第 23 卷，第 12 期，142 页，1926 - 06 - 25，第 23 卷，第 13 期，138 页，1926 - 07 - 20。

部，并声称是中国唯一合法的政府。早在 1917 年 10 月，这个政府就宣布要发行总额为 5 000 万元（Ch.$）的军事公债。① 后来几年又发行了数额较小的公债。北伐以后，国民政府也以国内借款来满足它不断增长的费用。1926—1927 年间，国民党政府（在广州和武汉）发行了 3 600 万元（Ch.$）公债。国民党政府在南京正式成立后，发行了两次数量更大的公债，1927 年底前总数为 7 000 万元（Ch.$），1928 年为 11 000 万元（Ch.$）。如果这些数字是确切的，那么，国民党在不到三年的时间里，发行了大约 21 600 万元（Ch.$）的政府公债。

操纵通货是军人收入的另一来源。这种办法有两点方便：第一，人民一般无法知道货币流通的数量。货币在日常生活费用中的影响不像税收的影响那样立竿见影。到他们了解到货币的弊病时，已经造成了相当大的危害。这些因素能缓和人民的不满和反抗。第二，即使有抵制货币的事，也常常是孤立、个别的行动，因为货币一般是发给军队去买食物，大多情况下，由士兵把货币带进市场。小店主、小商贩拒绝接受它。而且，不像税收或公债，货币是每天交接的媒介，对于某种货币的需要是经常的和大量的。当货币是在武力威逼下使用时，一般的人没有别的办法只好接受它作为支付商品的报酬。

印有袁世凯头像的银元，俗称"袁大头"

因此，在 20 年代，事实上每个省都发行自己的货币。造币厂与兵工厂一样被认为是重要的军事目标。各省督军和较小的军阀都争着控制设备印发纸币。在 1916—1928 年间，在不同的时间内至少有 19 所省银行，其中有 17 个所印发它们自己的各种不同的货币。② 但是，省银行还不是印

---

① 《北华捷报》，1917 – 10 – 16。

② 参阅张其昀 1964 年出版的关于中华民国历史的著作；陶菊隐：《督军团传》，29 页；《中国年鉴》，658 页，1928。关于有多少银行大量印发了他们自己的货币，在学者中说法不一。例如，金国宝列举了 38 家大银行，包括国有及私营银行，印发了货币。参阅金国宝：《中国货币问题》，126~129 页，上海，1927。

发货币的唯一机构。在许多情况下，军人可以完全不需要依靠银行，自己发行军用票。①

军人印发自己的货币几乎从来没有足够的信用作为后盾。例如，湖南印发了 2 200 万元（$）纸币，只有不到 100 万银元的储备金。② 1927 年，张宗昌的山东银行印发和流通了大约 5 500 万元（$）纸币，只有 150 万银元作为储备。③ 缺乏巩固基地的军人要印发纸币，有较大的困难，因为他们显然没有资本作为储备金，也因为他们缺乏已建立的经济管理方法，人民可以很容易地不承认他们的纸币。在另一方面，这些军人由于缺乏其他固定收入，又最需要印发纸币。在这方面，冯玉祥是最明显的例子之一。1927 年，当他的军队迫切需要钱时，他买了 400 银元的纸，以石印用手工印了价值 100 万元的军用券。这些券发给军队，用于购买商品和服务。④

这样不负责任的做法，导致货币迅速贬值，信用破产。拿冯玉祥的情况来说，他的军用券只能在他牢固控制的地区内流通，即使是在那里，它的价值也逐渐降低到零。⑤几乎没有一个银行有能力从票面上完全收回他们自己的货币。即使是最实在的货币，也要打相当大的折扣，有时折扣之大使货币实际上毫无价值。

货币流通与政治舞台的变化有密切关系。当军人突然需要一大笔款子准备或进行内战时，大量新纸币往往充斥市场。大量的货币和对武器的需要之间的密切关系，以及这种关系对经济所造成的危害，可以用奉票的贬值予以最生动的说明。以所有的经济标准衡量，东北是全中国最富裕的地区。如表 13 所示，1922 年前，张作霖自己仅满足于对这个地区实施统治时，奉票流通的还不是大量的，其价值波动只是在一个有限的范围内。但是，1922 年后，其数量显著增加。1924 年 1—11 月间，张作霖不仅发动了耗费很大的直奉战争，而且还把领土扩张到长江流

---

① 广东和广西的情况，可参阅黄绍竑：《五十回忆》第 1 卷，80~90 页；直隶和山东的情况，可参阅：《东方杂志》第 23 卷，第 16 期，142 页，1926-08-25。

② 陶菊隐：《督军团传》，29 页。

③ 何炳棣：《中国在危机中》第 1 卷，第 1 册，210 页。

④⑤ 冯玉祥：《我的生活》第 3 卷，164~165 页。

域，奉票的增长更为显著。1924年后，镇压内部郭松龄的叛乱，保持对更大的军队和地区统治以及由于与外部敌人（如国民军）作战所需日益增长的费用，造成奉票数量猛增而其价值猛跌。到1927年5月，一张奉票只等于银元9分。奉票的迅速贬值不仅使奉系在华北的军事形势不稳，也在他自己省内造成了相当大的困难。①

郭松龄

表13　　　　　1916—1927年间奉票的数量和价值

年份	流通数量（千元）	价值（奉票等于银元的数量）
1916（12月）	（$）15 800	
1917（12月）	16 935	1.27
1918		1.61
1919		1.58
1920		1.67
1921		1.51
1922（12月）	36 000	1.66
1923		1.48
1924（2月）	51 000	1.59
（11月）	223 284	
1925（1月）	511 723	2.21
1926	570 000	4.81
1927		10.61

资料来源：金国宝：《中国货币问题》，145～148页。曹林：《奉票跌价与奉系军阀之前途》，《向导》第170期，1926-09-10。《中国年鉴》，658页，1928。

---

① C.戴莱（Charles Dailey）：《日趋灭亡的中国军阀》，载《密勒氏评论报》，1927-06-28。

对军阀来说，鸦片是另一项重要的收入来源。袁世凯统治的最后一年，官方的鸦片禁令彻底垮台，鸦片利润成了财政方面一项重要的收入来源。袁世凯死后，即使是中央政府也不能抵制鸦片交易的利润。① 1920 年后，鸦片成为许多军人日益重要的收入来源，而且，对某些人来说是最重要的收入来源。11 个省的军人在 1924 年和 1927 年从鸦片得到收入的大约估计数字可见表 14。

表 14　　　　　1924 年和 1927 年 11 省军人的鸦片收入　　　　单位：千元

省	1924	1927
四川		Ch. $ 10—30 000
陕西	Ch. $ 10—24 000	
福建	20 000	
广东		12 000
云南		50 000
湖北	15—20 000	
广西		10 000
甘肃	20 000	
安徽	3 000	
河南		3 000
江西		3 000

资料来源：《中国经济论文集》第 2 卷，34～37 页，上海，1934。《中国年鉴》，572～582 页，1924；528～535 页，1928。周宪文：《中国之烟祸及其救济策》，《东方杂志》第 23 卷，第 20 期，33～34 页，1926 - 10 - 25。来新夏：《北洋军阀对内搜刮的几种方式》，《史学月刊》，第 3 期，8～11 页，1957 年 3 月。武陵：《反奉战争期间陕西各方面之情况》，《向导》第 145 期，1926 - 02 - 10。注意：表中数字是在材料缺乏的情况下的原始估计。

通常，军人对鸦片交易的剥削采取几种方法。最基本的方法是对鸦片生产征税，许多军人强迫农民种植罂粟，然后以官方禁令为借口没收其果实，加以出卖而个人获利。或者，经常以税收为掩护，处以罚款。

---

① 关于冯国璋和北京的其他官员怎样牵连进一场鸦片丑闻的叙述，参阅伍德海德：《远东新闻工作的冒险生活》，75～76 页，东京，1935；《北华捷报》，1918 - 09 - 14，1919 - 01 - 11。

根据国际反鸦片协会（北京）所印发的报告，福建、安徽、贵州、云南、河南、陕西、甘肃、绥远和山东被认为是"大面积种植"鸦片的地方。① 另一份资料说，1921年国家总产量为1.5万吨。② 到20年代中期，可能有500多万亩土地被用来种植罂粟。③

当鸦片被运到国内和国际市场时，控制主要交通要道的各省，可以征收很高的通行税，大部分鸦片从四川、陕西、贵州，经长江运出，湖北省就成为它运往下游各省的中心站，于是，鸦片运输成了湖北军阀的专利。④ 广西也是同样，云南的大量鸦片（在较小的程度上还有贵州和四川）通过广西到达广东、香港以及东南亚。因此，鸦片税就成为广西军阀最重要的收入来源，每年总数往往超过1 000万元。⑤

最后，各省还向消费者收税。20年代，吸食鸦片的人很多，鸦片烟馆要上税，鸦片烟灯要上税，有时还向吸食鸦片者征收月税。因此，除了山西省外，几乎所有省的军阀都可以依靠鸦片消费税作为经常性的收入。吸食鸦片是如此普遍，甚至国民政府也不能不从它获利。1927年，国民政府在广东通过收鸦片税每月增加约100万元的收入。⑥

如果军阀们处于有利的地理位置，他们还有另几种收入来源。其中主要是铁路。例如，在1924年前6个月中，吴佩孚从京汉路征收了600万元（Ch.$），而其全路总收入为1 400万元（Ch.$）。⑦ 根据交通部1925

---

① 《中国年鉴》，886～893页，1923；528～535页，1928。

② 周宪文：《中国之烟祸及其救济策》，载《东方杂志》第23卷，第20期，33～34页，1926 - 10 - 25。

③ 《中国经济论文集》第2卷，34～37页。有一些省的统计数字，可参阅：《中国年鉴》，886～893页，1923；572页，1924；《马寅初演讲集》第3卷，136页；《中国年鉴》，528～535页，1928。

④ 在1924年，湖北军阀所收的通行税总额约达1 500万元。参阅周宪文：《中国之烟祸及其救济策》。

⑤ 黄绍竑：《五十回忆》第1卷，154～155页；也可参考：《春秋》，第177期，14～17页，1964 - 01 - 16。

⑥ 《中国年鉴》，528～535页，1928。

⑦ 《密勒氏评论报》，1924 - 07 - 26。

年9月发布的正式报告，到1924年底，军阀从中国铁路上掠夺了约1.8亿元（$）。①

军阀对铁路的剥削还不止征收的款子。士兵们坐火车很少买票，军阀经常随便征用车辆运输军队和给养。军队占用铁路车辆（这使铁路收入遭受损失）往往是大量的，当政治形势紧张时，更为严重。②

在赌博比较普遍的地区，征赌税是增加收入的另一重要途径。通常是成立一个管理赌场的垄断机构。举一个典型的例子，1915年广西省长和他的财政厅长发赌博营业执照，纳入统一管理时，其"管理费"收入将近250万元（$）。③ 在这整个时期内，赌税对广西军阀来说一直是很重要的，不管他们的政治倾向性如何。④ 在广东虽然有时在名义上禁赌，但当孙中山1923年4月选为广州政府总统时，立刻解除禁令，以后并从这里征收税收用作军事费用。⑤

特殊收入的最后一个较大的来源称为"兵差"或"摊派"。它在不同的名义下可以采取许多不同的方式，都与某种假定的紧急情况有关。如果军阀认为他的正常税收不够应付紧急情况的需要时，就向人民群众征收附加税或服役。最经常的是要求出钱，有时也强征马车、牲口、食物、燃料甚至劳工。许多村、县要被迫拿出大笔款子作为不受敌军侵犯的"保护"费，或者被用作从异军铁蹄下解放出来的"拯救"费。

当省或地方的官员遇到上述情况，就把负担分配给县和村。如果一个地区遇到多次这样的紧急要求，财经负担就非常沉重。特别在军阀统治不巩固、常常面临被邻省军阀推翻的危险地区（如华北），更

---

① 引自何炳棣：《中国在危机中》第1卷，第1册，210页。

② 例如，1925年，军队的货运和客运总量百分比，在京汉线上是34%，京奉线上是25.8%。参阅严中平等编：《中国近代经济史统计资料选辑》，210页，北京，1955。

③ 《北华捷报》，1917-02-10。

④ 虽然李宗仁被认为是"进步"军人，但是，在1922年从赌税中得到的收入占他总收入的1/3。参阅：《春秋》，第244期，19页，1967-09-01；黄绍竑：《五十回忆》第1卷，77~78页。

⑤ 《北华捷报》，1923-04-23。

是如此。①

当需要很快得到一大笔款子时，军人通常向地方商会索取，因为这些团体特别容易敲诈。在20年代，这是军阀向城市征款的普遍做法。如果全部款项数目没有及时收齐，军阀就允许士兵抢掠。被打败的军队要得到一笔路费才肯离开，新的征服者公开声称他们无力制止士兵们的胡闹，除非交出一笔"欢迎费"。无助的小商人和居民没有别的办法，只好照办。

军阀财经政策的评价

很清楚，地方军阀政府的财经来源远远超过北京中央政府。关键在于对地区的控制。除了关余和一定程度上包括盐税外，中央政府就没有超过地方政府的地方。

中央政府的财经地位从1911年辛亥革命以后就不再是巩固的了。部分是因为日益增长的消费，部分是因为某些省停止上交税款。到袁世凯死时，达到了危急关头。据财政部长曹汝霖说，中央政府1917年的总收入仅1.44亿元（Ch.$），政府被迫靠大量的借款弥补2.5亿元（Ch.$）的赤字。②

1920年后，直系成为处于经济危机中的新政府的统治者。虽然直系的军事力量有将近四年的时间超过其所有的对手，但北京政府的财经地位并没有得到改善。直系军阀仍然把他们的地区看成是财经的独立王国，不仅不向北京交出财政管理权，甚至还要求北京给它发放津贴。③

因此，即使北京政府由一个很强的军阀派系所统治，其财经地位仍然是不巩固的。军阀们承认财经分散现状，以维持统治，不愿改变它以遭到

---

① 例如，1925年当山东与冯玉祥交战时，张宗昌在土地税上附加了4种新的税收。其总数约4倍于原先的土地税。参阅：《张宗昌统治下的山东》，《向导》第131期，1925-09-25。

② 曹汝霖：《一生之回忆》，171页。

③ 例如，虽然吴佩孚早已控制了河南和京汉铁路的收入，但仍然于1923年12月要北京政府付给其军队15个月的欠款，共计554万元。财政部无法满足这个要求，吴佩孚只得到20万元。《密勒氏评论报》，1923-12-15。

朋友和下属的反对。他们利用北京政府作为另外的收入来源，但不愿意放弃自己的权利去加强北京政府的地位。只要这种想法存在，北京政府就没有好结果。因此，当直系统治时期，就没有努力坚持中央政府对直系地区征收和处理税收的权力。每当出现财政危机时，就任命一个新的财政部长来寻找尚未发现的新财源。① 一旦这些钱像往常那样很快用完后，一次新的财经危机就随之而来，因此又有另一个财政部长上任，并制定出新的临时解决办法。1924年直系垮台后，后来的北京政府更没有力量作必要的改变。在这样的政治情况下，中央政府的财经地位肯定不会巩固。

虽然军阀们的地位比中央政府更有利些，但是他们还是面临着日益增长的经济需求。1916年后，各省的费用都猛然上升，其中增长最多的是军事费用。要动员更多的士兵，消耗更多的武器和弹药。

大多数军阀都没有留下其战争费用的记载。我们的资料虽然不完全，但可以清楚地显示其变化趋势。根据曹汝霖的材料，段祺瑞政府在湖南10个月的战役中，向日本借了1.05亿日元，或8 400万元（Ch. $）。那就是说，北京政府为1918年的战争每月平均支出约800万元（$）。②

第一次直奉战争持续了一个星期。张作霖在失败后，承认这次战争消耗了他大约2 400万元（$）。③ 也就是说，1922年的战争，每天的费用大约等于1918年战争中一个月的费用。1924年第二次直奉战争中，费用更是大大增加。在那次战争中，奉系花掉了5 000万元～6 000万元（$）。④ 1924年善后会议报道，1924年战争消耗的军事费用总额达到了令人惊愕的数字：3.5亿元（$）。⑤

1924年，像其他许多方面一样，战争费用方面也标志了一个分水岭。

---

① 《历史研究》，第2期，118页，1955年4月。
② 曹汝霖：《一生之回忆》，169～171、175～176页；《北华捷报》，1918 - 05 - 11。
③ 《孤军》第1卷，第2期，1922年10月；无聊子编：《第二次直奉大战记》第3章，33～34页。
④ 颂皋：《奉张入关与北京政局》，载《东方杂志》第22卷，第13期，1925 - 07 - 10。
⑤ 《善后会议公报》第2卷，27页。

1924年前，战争比较容易确定界限。在战争中，参战人员有限，敌对活动一般在比较短的时间内结束，而且在下次战争开始之前，有一个较长的和平期。但1924年后，战争连续发生，只是偶尔出现短暂的间歇。因此，对战争费用的估计就比较困难了。

但有一个事实是清楚的，就是1925—1928年间战争的费用继续逐年上升。奉系、直系和冯玉祥的国民军之间的互相作战每个月都要花费几百万元。1926年5—6月后，国民党也开始发挥它的作战才能，它的作战步伐与战争费用同时日益增长。国民党的财政部长宋子文在1928年报告说，在整个北伐时期，要求他每隔5天向军队提供160万元（$）。① 这个数字说明国民党每年军事费用总额为1.15亿元（$）。这确实令人震惊，特别是因为只有几支国民革命军是由国民党直接供给经费的。

因此，可以看到这样一个清楚的趋势。清末整个国家的每年军事费用一般不超过1亿元（$）。② 1916年反袁斗争时，军事费用总额约为1.42亿元（$）。到了1928年，军事费用剧增到8亿元（$）。③

由于传统的财政制度无力满足日益增长的费用，各地的军阀被迫使用赤字开支。④ 在较富裕的省里，虽然他们的收入比较多些，但情况并不见得更好些。相反，这些省的军阀常利用这些省的财富建立更大的军队。例如，四川是个富省，但它也是军事费用最高的省份之一。⑤

军阀们的军费一直上升，但原来的财经系统则太松散，无法满足迅速增长的需要。结果，大多数军阀发现必须在传统的税收之外寻找收入。我们已经叙述过他们是怎样得到这些额外款项的。现在，我们要分析军阀们

---

① 《中国年鉴》，635页，1929－1930。

② 《北华捷报》，1921－02－05。

③ 引自C.L.聂：《中国工业发展的问题与前景》，38页，太平洋关系之中国研究学会，1933。其他年份的数据可参阅：《北华捷报》，1921－02－05；《孤军》第1卷，第4~5期，1923－01－01。

④ 《善后会议公报》的材料表明，各省的军费开支都超过固定收入，有时甚至超出两倍。

⑤ 根据北京政府财政部财政整理会的材料，1924年四川省的预算税收总额为1 254万元，而军事费用为2 651万元。参阅张肖梅：《四川经济参考资料》，17~18页，上海，1939。

的整个财政过程是否合理。

一般说来,军阀最重视维护他们在国家政治生活中的权力和地位。首先要求控制一定的区域,拥有一块地盘不仅是为了有较好的防御地位,而且也是为了有可靠的财经来源。以这样的目的去管理一片地区,很明显会使这个军阀处于恶性循环之中。为了保护新得到的地区,这个军阀就需要扩大其军队的规模,他还要奖励为其尽过犬马之劳的下级。他常以这一地区的一部分、或金钱、或答应扩充他们的军队来奖励这些下级。为了满足这些要求,这个军阀就要有新的收入。

因此,军阀们往往被驱使去推行扩张主义政策。他们的力量愈强大,他们的政治地位就愈有保证。但是他们愈是强大,他们需要满足下级日渐增长的报酬也就愈多。所以,防守地区的需要常常要求有更多财源与更大地区,而它们又反过来造成更多的防守需要。

这些军人合理的做法,应该是力求经济自给。为达到这一目标,最起码应该筑起一道经济之墙以挡住对手的任何敌对性影响。但更重要的,是在健全的基础上发展他们的政治和军事力量。他们必须在其地区内加强经济管理,开发新的资源,更有效地动员和利用现有资源,以长期发展经济。但是,事实上,军阀们的经济政策阻碍了这些目标的实现。

分析了军阀政府的经济政策之后,我们知道土地税是经常收入的最主要来源。土地税的主要负担不可避免地落在农民肩上。苛捐杂税、高利贷和越来越多的人口造成土地的紧张,以及农村的上层——士绅——逃入城市,使得传统农业中国的社会组织和经济均势无法弥补地遭到破坏。在这种不利情况下,农村经济必然严重恶化。如马若孟指出的,如果高额的租税继续下去并日益增长,"农民就会对农业投资失去信心",那么就会造成生产力和产量的下降。① 在遭受军阀主义严重打击的地区,情况确实如此。

除了基本的土地税外,军阀所采取的其他增收办法对经济同样产生不良的影响。厘金给商业设了无数关卡,它对农民也起压制作用。因为农产

---

① 马若孟:《中国农业经济》,276～277 页。

品往往是大量的，是最好的勒索目标。另外，检查站的耽搁使鲜货腐烂，造成巨大损失。

此外，运输系统很不充足，有限的铁路设备常常被内战所破坏。军事危机到来时，许多车辆被征军用，而农产品只好烂在地里。正如马若孟所叙述的："通常从农村运向主要市场的大宗商品，如棉、麦、花生……减少了。迫使生产企业的设备能力只有 1/3 到 1/2 在运转。雇工也减少了，许多依靠这项工资收入的农村受到损失。"①

军阀不道德的货币政策进一步降低了货币的信用，并使人民贫困化。工商业也遭到破坏，每个地区有它自己的不稳定的货币，地区之间交换产品常常受到阻碍。例如，在东北一切交易都使用奉票。但是当东北与上海交易时，就要使用金条或声誉较好的外币。②

更重要的是，政治不稳和内战，使任何长期投资非常不安全。财产权缺乏保证，使最有事业心的投资者也失掉了信心。中国民族工业经常成为军阀敲诈的不幸牺牲品。③ 即使工业资本家设法对付军阀的勒索，幸免于许多"官僚政治的腐化"，但他们仍会受到混乱的货币制度的袭击，使在中国进行长期工业投资是不明智的。这样的政策无疑使中国的资本和投资转向不属于军阀管辖的开放港口的国际租界。④

从中国整个情况看来，很清楚，大部分军阀的财经政策决不会增强这

---

① 马若孟：《中国农业经济》，277 页。
② 《马寅初演讲集》第 2 卷，16～17 页。
③ 中兴煤矿是一个典型例子，中兴是中国民族工业，是国内第三大煤矿。1925 年前每年利润 200 万元（Ch. $）。1926 年，张宗昌统治了该矿所在地山东，他要这个矿给他大笔税款。该矿利润猛跌至只有 5 000 元（Ch. $）。国民党把张宗昌赶出山东后，国民党也要这个矿给它大约 100 万元（Ch. $）。结果，在 1927—1928 年间，这个矿每年遭受 150 万元（Ch. $）以上的损失，使它几乎濒临破产。参阅朱其华：《中国社会的经济结构》，340～341 页，上海，1931；严中平等编：《中国近代经济史统计资料选辑》，155 页。
④ 例如，在上海，在国际租界有 3 421 家工厂，雇佣工人 170 704 人。中国自治地区有 2 676 家工厂，工人 245 644 人。充分说明资本投资过分地大量集中在这个城市的租界部分。参阅墨费（Murphey）：《上海：现代中国的关键》，168～169 页，坎布里奇，1953。

些地区的长期统治，相反，最终只能导致破产。

我们怎样解释军阀的经济政策的目的和方法之间的明显矛盾呢？他们又对这些矛盾毫不在意吗？为了回答这些问题，我们必须较深入地探索军阀统治的政治特点。

军阀的经济政策立足于全力保持其现有的实力。他们不得不采取适应战争的政策，要求以最大的努力使军队保持高度的备战状态。留恋本地区是不现实的，因为他们对该地区的管辖可以随时被终止。而且，从一个地区中能提取的财源是有限的，民族工业计划与军事用途都需要经费。更合理更平衡的发展经济应该是长期稳定的，同时生产更多的枪炮和更多的黄油。但军阀们没有时间，他们要不断地警惕对其权力哪怕是一丁点儿的威胁，并全力弥补一切差距。如果他们投入长期的经济建设，就很可能在突然的军事行动中被敌人甩在后面，而不能收获他们的劳动果实。权力经常变化，专心于长期目标是危险的。

因此，军阀们不是通过发展工商业、改进教育和巩固农业的办法，提供能力和资源，创造真正的资本利润和积累，以达到长期产生更多的流动资本供应军队经费的政策，而是采取剥削的政策，虽然在短期内得到大笔款子，却很快耗尽了国民经济。战争结束后，财富经过如此掠夺式的严重的搜刮，不是被破坏，就是被削弱。即使胜利者的情况也是如此。战争对于人民是直接和强制的消耗，他们的最后财富都被榨尽，再也没有力量进行经济建设。而最后，甚至支持内战的能力也削弱了。

这样的经济情况还有另一种具有政治意义的结果，我们曾分析过政治分裂怎样形成经济崩溃，随着时间的推移，经济分裂又反过来妨碍政治统一。那些大军阀企图巩固他们派系内部组织时常常遇到不可克服的经济障碍。这个派系由几个较小的军阀所组成，他们各自统治一块地区。在正常情况下，这些较小的军队实际上控制着地方上的税收机关、交通要道和银行钱庄。当他们的地区扩大到可以建立一个全面的经济体系时，他们就可以独自行动。也许制止这种趋势的唯一手段是使用强制力量，但这是将有损于扩张的法则。为了扩展，军阀要授权和分工。而一旦取得了胜利，旧有的敌人被消灭了，新生的敌人则可能在自己内部形成，即过去常常受到以地盘为酬劳的那些下级。在这种情况下，旧有的敌对活动被新生的竞争所代替，而各自地区内原有的经济势力是很难削弱的。

但是，不要认为经济统一是不可能的。派系对他们的成员进行强有力的集中经济管理的情况还是有过几次，这种情况一般发生于军事胜利的高潮，并且是短期的。军队是经济统一的必要组成部分，但光靠军队是不够的，派系和成员之间的经济关系只有当成员的经济地位被削弱时才能改变。只有当他们独立的收入来源被剥夺，需要依靠派系来供给经费、食物、武器和弹药时，这些成员才忠于这个派系。从这个意义上说，经济问题不能孤立地解决，而必须与军事、政治问题联系起来才能解决。

国民党是通过灵活的军事活动和行政管理相结合的方法达到了经济统一的唯一吸引人的例子。

1923年前，国民党政府只是名义上存在，地方税收为地方军阀所严格把持。国民党不敢派税收员到农村去，因为他们会被赶走，被监禁，甚至被杀害。[①]

建立黄埔军校和镇压广州商团叛变，标志着国民党开始排除经济障碍。在后两年中，这支新的军队成功地推翻了地方军阀，并从上面直接进行统治。这个党采取的许多新的做法之一，就是军队和地方行政职能的严格分离。被征服地区的行政和经济事务的管理工作立即委托给党的工作人员。[②] 因此，军队被剥夺了获得一片地区的机会，被迫依靠党给以给养。对于军政府和它的军队之间的关系来说，这确实是一个革命性的改变。

国民党还制定了一些其他的经济措施值得我们特别注意。

第一，1925年6月镇压了云南和广西军队以后，财政部成为负责管理经济事务唯一政府部门和接受收入的唯一机关。

第二，政府试图大力削减额外的租税，克服贪污浪费，建立了检察系统和反走私局，废除了包税制，建立了预算制度，通过预算委员会所有的拨款都应该是清清楚楚的。[③]

---

① 当时国民党的主要收入来源靠海外华侨的捐款。这时，政府非常贫困，所有官员，从部长到办事员，每月只有20元的薪水。参阅：《革命文献》第7辑，18~19页。

② 同上书，第20辑，1572~1582页。

③ 《中国年鉴》，1338~1339页，1928。

第三，政府精简通行税，对商品只收一次税，而不是在不同的厘卡上收许多次税。

第四，开始时在苏联借款援助下，国民党银行发行了统一的货币。它的货币甚至为海关所接受（具有其他一切货币所没有的作用）。随着国民党军事行动的胜利，它的货币信用大大增长了，甚至在不是其统治的地区内通行。银行的信用如此之高，以至于1926年银行的私人储蓄增长了6倍。①

这些措施说明国民党企图在省的基础上实行一系列促使经济统一的政策。虽然军费开支仍然是最主要的——大概占消费总额的80％——但是它已认识到军事任务和国民经济建设之间的联系。

实行这些措施所取得的成就是很鼓舞人心的。最显著的收获是收入的迅速增加，从1924年的800万元（Ch. $）增加到1926年的8 000万元（Ch. $）。两年中增长了10倍。② 同样重要的是重新调整各种税收。土地税原来在收入中占第一位，到1926年下降为第7位，仅300万元（Ch. $），约占总收入的4％。运输税成为各种税收中的第一位，占总收入的近15％。收入的最大部分是政府和银行的公债，占总收入的30％。③ 这些数字说明了各阶级的财政负担更为公平了。农民的负担明显减轻，普通消费者的负担大致没有改变，而富裕阶级的负担在比例上和绝对数字上都大大增加了。

使国民党得以显著恢复的重要因素是苏联的援助。虽然两国之间经济上的密切关系早已为人所熟知，但因为两方面都不愿谈到，其详情一直被保守秘密。有材料说苏联给黄埔创办经费250多万元（Ch. $），给国民党中央银行营业费1 000万元（Ch. $）。④ 当国民党为独立自主而奋斗时，这些经费是很重要的。

从我们分析各派的经济情况中可以清楚地看到，除国民党外，大部分派系执行的是自取灭亡的政策。如果要达到自给自足的目标，那么军阀就

---

① 《革命文献》第20辑，1616～1622页。
②③ 《革命文献》第20辑，1677～1682页。
④ 邹鲁：《中国国民党史稿》，290、299页，重庆，1944。

应不遗余力地促进商业、建设业，制定健全的财经政策，建立起健康的经济结构。也就是说，他们应该创造财富，而不是去消耗它。一般来说，军阀的行动所产生的是显然相反的后果。

不能简单地说这个矛盾是由于军阀的行动违反一般的常识，他们并不是看不见这个矛盾，而是无法进行别的选择。他们处于被下级或敌对的邻居推翻的经常性威胁之中。这就是为什么军阀把相当大部分的收入用作防守需要的原因。而且，其地盘的不稳定使他们感到设计长期的经济发展是枉费心机，没有稳定的地盘，就没有建立行政机构的积极性，没有一个廉洁有效的行政机构，就没有管理经济和利用税收的单位。没有健全的经济，军阀就不能成功地保卫自己的地盘。因此，虽然要求自给和剥削政策之间的矛盾不能逃过比较有点头脑的军阀的仔细研究，但这种恶性循环是不容易克服的，一旦他们得到了一块新的领土，为了巩固他们的军事地位，就得从那里索取一切可以得到的东西，并准备对付随时可能发生的外来危险。

因此，大多数军阀所面临的经济问题不能用经济的方法来解决。更重要的是政治问题，只有少数几个军阀有幸长期统治一块地区。如阎锡山在山西，张作霖在东北，国民党在南方（别的地区如湖南、云南、四川和贵州，相对来说，较少受到外来进攻的影响，但他们仍受到内部权力的经常改变，因此，他们的不稳定不亚于他们的北方对手）。只有安全地区的政权把他们的收入的重要部分用于经济发展。因为只有这些政权充分自信他们的力量不会因失去土地而受到削弱，并以建立强大的经济力量来承担战争费用的办法，使他们自己更加安全。所以，在所有的北方军阀中，只有山西和奉系能生存到这个时期的最后一天，这不是偶然的。

在北方军人中，把冯玉祥和阎锡山作一比较是会有所启发的。他们两人都是经济建设的热情支持者，在许多具体做法上，冯玉祥与阎锡山很相像。导致阎锡山成功而冯玉祥失败的根本原因是冯玉祥缺乏一块安全的地区。1926—1927年间，当阎锡山将投入行动时，冯玉祥早已被打得筋疲力尽，处于崩溃边缘，只是由于决定与国民党合作，并得到了相当大的外援，才救了他。原因很简单，就是因为冯玉祥没有长期统治的基地，不能长期提供大量的费用。

像冯玉祥这样的困境，大多数军阀都存在，歼灭战和消耗战只能靠自己的发展或大量外援的充足经济来支持，领土上和经济上容易遭到攻击的军阀，在交战中很快就会被消灭，即使是地区安全的军阀经过20年的作战也会很快被耗尽。在这期间一切都是可以想象的（或意想不到的），榨取人民的办法都试过了。而到了1927—1928年间，他们被迫与一个至今没有深深卷入派系战争、现在刚刚开始展现力量的敌人（国民党）打一场大仗。在这样的对抗中他们遭到失败，可以简单地理解为是他们经济情况的较量。

国民党提出了比军阀更加合理的经济政策，国民党开始处于一个很不利的情况，它的成功主要是由于能在长期目标和目前需要之间保持了合理的平衡。但是，评论它的成功时，我们不能忽视当时的特殊环境。如果北洋军阀没有给予国民党一个比较长期的隔离状态，它的成功是不可能的。这种隔离状态使国民党排除了一个又一个的内部障碍，制定了一系列方针政策，最后巩固了它的经济地位，而这时其他军阀的经济来源却已耗尽、枯竭了。

第八章　军阀政治的行为准则

到目前为止，我们已叙述了军阀统治的主要方面。由于一个人的政治行为最终是受其做人原则支配的，因此，我们不可避免地要涉及军阀的一般社会准则的由来及其基本内容。在任何政治体制中，都必然存在着一些为人们共同遵守的行为准则，即使这些准则在他们的政治生活中只起着相当有限的规定性作用。在这一章里，我们将探讨形成军阀政治行为的标准和原则。我们将先叙述军阀的个人原则和特点，然后总结出他们的行为准则，指导他们互相交往的法则。最后，我们将分析军阀们试图建立其统治的基本政治原则。

虽然最近已有一些关于中国人政治行为的研究，但涉及的大都是关于中国人整体政治属性的方面。到目前为止，还没有系统地研究这些属性是否为所有政治人物所具有，这些属性在多大程度上影响了特殊人物的政治活动。我们现在还没有资料进行这样深入的研究。但我们可以进行的初步尝试是认识形成军阀政治概念以及对其政治行为起较大影响的某些基本原则。

个人行为准则的特点

关于军阀的社会准则问题，目前存在着意见分歧，一种观点认为军阀一般没有什么原则可言，反复无常，非常任性。另一种观点认为军阀遵循一定的行动准则。① 我认为军阀不能也没有按他们自己所期望的方式行动。我们在这一章后面的分析，将证明军阀的行动受一定的约束，他们也充分意识到其行动的后果。在这个意义上，我们认为军阀有一定的政治原则。

---

①　例如，陈志让指出，许多军阀是孔子封建传统的卫道士，其中有人甚至专门写文章说明孔孟之道及其政治主张的关系。参阅陈志让：《中国军阀和他们的派系》，载《远东和非洲研究会会报》，第3部分，569～570页，1968（31）。

孔子思想在中国历史上，甚至在民国初期还有普遍的影响，它通过国家考试制度、刑事法典、家族制度以及不时发生的思想运动，自觉或不自觉地深深渗透在中国人的头脑中。但是，必须说明，常常存在着正统的孔子思想和对其通俗化的解释、经典的和民间的、或"大"和"小"流传渠道的区别。雷德菲尔德（Robert Redfield）曾说："大的流传渠道是通过学校或寺院，小的渠道则是在农村没有文化的人中间流传"①。

中国曾长期被认为是具有民族文化的国家，民间的流传与大渠道的流传之间很少有明显的差别。我个人认为，除了家族和家族体系及其大众信仰的宗教活动对农村社团成员产生很大的影响以外，群众性流传的内容和大众化文娱活动的形式，对社会个人也产生巨大的影响。换句话说，传统的故事、民间歌曲和戏剧，可能比孔子经典对形成大众的价值取向和态度模式，产生更大的影响。

这个差别可以帮助我们更好地理解军阀主义价值系统的来源和内容，军阀中很少有人受过正规的孔子思想的经典教育，有的人根本就目不识丁。我认为这个时期绝大多数军阀的社会准则是来自"小"渠道的，通过民间传说和对正统孔子思想的通俗解释而得到的。因此，我们需要调查民间渠道广泛宣传的那些准则，并研究它们在形成一般军阀思想和行为方面发挥了怎样的作用。

在中国民众中最有影响的文化形式无疑是说书和戏剧。在这些说唱中，经久不衰的书籍可能不超过十几本，大部分是用白话文写成的，所以任何一个有起码阅读能力的人都能看懂。② 那些不能阅读的人都可以通过遍地皆是的说书人了解它们的内容。③ 这些小说为京戏和地方戏提供了素

---

① R. 雷德菲尔德：《小团体与农村社交及其文化》，42～43页，芝加哥，1963。

② 它们包括《三国演义》《水浒传》《西游记》《施公案》《彭公案》《七侠五义》《岳飞传》《红楼梦》《西厢记》，等等。

③ 讲故事如此大众化，以至于它本身发展为一门重要的艺术形式，名为"说书"。讲故事所受欢迎的程度，可以从冯玉祥自传中的一段话中看出："我们的班长李原堂特别喜欢讲《三国演义》，每当他开始讲故事时，立刻吸引了大量听众，听众总是如此专心听讲，以致没有一个人敢大声咳嗽。"参阅：《我的生活》第1卷，38页。

材。尽管这些有限的节目已经很长时间没有改变，但农民仍然成群结队前去观看。舞台演出是重要的，不仅因为它是大多数村民的唯一娱乐方式，也因为它们被认真地真正作为传授道德标准和指出人们应当追求之目标的途径。①

一个对军事感兴趣的人可以从这些小说和传奇文学中找到许多英雄人物和模范行为。中国人有这样的习惯，在青少年时期选择一个模范人物，在后来的生活中时常模仿他。② 一旦选定了目标，他就使自己的生活尽可能与这个英雄人物相一致。他会设法详细了解这个英雄，并根据这个英雄面临的相似的问题来理解他自己的问题。在这个过程中，这个人就在自己的内心中树立了一个特殊的形象，并逐渐把这一形象强加到当前的政治现实中去。中国的军阀当然选择前几个世纪的军人作为他们的榜样。因此，《三国演义》和别的大众化作品中的相似人物，对军阀具有极大的说服力。

那些为数不多的普遍观念体现在小说、评书和舞台演唱之中。这些观念对于下层社会的各阶层，以及从中生长起来的20世纪初期的军阀们来说，可谓渗入骨髓。

首先，任何熟悉军阀行为的人，都能很容易地看到传统的家庭关系对他们产生的强烈影响。虽然他们生活在传统的家族主义早已被受西方影响的知识分子猛烈攻击的时代里，但军阀们作为一个集团，却很少受到影响。即使那些最声名狼藉的军人，都以有几个孝顺的儿子而受到尊重。

与孝顺行为同样重要的是，依靠特殊关系组成政治网络，以及一个人在道义上有义务帮助比他境况差的亲戚的信念。我们在前面关于派系内部构成的讨论中提供了大量的证据，说明主要和次要关系的重要程度。事实

---

① 冯玉祥的自传对这些演出怎样在其青年时期留下了不可磨灭的印象，并形成了他后来的个性，做了生动的说明。参阅：《我的生活》第1卷，23～24页。《三国演义》对军阀的影响相当大，不仅因为它流传最广，也因为故事所描述的时期与20世纪初期的政治形势惊人地相似。《三国演义》中充满了具有最好的军人美德的人物。它的主人公之一关羽，被全国人民称颂并且被神化了。参阅：《定县调查》，398～401页。

② 关于这方面特性的详细叙述，可参阅 R. 鲁尔曼（R. Ruhlman）：《中国通俗小说中的传统英雄》，刊于《孔子学说》，141～176页，斯坦福，1960。

上，某些军队简直成了家庭的事业单位。随着传统政治秩序的瓦解，裙带作风更加泛滥。①

其次，军阀的个人忠诚与政治忠诚的分离，这是长期以来人民不关心政治的反映。通常，军阀对待个人忠诚相当认真，而对政治忠诚则迥然相反。政治利益会造成暂时的结合或敌对，但决不会允许它们伤害紧密的个人关系。这就可以解释这种情况：两个军阀的士兵正在激烈交战，但都能克制，不伤害对方的人。②

最后，军阀的高度的戏剧性和超凡的个人魅力。他们中许多人设法编造一个传奇的经历，认为这样可以加强自己在人民中间的合法性。一般的军阀喜欢具有特殊身体特征的名声，因为根据中国民间传统，只有不平凡的人才会有不平凡的特征。身体的特征或特殊行为对民众来说具有一定的重要性，这可以从许多军阀得到了夸张这些特点的绰号得到证明。因此，就有"长腿将军""狗肉将军""红胡子土匪""龙""虎""狗""快马""大舌头""青天"等等绰号，都使人联想到了中国武侠小说中的人物特征。P. 巴克（Pearl Buck）曾有许多机会密切观察这些军阀。他曾评论道："我所知道的军阀没有例外地都有天生的不平凡的能力，具有特殊的个人魅力，富有想象和力量，常具有朴实的诗意。总的来说，他们具有高度的戏剧性。军阀们认为自己很伟大，伟大得像古代传说和历史上那神奇英雄一样。那种英雄在中国古典小说中是不可缺少的。实际上，他天生就

---

① 甚至像吴佩孚这样具有正直、廉洁声誉的人，也不例外。当吴佩孚担任直鲁豫巡阅使时，委任其妻弟为运输局局长和洛阳汽车公司董事长。他还委任一个姐夫为军需局局长，另一个姐夫为北京政府华侨事务局副局长。参阅章君毅：《吴佩孚传》第2卷，440~445页。

② 这种对待忠诚的二元论态度，从军阀对待被废黜的皇帝和其宫廷官员们的态度可以得到最清楚的证明。皇帝继续得到尊敬，保留国家元首待遇，他被允许保留他自己的宫廷并在紫禁城内的管辖权。中华民国政府和清朝廷之间的关系就像两个主权国之间的关系。军阀们仍在节日或其他机会热切地聚于朝廷。依据传统礼节，他们要向尚处于儿童期的皇帝表示敬意，包括磕头。他们还迫使民国政府优待清皇朝。结果，在洪宪年代和反复辟运动中，朝廷的地位没有受到严重的伤害。军阀们乐于这样做，把忠于朝廷视为美德，虽然他们自己在推翻清皇朝时也曾起过作用。其他严格遵守个人忠诚的事例还很多，违反这个原则会带来十分不愉快的后果。

是一个人物。"①

铺张的生活是标志一个人上等地位的另一个重要方法。传统社会中的士绅，过着一种摆阔气的、挥霍浪费的生活，他们以给下人加深这样印象而自鸣得意。一般的军阀就学他们的样。特别值得注意的是，因为许多军阀出身于下层社会，过去过的是艰苦生活，现在有权之后，就挥霍浪费。这不仅是因为他们要享受一番，而且也因为他们认为铺张的生活会博得人们的尊敬。因此，他们居住宫殿式的房子，雇佣大量仆人；经常举行奢侈的宴会，沉湎于狂赌滥饮、放荡不羁、花天酒地的生活。一个军人如果想节约这些开支，就会被轻视，很难交到朋友和运用权力。

这样的排场也成了指导军阀官方礼节的重要部分。② 在外交关系中，他们的行为要与其官方地位相适应地表达，最重要的，他们不能做任何被认为是有失面子的事。

过分地关注自尊心和顾全面子，使军阀之间面对面的谈判很难得到建设性的结果。哪一方也不愿有失面子去屈服对方，交换意见和探索决定变得十分困难。最高级的外交谈判由于军阀们的社会地位而很少取得成效。融洽和友谊被认为非常重要，所以军阀之间往往不愿互相公开争执。因此，或者是回避了难题，或者达成了某些抽象的决议。事实上许多具体问题遗留下来并没有得到解决。大多数中国军阀更愿意把外交任务委派给他们的下属。

对待其他军阀的行为准则

在这个动荡不定的时期里，战争与和平的问题经常在军阀思想中占据首要地位。某些"竞赛规则"的存在具有更为重要的作用。每个人都需要

---

① P. 巴克：《中国军阀》，载《周末晚报》，第 205 期。
② 例如，当张作霖于 1926 年胜利进京时，一般交通被停止，路上不许有行人。1.5 万名警察和士兵站岗守卫，路上铺了一层黄沙。参阅：《东方杂志》第 23 卷，第 14 期，142 页，1926-06-25。在过去帝制时代，皇帝才有这样的荣誉。虽然张作霖个子很小，但在他的客厅里有一把硕大的宝座，两边各装饰着一只吓人虎头。

一些原则来衡量别人的行为和自己的行动。虽然当客观情况发生变化时，这个原则会被修改或被认为过时，但1916—1928年间的大部分时间里，行为准则具有相当大的稳定性，很少有变化。

下面是军阀行为规则可辨认的一个证明。当一个军阀行动时，他的选择是有约束的。主要准则是必须使他有一个成功的政治生涯，侵略的暴行会造成大量的损失，这会使他的一生遭到挫折或受到其他军阀的惩罚。没有集中的机构强迫执行这些准则，他们是从暴行所造成的侵害后果中得到这样的结论的。在这方面，派系关系类似国际关系，每个成员都遵循一定的法则。

在和平时期的行为法则中，外交活动在军阀关系中占有重要地位。几乎所有的大军阀都在别人的司令部里安插了自己的人，处理一些日常工作，如收集情报，互通信件，参加仪式和社交活动。如果卷入十分严重的事件时，就派一个拥有较大权力的特使去处理。使者的不可侵犯原则是被严格遵守的。①

在另一些场合，军阀之间也召开会议，如1916年的南京会议，1921年的天津会议，以及1925年段祺瑞、张作霖、冯玉祥的会议，都包括了那些最大的军阀，还有很多较小的军阀参加的其他会议。这些重要会议的参加者没有一个曾遭到当地军阀的逮捕、扣押或伤害，即使这些行动可能含有直接的好处。②

对于其他派系的领导人和外交人员的豁免权，可能有两方面原因。首先，最主要的，军阀们共同分享一种特殊的政治亚文化，即一种政治运动员精神（指竞争中不对对方玩弄小动作。——译者注），因为他们中间有多种错综复杂的个人联系；背信弃义的行为会遭到同代军阀的指责。冒犯者所得到的直接好处会被社会的排斥、公众的谴责以及报复行为所抵消。其次，同样重要的是，个人的外交是军阀之间交往的主要手段。尽可能保

---

① 例如，1924年第二次直奉战争前，曹锟三次派遣他的弟弟与奉系进行和平谈判。作为互相交换，张作霖派了他的一个内弟与之谈判，一般使者的安全是有问题的，但军阀派其近亲去则没有危险。

② 例如，张作霖在1920年战争的前几天去拜访了段祺瑞，当时早已清楚他会与段祺瑞的敌人联合，但段祺瑞并没有想绑架或杀害他的意思。张作霖回去了，并向皖系宣战。

持这个渠道对每个人都有好处。因此，这种克制可以归因于道德标准和害怕报复两方面。

在战争时期有另外一些行为准则。首先，战争之前通常要正式宣战，没有警告就不发动进攻，被普遍认为是军人的道德。公开宣战、公开的战争被认为是一个军阀应有的起码标准。有代表性的是，在真正的敌意行动开始之前，主要的敌手之间有相当一段时间以一系列的通电进行互相谴责。这主要是一场心理战，为了孤立敌人，争取中立者。需要说明的是，大多数的谴责侧重于责备敌人违反了传统的个人道德而不是历数他在政治方面的功与过。子女的不孝顺，对友谊的背叛，对上级的不尊重，或违背了家庭关系的准则，为这样的谴责提供大量的弹药。①

从实际意义上说，落后的军事技术和不便的交通状况，大大降低了从突然袭击中得到巨大胜利的可能性。此外，所有的军阀都使他们的军队随时处于最高限度的备战状态。在受到攻击时，可以立即作出反应。因此，一个军阀如果发动一场未经正式宣战的战争时，他得不到什么好处，相反，他受到的损失将更多。

军阀一般是有理性和讲求实际的政客。在现代中国政治生活中，他们可能是最缺乏思想倾向性的集团。他们制定政治计划和决定战争与和平这样重要的问题，不是根据个人的思想观点，而是根据力量的对比。他们认为自己是在进行一种"游戏"（game），参加进去是因为各自权力地位的需要。应该说，军阀们是职业性的互相对抗，而非出于个人之间的相互敌意。② 官方的

---

① 白鲁恂分析了军阀的大约300份通电、讲话、声明和会谈，说明涉及"个人交往""人身攻击""关于道德方面"的内容，大大超过了其他内容（如关于共和国纲领或反帝问题）。参阅：《军阀政治》，图表7—1，及其第116页。

② 关于不计个人仇恨的最突出表现，据说发生在四川。据张仁君说："四川的军官在内战中是最文明的。例如，当两个相敌对的军队在成都或重庆郊外激战时，他们的军官可以在同一张桌上打麻将，两方面的下级到桌子上来报告战争的进展情况。麻将打完后，他们仍然像朋友一样分手。胜利的一方会立即保护被打败的军官的家庭，如果被打败的军官有父母或其他长辈住在这个城里，胜利的军官会进行个人拜访，去慰问他们，看看他们是否每月都能得到钱和礼物。因此，虽然四川经常发生内战，但从来没有个人的憎恨或残酷行为。"参阅张仁君：《策动川黔两省参加北伐之回忆》，载《春秋》，第98期，3页，1961-08-01。

和私人关系之间的区别划清以后，所发生的冲突就可以限于官方的领域之内。因此又产生了另两条重要的行为法则：军阀们在战争中并不互相杀害，胜利者并不杀害或监禁被打败的对手。

因此，虽然发生了许多大大小小的战争，但军阀的死亡却是很少的。一份官方的详细记录说明，在1916—1922年间4次战争（反袁、反复辟、直皖、直奉）的结果，只有41个人被指控为战犯。这些人中只有10个人是职业军人，其他31个人是军阀的雇佣人员或私人顾问，其中只有3个人确实被逮捕了，那是在混乱中间被士兵无意捉住的，而不是被警察或法院逮捕的。① 这些事实说明，大多数军阀不愿被报复，他们不愿意排斥将来会有合作的可能性。

虽然战争几乎天天发生，但是北洋军阀谋杀另一军阀的情况只有少数几例。② 确实，如果把1916—1928年间军阀中间的暴行罗列下来，不会超过一打。而如果犯了暴行，那么来自军阀群体的压力是如此之大，以至于使实施暴行的人很快会感觉到，这种做法一定是得不偿失的。③

军阀们为了在一个非常不稳定、互相之间很难预测究竟是友还是敌的政治制度中生存，他们的共同利益是把矛盾冲突的严重政治后果降低到最小限度。当然，只是当大多数军人彼此互相了解并且具有某些共同的基本

---

① 《民国十五年以前之蒋介石先生》，954、966~967页。

② 包括冯玉祥1922年枪毙宝德全和1921年杀死郭坚；郭松龄杀死姜登选；张作霖杀死郭松龄。冯玉祥的行动极大地激怒了吴佩孚，使他自己在直系造成许多麻烦。郭松龄的行动如此激怒了奉系其他军官，他的叛乱由于缺乏支持，不到两个月的时间就失败了。参阅冯玉祥：《我的生活》第2卷，167页；沈亦云：《亦云回忆》，236页，台北，1968。

③ 可以拿陆建章被杀的情况来说明。他是北洋军阀的重要成员，陕西省督军。1917—1918年间，陆建章个人发动了一场劝说其他军人反对段祺瑞军事冒险的运动。他所发动的运动在北洋军阀中引起了如此严重的分裂，以致在1918年6月中旬，段祺瑞的亲信徐树铮设下圈套，在自己的花园里枪杀了陆建章，并宣布说陆建章有叛逆行为。整个军界被这个行动所激怒，中立者和敌对者也都参与进徐树铮的行为与北洋成员身份不相称的声讨之中。虽然段祺瑞事先并不知情，但这次枪杀则使皖系失掉了广泛的支持，并成了1920年战争失败的重要因素。在后来的几年中，许多军阀都不愿与皖系合作，因为徐树铮仍然得到段祺瑞的信任。最后，在1925年，徐树铮自己被陆建章的亲戚绑架并很快被枪毙了。

准则和特性时，这样的原则才能被接受。

如果这个说法可以成立，那么相反的说法也可成立，即如果缺少这些个人联系和内在的一致性，军阀中间的互相侵犯就会显著增加。

我们的初步考察说明，在1916—1925年间，南方军人中的个人暴行要大大超过北方军人。虽然我的研究并不完全，但也收集到了19起军阀被杀害的例子。有的被枪杀，有的被暗害，还有许多企图谋杀的例子。①总的来说，南方军阀看来更倾向于认为，进行肉体上的消灭是将敌人从政治舞台上彻底除掉的最有效的方法。

北方和南方军阀对于采取暴行的重要区别，至少部分地因为两个集团之间在基本性格和组织上的不同。南方各省在其性格方面的差别要比北方更为明显。在南方，山区地形妨碍人们活动，方言和习惯的差别很明显。所以，在南方军阀中，很难形成互相忠诚和共同利益的观念。

南方军阀在职业经历方面也存在较大的差异。南方没有像北洋军阀形成时的类似情况，他们没有上过相同的学校，没有经过相同的训练，也没有过共同的工作经验。不同的性格和职业经历使南方军阀很难有共同的行为准则。他们的前途缺乏稳定性，不能有把握地预知其他军阀在一定情况下会怎么做。由于在行为准则上缺乏内在的一致性，就形成了一种不利于克制的气氛，于是就倾向于彼此使用暴行。

人们可能认为，这个时期大部分军阀所显示的外交灵活性，是由于严格遵循基本准则。对待失败军阀严格坚持不报复的政策确实起了很大作用，但它显然只存在于北方人之中。

在国民党与北洋军阀的关系中，情况就不是这样，特别是在1925年以后，当国民党发展为一支重要力量的时候。这两个集团之间缺乏个人联系或相似的特性，使不采取暴行的因素消失了。一个典型例子发生于

---

① 例如，1924年，广西军阀黄绍竑访问广州时，其住宅遭到广西敌对军阀的雇佣杀手的袭击，虽然黄绍竑本人得以幸免，但他的警卫有许多人被杀。参阅黄绍竑：《五十回忆》第1卷，78~80页。在湖南，唐生智有一次设下圈套企图捉住敌对军阀。他邀请他们到衡阳的一个佛教圣地去。大多数军阀看出他的阴谋，谢绝参加，湖南第三师有一个旅长去了，结果被杀死。这件事情在湖南触发了一场内战。参阅龚德柏：《龚德柏回忆录》第1卷，149页，香港，1964。

1925年12月，蒋介石派遣两个团长去劝说孙传芳与国民党合作，孙传芳为了向他的北方下级表明他拼到底的决心，命令把蒋介石的使者枪毙了。为了报复，蒋介石枪毙了孙传芳两个被俘的军团长。几乎同时，蒋介石还谴责孙传芳蓄意谋害了被俘的国民党官兵300人。这些事件使两方面不可能通过谈判言归和平，而只能以武力解决矛盾。

基于政治合法性价值的行为考量

中国人最根深蒂固的信念之一，就是国家必须统一。人们把历史看成基本上是周期性的循环，即"合久必分，分久必合"，大多数中国人相信这是对中国历史的唯一说明，并列举历史上大量事实证明这一点。国家应该统一的原则得到全国从学者到农民的一致的赞同，成为一条毋庸置疑的信念。这个观点指导和规定中国人的思想和行为，一个政治组织如果敢于违背这个全国一致赞同的信念，它就别想得到人民对其权威的承认。

普遍地赞成国家统一，使所有军阀的合法性产生了危机，他们陷于既希望保持其政治独立性，又无法否认国家统一原则的矛盾之中。

使权力合法化的一个办法是维持一个集中的国民政府的组织形式，并宣布这一名义执行权力。这可以解释为什么军阀们都如此积极支持只起装饰作用的北京政府。在这12年中，国家首脑6次换人，内阁25次改组，但政府机构一直完整地保持到1927年。所有较强的派系都想控制中央政府，并充分理解从这种控制中能获得的好处。

因为北京好几个世纪以来一直是中国的首都，它成了政治统一的象征，谁占领它谁就具有统治的合法性。控制中央政府及其一切装饰性机构的军阀，可以指责其他派系是造成政治混乱的罪魁。因此，所有统治中央政府的军阀，有时以一种可笑的固执态度，向其他省区发布命令，虽然明知这些命令是不会被执行的。他们故意时常引起地方军阀反抗他们，然后把这种挑衅说成是不爱国的举动。另一策略是发布些其他军阀愿意执行的命令。于是，每次政府发生变化以后，新的统治者都会继续出任前政府框架中的重要军政职务，这就等于对前政府统治状况的认可。由于任命仪式象征着给这些军阀以合法性的地位，因而常常被严格地遵守。

增强合法性的需要，迫使所有具有强大力量和野心的军阀都为统一国家而努力。这个普遍法则的存在使军阀们不可能满足于有限的目标，迫使他们竞争，直到其中有一个达到了重新统一的目的。这是 20 年代经常发生战争的主要原因之一。

因为在一定时间内只能有一个全国性政府，只能由一个军阀派系来统治，其他军阀仍然面临着合法性的危机，他们为其自治地位寻找理由。有时他们寻求地方上的支持以维护统治地位的合法性。军阀们很早就知道利用地方感情，有的人成功地转移国家统一的话题，声言他们并不反对国家统一，但在目前政治分裂的客观情况下，最好的方针是在他们统治下保护这个地区。①

依靠地方支持建立政权，通常要达到两个目标：对内，在这个地方要达到自治；对外，需要执行独立的政策。② 这两个目标是否能实现，将取决于一系列因素。地方感情通常在出现危险时高涨起来，例如，邻省侵入的威胁或本地驻有外来军队。

但是，如果统治这一地区的军阀和他们的军队是外地人时，地方感情就成为不利条件。一份 1916—1928 年间军阀统治者籍贯的调查材料表明，他们之中绝大多数是北方人，特别是直隶、山东、河南三省的人。③ 当时华北往往由北方人统治，南方各省也往往被北方人统治。北方和南方军阀统治的地区有一个鲜明的对比：每个南方军阀的统治地区很少超过一个省，而北方军阀的地区常常包括好几个省。在 25 个省中，只有 5 个省（山西、广西、四川、贵州、云南）加上东北，是自己的政府，其余的则大部分或全部时间都是在北洋军阀的统治之下。

---

① 这种主张被称为"联省自治"，在 20 年代由湖南首创。湖南确实建立了省的机构并以普选的方式选举官员。另外的几个省表示他们也要这样做。不用说，所有这些行动都是由统治各省的军阀操纵的，他们这样做是为了增强其合法性，并没有真正承担起改进民众福利的义务。

② 例如，湖南的章程有一条明确规定：禁止外地军队经过或驻在湖南省。这个章程的主要特征是不受外来干涉。参阅李剑农：《中国近百年政治史》第 2 卷，547～551 页。

③ 文公直：《最近三十年中国军事史》第 1 卷，444 页。

这样，关于地方感情的问题就产生了两种矛盾的情况：一方面，那些一贯求助于地方感情的都是本地人建立的政权，他们的统治较弱，常受到邻近较强军阀的威胁，看来没有向外扩张的现实可能。在这样的地区，地方的支持有效地挡住外来的侵略。另一方面，那些谴责地方主义的总是一些有力量有野心的军阀，他们统治一个非本地区的政权，并且还想扩张到新的地区去。

我们还必须弄清地方主义对大多数军阀来说是不是一个确实可行的办法。在这个问题上，我们不能把"地方感情"和"地方主义"混为一谈。在中国，地区的思想感情以及这些感情的差别确实很明显。但是，前几个世纪在社会、经济和文化统一方面都取得了巨大发展。20 世纪初期，它又被反对外国入侵、反对帝国主义的思想感情所强化，这也是确实的。① 民众的最大愿望是通过权力和统一，实现民族主义，而不是继续分裂的地方主义。地方主义只是作为躲避内战的暂时手段才被接受，如果那里的民众不响应，地方主义就不能扎根。因此，只有在几个地方，如山西和东北，带有鲜明地方特征的军阀统治取得了某些成功。②

总之，全国一致的统一倾向，使所有军阀的独立政权的合法性很容易受到责难。国际关系在这方面要稳定得多，因为领土完整和政治独立是被普遍承认和遵守的。但是，在中国，各个军阀的统治被认为是不合法的。唯一被认为完全合法的是在北京设有中央政府的统一国家，因此军阀体系本身是非法的，军阀们没有权利维持领土完整或政治独立。小一些的军阀

---

① 何炳棣：《中国在危机中》第 1 卷，第 1 册，269 页。
② 军阀并不坚定地信奉地方主义，而只是把它作为加强自己合法性的一种策略手段。东北军阀对这个问题态度的改变是最好的说明。从内部机构来说，东北无疑是一个有明确界限的地区。1920 年前，东北成了一个地理上独特的整体，只限于维护它的自治。1920—1922 年间奉系与直系分享对北京政府的统治时，它就很少提地方主义了。1922—1924 年间，当奉系被直系打败，被迫撤回东北时，它又一次宣布东北是一个地方自治政府，警告别人不要干涉其内部事务。1924 年奉系打败直系后，它的势力进入北京，并最后扩张到长江两岸。这个时期，地方主义再次降低其重要性。国家统一的原则被用来证明奉系干涉其他军阀的政策是正确的。但 1927 年奉系被国民党打败后，它又求助于地方自治政府的不可侵犯，一直维持到 1931 年日本人入侵。

可以从个人的角度选择忠于谁（因为国家命令离他太遥远了），而强大的军阀则不容易回避，他们必须说明他们为什么拥有存在的权利。

几乎所有重要的军阀都在这时或那时投入对军阀主义的严厉攻击，提倡裁军，谴责军阀统治的实质。但批评总是针对别人，从不针对自己。这种虚伪当然是不能持久的。骂了别人，实际上也骂了自己。结果，每个人的合法性都被削弱。

军阀统治缺乏合法性的直接结果是，比较容易发生明显的地区变化。军阀与其军队的关系远比对地区或居民更加密切。但在没有巩固的基地，战争就不能长期坚持的年代里，这个事实对派系的稳定性必然起极大的干扰作用。

军阀统治缺乏合法性的另一结果，是对他们的政权缺乏尊重。军阀和他们所统辖的地区的微弱联系，他们的政权和他们所统治的人民之间缺乏一致性，使他们比较容易被打败或被消灭，从而被另一个新政权所取代。

第九章　中国的政治系统

读者对这个时期最感兴趣的问题之一，是为什么国民党的北伐于1928年取得了胜利。我们在叙述军阀的组成、招兵、训练、武器、财政各方面时，知道国民党在中国政治派系中是作为优势力量而出现的。事实上，这些也是史学家经常列举，作为国民党最后取得胜利的原因。如果这些分析已经够了，我们应该可以把1928年国民党胜利的原因归之于前面已述的那些明显的优越性。但是下面对财政和军队特征的简要考察将说明，情况并非如此。把国民党作为一方，而把军阀作为另一方，在二者之间进行简单比较，以说明国民党胜利的原因，是不够的。我们还必须说明当时总的政治环境以及究竟是哪些客观因素帮助了国民党。

因此，我们在分析民国初期的中国政治时，需要系统地了解当时的环境。我们前面的分析使我们了解了静态的军阀政治，它很少谈到政治发展过程——军阀派系之间的互相影响，——也不能解释政治系统的改变。所以，如果不对军阀政治进行动态分析，就不能充分了解政治发展变化的原因。只有当我们根据发生的事件以及与这些事件有关人物研究的性质时，才能了解军阀政治的发展特点和军阀的一般活动方式。这一章的目的，是综合前几章的材料，综合地说明军阀政治的系统及其发展过程。

静态分析的局限性

我们在第七章分析财经状况时，曾说明国民党在动员与合理利用物质资源方面无疑比大部分其他军阀优越，但是，仅仅有效利用是不够的，另一重要因素是规模。在这方面，国民党并不强大，好几个军阀统治的地区比国民党的大得多。如张作霖在东北，孙传芳在长江流域五省，甚至张宗昌在山东—直隶地区，都比国民党的地盘大。

我们必须记住，财政改革在开始时只是在广东省开展，后来推广到广西。当国民党的先头部队进入敌区时，该党还不能迅速实行财经统一的政策。同时，这些新征服的地区是如此混乱，以至于有时国民党被迫依靠旧有财经机构，那里充满了贪污腐化和无能。

国民党军队占领了浙江、江苏特别是上海后，它的财经状况有所改善。同时，由于敌人强烈的反抗，它所需要的经费也大量增加。1927年春，当战争激烈进行时，蒋介石要求每个月2 000万元（$）的军需补充。发掘了所有的收入来源后，国民党政府发现它每年可以得到8 100万元（$）的收入，如果每个月的战争费用为2 000万元（$），那么只够支持4个月。

因此，当许多军阀政权经过不顾一切地剥削、浪费与丧失亲和力后在经济上已经消耗殆尽时，国民党的财经改革虽然帮助了北伐战争，却不能充分动员新占地区的资源，建立一个绝对的优势。所以，过高地估计国民党的财经成就，认为这是北伐战争胜利的主要因素，那是危险的。国民党从来没有处于绝对的财经优势地位，从而可以得出他们必然会胜利的预测性结论。

在军事方面，情况基本相同，国民党在质的方面的有利条件被量的因素所抵消。

在战术方面，国民党军队的训练计划无疑远远超过一般军阀的水平，培养出了许多有高度积极性和熟练技术的士兵。但是，我们也不能忘记国民党的训练计划基本上是一个应急的产物，是在仓促的情况下培养了大量的官兵。所以，这也带来一些弱点。例如，战争一开始（东江战役），蒋介石抱怨他的士兵浪费弹药，好像是与敌人展开显示火力的竞赛，而不是真正消灭敌人。在1926年10月与孙传芳决战前夕，他抱怨精锐的一师和二师中有一半士兵不会正确使用步枪瞄准器，火力分散。虽然国民党军队在民众中一般来说具有较好声誉，并经常得到他们的支持，然而他们仍然容易受到旧军队作风的影响。①

---

① 毛思诚：《民国十五年以前之蒋介石先生》，384～385、878、726～729、736页。

在战略水平方面，必须大大归功于苏联顾问提供的帮助。他们不仅帮助建立了黄埔军校，制定军事训练计划，还负责把政治委员制度带进国民党的军队，并在国民党军队中许多与作战有关的部门中承担作战责任。这些具有第一次世界大战、十月革命以及后来内战经验的苏联军官，向中国的受训者传授战术、后勤和组织等方面的知识。他们甚至还指导国民党军官制定战略。① 1925 年夏，他们的影响作用处于顶峰期，有 1 000 多名苏联顾问在中国工作。苏联将军加伦在国民党内，担任了几乎所有军队的作战指导，时常向中国的指挥员发布命令。②

但是，到了 1925 年秋天，苏联顾问的影响开始下降。第二次东征的战略方针和作战准备，大部分是在蒋介石领导下由中国军官制定的。1926 年 3 月 20 日 "中山舰事件"后，苏联顾问遭到了又一次严重挫折。③据麦克耐尔（Macnair）估计，1926 年 6 月北伐正在进行时，大约只有 15 名苏联顾问在加伦将军领导下为国民党军队内部工作。④ 与他们处于顶峰时期的力量相比，以及从北伐正处于最重要关头更需要专家指点的情况看来，这个数字是太小了。这说明当时苏联顾问已经失去了影响，他们的作用大大地降低了。⑤

---

① 1925 年 1 月国民党第一次东征的作战计划，主要由苏联顾问团负责人加伦将军所制定。参阅加索夫：《中苏军事关系》，49 页。

②③ 加索夫：《中苏军事关系》，50 页。

④ 麦克耐尔：《革命中的中国：民国时期政治军事分析》，108 页，芝加哥，1931。

⑤ 在这个问题上，存在着相反的意见。加索夫说，一般的苏联作者坚持认为，加伦在北伐战争中发挥了重要的作用，包括供给食物、弹药、衣服、交通、医疗及战斗配合。而刘馥则认为，加伦的贡献只限于对中国人制定的计划提出意见。他说："加伦很少制定或试图指挥北伐战争。"参阅加索夫：《中苏军事关系》，50～52 页。有关材料看来是支持刘馥的意见。例如，据广西主要军官黄旭初回忆，占领湖南后，蒋介石于 1926 年 8 月在长沙召开会议，决定北伐战争第二阶段的战略方针。黄旭初在会议参加者中并没有提到加伦的名字。而且，最后采纳的是李宗仁的战略方针。参阅《春秋》，第 235 期，9～10 页，1967-04-16。最后，任何认为苏联顾问在国民党军团内有战略指导地位的意见，都值得怀疑。黄绍竑把 1926 年派到广西军队的主要苏联顾问概括为"头脑简单"，并说他在军事方面并没有专长，对广西军队没有作出任何贡献。参阅黄绍竑：《五十回忆》第 1 卷，124～126 页。

关于国民党的战斗功绩，我们不能忘了它的战斗准备工作是仓促的。甚至在与敌人作战时，党还没有完全解决内部纠纷。直到1925年底，陈炯明、刘震寰、杨希闵的残余部队才被消灭，而北伐战争已经进行了将近6个月。

1927年4月，国共分裂终于公开爆发，形成了内战之中又有一个全面内战的局面。在上海"清除"共产党人不仅导致了国共两党的分裂，也形成了国民党内部右派和左派的分裂。这种分裂严重地削弱了北伐战争，给了孙传芳一个喘息时间，几乎使国民党军队遭到灾难。

但是，国民党即使没有共产党人也并不巩固，虽然国民党有8个军团的力量投入北伐，实际上它的力量并没有那么大的影响。第二、三、五和第六军是由各省军队混合组成，驻在广东，没有什么作战能力，它的真正作战力量是第一、四和七军，而在这三支较好的作战部队中，只有第一军是经过充分训练由黄埔的军官和干部指挥的。第四军，大部分是广东人，受到黄埔训练的某些影响。第七军是由广西军阀独立组成的。

从数字上讲，国民党在发动北伐战争时处于绝对劣势，它投入战斗的总量不可能超过6万人和3万支步枪，当然在湖南和福建取得某些初步胜利后，南方附近各省的军阀决定聚于国民党旗帜下。但很难依靠这些新的力量去和国民党的主要敌人作战。

另一方面，黄埔的军队（第一军），在整个北伐过程中发挥了很有限的作用，许多战斗是由冯玉祥、阎锡山、李宗仁、李济琛（后改名李济深）完成的。国民党无力在这些军队合编进国民革命军之前进行筛选，给后来几年的统治造成了严重的问题。

我们所要说明的最重要之点是：北伐战争中黄埔建军计划带来的明显的军事胜利，不能证明它就超过传统的军事制度。黄埔训练所作的贡献对1928年国民党的胜利可能是必要的。高度的作战能力，钢铁般的严格纪律，细致的政治工作以及献身于政治理想的决心，都有助于国民党军队摧毁敌人，并在他们所到之处赢得广大群众的支持。他们所取得的胜利无疑可以归功于黄埔背景。但是，另一方面，还有许多其他军人也参加了国民党，并在战斗中作出了贡献。他们中有些是进步力量（如冯玉祥、阎锡山），但其余的则与国民党的敌人没有本质差别。这些因素提醒我们，如果认为国民党在 1928 年的胜利只是由于它在军事组织或技术上的优势，那是错误的，因此，就需要进行一个系统的分析。

军阀政治的系统分析

系统分析基本上是研究所发生的一系列变化之间的关系。进行这样的分析，是要发现一些角色相互影响的方式，并说明这种关系在怎样的情况下这些方式可能继续存在或发生改变。系统分析很可能使用理论上的范型（model），并特别重视运动中相互影响方式的图式（pattern）。

当然，中国的派系是一个开放性的历史情况，而不是封闭的典型。这个范型结构必然会在范围方面存在严重的局限性。从系统的观点来说，只能说明这些角色行为方式的最显著的特点，而各个角色的特殊性只是附带一提。但是，在现实生活中，每个角色的特性必须给予特别注意，因为它们可以说明角色在这个派系中不同的活动方式。虽然简洁但却具有深刻性的东西，都具有系统的意义。这样的理解告诉我们，在使用范型理论时要避免教条主义，要严密考察历史事件及其变化，这对于了解真正的历史，而不被范型所埋没，是非常重要的。

范型毕竟只是起一种启发作用，它不是真实的形象反映，而仅仅是我们给予现实的一种概念结构，它是帮助我们把大量杂乱的历史资料，组织成有意义、有条理、有联系的范畴的一种研究方法。我们使用范型仅仅因为它能使我们从不同的方面理解特殊的历史现象。具体的历史情况很少与任何范型完全一致，我们必须谨慎，不要陷入让事实去适应范型要求的错误。

1916—1928 年间中国的政治派系在某些方面非常类似国际关系。①

从组织结构上说，中国的派系由一些独立的角色——军阀派系所组

---

① 关于国际系统与国内制度之不同特点的系统讨论，可参见卡普兰：《国际政治的理论建设与理论证据问题》，见《国际体制》，13～17 页，普林斯顿，1961。关于为什么国际政治理论可以用来研究国内政治的一系列理由，可参阅 F. W. 里格斯（F. W. Riggs）：《国际关系是五光十色的体系》，见上书，144～181 页。

成。这些派系是基本的最高的政治权力组织，在每个派别内，由团结在这派首领周围，与他有长期个人关系的一小部分军人制定决策。每个派别的核心层高度地团结。但派别之间的互相关系以及他们与整个派系的关系，则不能说是团结的。

核心人物的数量极少，但人们可以强烈感觉到他们对制定决策的重要作用，并对整个派系具有很大的影响力。某个特殊角色的个人举动和人事更迭，能使整个派系的团结发生重大的改变。

派别之间的关系没有一定的形式或制度，也没有任何规定认为这些关系必须是永恒的。相反，角色本身的行为决定他与别人的关系和他们在派系中的地位。两者都不拘形式，容易发生突然变化。

此外，由于每个角色是他自己的力量的最后保护人，其自身的决定具有战略意义。这些角色不能拿他们的相互关系甚至自己的生存地位去做交易，结果，中国的派系就不得不使用外交手段，他们用说服或威胁的方式，试图达成某种交易，他们利用结成联盟来争取朋友并警告敌人；而最后，如果为达到一定的政治目标而采用的一切其他手段都失败时，就发动战争。

这些特征使中国的派系可以适当地概括为"权力均势"的体系。但是中国的派系确实是按"权力均势"在活动吗？在回答这个问题之前，需要简要地说明"权力均势"的含义是什么？①

一般地说，关于"权力均势"（the balance-of-power）这个概念，有两种不同的观点。第一种观点可称为"自然法则"说。这种观点认为，每当派系中的角色为了自身的生存，或为了改进安全状况而斗争时，均势最终是会恢复的。当均势发生不平衡倾向时，就有一种无形的力量调整这种均势。这些角色本身对平衡的变化过程是不自觉的，他们通常最最关心的是他们目前的利益。平衡的过程是自发的，它不需要人们有意识的努力。它是必然的，不可避免的。这种对于力量均势的解

---

① 关于"权力均势"这个词的不同含义的深刻讨论，可参阅 E. B. 哈斯 (E. B. Haas)：《权力均势是一种权利，一种概念，还是一种宣传？》，载《世界政治》，第 5 辑，442~447 页，1953 年 7 月。

释，反映在大部分传统的国际政治的文献之中。①

第二种观点是允许角色有部分的自觉作用，当情势趋于"权力均势"时，至少一些角色必须在操作层面同意保持这一系统的可取性，而每当他们处于不平衡倾向时，就采取明智的行动，可能时采取外交手段，必要时使用武力，以纠正这种倾向。根据这种观点，人们可以主动地有意识地实现权力均势的方针。②

上述这两种观点都没有说明派系作用的过程，"权力均势"历来是作为一个描述性的词汇而没有明确的含义。它并不说明变化的情况。如果每一种包括几个人相互存在的情况都被概括为"权力均势"，它就不能区别这种权力和那种权力之间的显著特点。它不允许存在力量不均衡的可能情况，它也不考虑从一种权力关系到另一种权力关系的改变。

"权力均势"的概念仅仅是当它具有更精确、更有效的含义时，才有利于我们的探索。为此，我们需要利用一个具有明确的、合乎逻辑的严格规律的范型。此种范型的效用与"权力均势"的一般理论比较，有很大的限制。但是我们使用的有限因素，恰恰是它的主要功能。因为它使我们讨论"权力均势"时可以更具体、更明确。

对我们最有用的范型是卡普兰在《国际政治的系统和过程》一书中提出的。他的"权力均势"系统的特点在于有若干行动者的存在（分成两种类型——重要的和不重要的），而没有有力的"超国家"机构。这些行动者是自由和独立的角色，他们主要关心自己的力量和其他暂时利益，除了不可预知的变化因素，如技术上惊人的进步或外来的进攻等，这个体系的均势是保持还是被破坏，仅由这些行动者决定。这个范型包括 6 条基本的行为法则，是这些角色，至少是其中的重要行动者，为了保持这个体系的均势，而在相互交往中必须遵守的：（1）采取行动以增强实力，但宁愿通

---

① 关于这个问题的不同说明，参阅 A.J. 汤因比（Toynbee）：《历史研究》，萨默维尔六卷集节本，233 页，纽约，1947；泰勒（Taylor）：《1848—1918 年争夺欧洲的斗争》，20 页，牛津，1954。

② I.L. 克劳德（Claude）：《权力与国际关系》，43～51 页，纽约，1962；关于为什么这种含义应予否定，参阅奥尔干斯基（Organski）：《世界政治》第 2 章，纽约，1968。

过谈判，而不通过战争；（2）宁肯诉诸战争，也绝不放过任何增长实力的机会；（3）战争以不消灭某个基本的国家行为体为限度；（4）反对任何联盟或单个行为体谋取对系统内其他成员的支配权；（5）对主张超国家组织原则的行为体加以限制；（6）允许被击败或受限制的基本国家行为体作为可接受的角色伙伴重新加入系统，或设法使某些原先是非基本的行为体升级为基本的行为体。必须把所有基本的行为体都当做可接受的角色伙伴来对待。①

这些法则以战略语言表达并具有必须履行的含义。在这些法则中存在着一种内在均势性，是保持权力均势的最低要求。这些法则是互相依赖的，违反了其中的一条就会导致违反另外的一条，最终可能使整个系统受到损害。还必须在基本法则和该系统的其他变量之间，以及该系统与其周围环境之间保持均势。在这些领域内均势的破坏可能会引发这个系统的行为特点发生根本改变，并转变成另一种系统。②

因此，卡普兰的范型允许存在系统的崩溃、政治活动采取其他形式的可能性。

同时，提出这6条基本法则的这个范型，把重点放在达到平衡的政治过程，而不是放在已经达到完善的平衡的地位上。所以，这个范型是动态的，而不是静止的。它把政治角色的行为排列成从平衡到不平衡的一系列连续的过程，而不是把它划分为平衡或是不平衡的两极。同样，它并不把冲突和通过暴行解决问题看成是反常的，而是作为平衡过程本身的一个必要的组成部分。因此，战争的发生是作为调整平衡的手段，可以被看成是系统适应性的标志。

这里需再次强调，选择卡普兰的范型并不是说我们把中国的情况看成历史上完善的"权力均势"的情况。我们只是利用这个范型，说明在这种情况下走向稳定的若干条件，并证明历史情况和范型之间的差异是造成前者不稳定的原因。使用范型只是为了有意义地说明历史材料。

显然，真实的历史角色并不使他们的行为去适应任何理论范型的基本

---

① 卡普兰：《国际政治的系统和过程》，23页，纽约，1957。
② 同上书，25～28页。

要求。我们所面对的问题是，判断这些行动者对稳定条件的现实理解究竟到了怎样的程度？很明显，如果大多数行动者都很理解这个系统，那么这个系统的稳定性就会得到加强，虽然为维持稳定性需要有多强的理解力，是随着历史情况的变化而变化的。必须指出，在中国的情况下，这些行动者都认同国家统一高于意识形态争执这样一种民族信念。但这些事实并不能因为中国的派系呈现为"末端的"（terminal）系统，我们就可以忽略"权力均势"的理论范型。必须记住，在中国漫长的历史年代里，当国家统一作为有力的政治力量时，也还存在着长期的分裂。例如，"六朝"延续的时间如此之长，以至于它本身就构成了一个历史时代。因此，说中国的政治行动者常常把统一作为目标，这当然不错，但我们更应弄清楚他们究竟如何试图达到这个目标。虽然 20 世纪初期的中国军阀全都设想结束这种系统，但每个人的设想都建立在各自不同的理解上。这种理解指导着他们的政治行为，并反过来决定为什么这个系统只存在这么久以及它是怎样改变的。

在我们把范型应用到中国的系统中去的时候，各派军阀被明确为政治行动者。根据他们的能力（前几章中讨论过的组织、军事、经济等方面），把这些行动者分成两类——重要的和不重要的，力量比较大的行动者作为重要角色，力量较小的作为不重要的行动者。

中国军阀政治的发展阶段

我们把中国军阀体系划分成三个阶段：1916—1920 年，1920—1924 年，1924—1928 年。每个阶段表示一种不同的活动方式，以极大地改变了这种方式的一个重大事件作为划分每个时期的标志。对每个阶段，我们将首先讨论它的活动方式是怎样发展的，然后提出某些理论上要注意的问题。

第一阶段：1916—1920 年

袁世凯死后这个时期，导致军阀派系出现的重大政治事件，已在第二章、第三章中有所叙述，无须在此重复。这里我们将讨论军阀体系形成阶段的重要特点。

第一，国家的分裂很快形成了小块地区重新结合的形式。虽然这些小军阀非常珍惜新得到的权力和自治权,但更加强大的军阀(特别是各省的督军)则不愿意看到其领土被分裂,特权受侵犯,他们决心在必要的时候不惜采用武力来重建自己的权力,以巩固他们的对内统治。

巩固内部是一项艰巨的任务,在大多数情况下消耗了几乎所有军阀的精力。极少数有能力侵袭别省的军阀,也把其活动范围局限于最邻近的地区。唐继尧曾成功地把势力扩展到贵州和四川部分地区,但最终还是被赶回云南,只有张作霖在整个东北广大地区占有牢固的地位。

第二,这个阶段大部分军阀的能力都很薄弱。在1918—1919年,大约15 000人的一个步兵师,就是一支相当可观的军事力量。湖南的整个战斗是由吴佩孚的第三师控制的。北洋军阀其他军人号称一个师,看来貌似强大,但一经与衣衫褴褛、装备不良的湖南军队接触,他们的无能便立即暴露无遗。

因此,这个阶段呈现出地区内部的频繁活动而很少地区之间的活动。军阀们一般都没有精力和能力互相来往。没有互相来往,也就没有相互冲突。所以,这个时期的特征是没有大规模的敌对活动。军阀们更关心的是他们的内部事务而不是影响整个国家的事务。虽然他们有时也对国家大事发表意见,但很少有更进一步的行动。

段祺瑞发动的湖南战役看来似乎与这一分析相矛盾,但实际上,段祺瑞的行为有两个原因可以清楚地解释:其一,直到1917年末,段祺瑞还没有个人的军事机构;其二,他能在国家政治方面处于统治地位,正是因为没有其他军阀有足够强大的力量进行干涉。

而且,湖南战役对于这个阶段没有大规模冲突的特点来说,并不是一个例外。从规模和强度两方面看,湖南战役与四川省内及广东、福建边境的冲突相似,全都表明了参加者资源的贫乏。但是,湖南战役确有政治意义。

湖南战役得到的惨痛教训,迫使段祺瑞寻找外来的援助,建立一支独立的个人的军事力量。

段祺瑞的政治野心及其种种表现,使其他军人感到震惊。他的侵略政策加速了反对力量的形成,湖南战役使军阀们感到迫切需要组织成更加巩固的集团。因此,军阀体系进入了第二阶段。在这个阶段有相当长一段时间,几个军阀集团决定采取共同行动。

第二阶段：1920—1924 年

1920 年，这些角色均已定型。1920 年上半年，他们的权力分配大致如下：

奉系：奉天、黑龙江、吉林；

皖系：河北北部（包括北京）、山东、热河、绥远、陕西、安徽、浙江、福建；

直系：河北南部、河南、江苏、湖北；

国民党：广东、广西、云南、贵州；

四川：四川；

湖南：湖南；

山西：山西。

在这些派别中，前面三个，即奉系、皖系、直系属于重要角色范畴。在地区规模和总的力量方面，国民党与前三者相等。但是，这个时期国民党内部的分裂，使它无法调动力量。所以，这时它还不属于重要角色的范畴。

1920 年的直皖战争标志了第一次大规模冲突的开始。也标志着直奉第一次结成联盟，反对他们眼中的霸权角色（皖系）。这样，具有整个系系统规模的事件发生了。许多军人现在都已在自己的地区内建立了牢固的统治，可以开始注意外界事物，并关心派系内部权力分配的情况。

虽然战争规模有限，皖系的失败还是大大地削弱了它自己的能力。它失去了对中央政府的统治。安福系的解散也使它失去了对国会的控制，西北边防军被废除，还失去了很多地区，它在全盛时期统治和具有影响的 8 个省中，只有浙江和福建还坚决地留在它的阵营内。作为一个行动者，皖系已被大大削弱了，逐渐地开始降为不重要的角色。

两个胜利者分享战果，新内阁由两派都接受的总理所组成（靳云鹏与张作霖是姻亲，又是吴佩孚最尊重的老师和早年的恩人）。奉系得到了热河、察哈尔和绥远，直系得到山东、陕西、河南和安徽。

1921 年末，直奉两系的关系逐渐恶化，但是，他们仍然顺利地合作着，靳云鹏内阁一直得到两方面的支持。靳云鹏的任命，反映了两派势力在分配北京政权方面起协调作用的愿望，他谨慎采取调和态度，在重要问题上征得双方一致同意后才采取行动。

但是，内阁几乎从成立那天起，就处于财政危机之中，政府的财经状况日益恶化，以致到 1921 年 11 月，教育部和北京法院的职员因为政府不发薪水而罢工。① 这种形势要求采取某些根本的解决办法。张作霖抓住这个机会提名梁士诒（于 1921 年 12 月 1 日）组成新内阁。

奉系的选择从来没有得到直系的完全支持。但是最激怒直系并驱使它与新内阁对立的，是政府不发给吴佩孚早先已经同意的军费。② 1922 年 1 月 5 日，吴佩孚通电反对梁内阁，指责他卖国，直系 8 省督军联名支持这个抗议。面对这样强烈的反对，梁士诒于 25 日称病离职，由外交部长代行其职。

但是，吴佩孚不以梁士诒的离职为满足。2 月，他又指责财政部贪污。至此，张作霖深信吴佩孚早想推翻奉系支持的整个内阁。在前两年中，吴佩孚对国家政治采取非常克制的态度。在他的军队已经进行了一段长时间的集中训练之后，这种突然爆发是一种不祥的信号。考虑到直系大大加强了的力量，吴佩孚最近的行为很自然被奉系认为是试图推行霸权政策，以武力实现国家统一方针的序幕。

为了反击来自直系的威胁，奉系于 1922 年 2 月遣使广东，寻求与孙中山的合作，国民党同意向江西发动攻势。奉系还想与福建皖系残余势力组成三方联盟。③ 3 月的最后一天，张作霖宣布他的第二十七师从奉天转移到北京附近，"支持"首都的防守。因为有了新的同盟，张作霖显然觉得自己力量强大，决定迫使直系作某些重要让步。4 月上半月，曹锟的小弟曹瑛（曹锟的两个弟弟与张作霖都有姻亲关系）两次去奉天寻求和平解决，但张作霖不为所动，坚持要求恢复梁内阁，并要求吴佩孚和其他军人不再干预国家政治。这个要求对直系来说是太苛刻了，谈判立即破裂。4 月 25 日，直系正式谴责张作霖。4 天后，战争爆发。

1922 年的直奉战争和 1920 年的直皖战争，在几个方面具有显著的不同，大量的军队参加了实际战斗，估计双方至少有 10 万人参与。背叛行为较少，伤亡很大。④

---

① 半粟：《中山出世后中国六十年大事记》，237 页。
② 李剑农：《中国近百年政治史》第 2 卷，559 页。
③④ 同上书，562～563 页。

作战地区也相当大,战斗在双方接壤的几乎所有边界广泛地展开,军队如此大规模地集中,并具有这样的速度和秩序,都是1920年的战争所没有的。

经过一星期的激战,奉系失败,被赶出长城以外,虽然奉系军队的劣势是其失败的主要原因,而三方面联盟没能实现则是其另一原因。孙中山无力履行诺言,使浙江不能采取单方面的行动,因为国民党的三面都被直系军阀所包围。

战争的胜利使直系特别是吴佩孚的力量得到了增长。热河、察哈尔和绥远归于直系,河南的叛乱很快被粉碎,使这个省与直系的关系比以前更加紧密。现在,直系是国内最强大的力量。奉系除了医治创伤,别的则什么也谈不上。国民党还像以前一样软弱,皖系的剩余力量只能庆幸自己没有在战争中受到什么损失,而不敢去惹任何更多的麻烦。其他三支不重要的力量,只希望直系能让他们独处一方。

在1922年前,直系军阀在干预国家政治方面曾表现得比较谨慎。现在,他们就不必再那么拘束了。胜利后10天,直系几个年轻军人建议恢复黎元洪的总统职务,重新召开国会选举副总统。又过了4天,曹锟、吴佩孚和一些直系高级军官联名通电各省,催其表态。① 6月2日,徐世昌总统正式辞职,离开首都。不到一星期,在直系主持下黎元洪复职。此后,内阁成员由直系控制,并严格按其命令办事。

到了1923年1月,直系不再满足于只控制内阁,曹锟现在打算自己当总统,他花了大笔款子贿赂国会议员。没几个月,黎元洪的任期成了激烈争论的焦点。6月6日,几百名军官和警察包围了总统府,要求发放长期拖欠的军饷。9日北京警察开始总罢工。三天后,陆军检阅使冯玉祥和京畿卫戍司令王怀庆辞职,宣布他们不再负责维持首都秩序。黎元洪终于断定不再需要他了,被迫逃到天津。② 经过一段摄政内阁时期,10月,曹锟正式选为总统。

---

① 半粟:《中山出世后中国六十年大事记》,259页;李剑农:《中国近百年政治史》第2卷,576页。

② 李剑农:《中国近百年政治史》第2卷,574~598页。

整个事件在国内激起了很大愤怒,奉系、国民党和皖系分别发表声明,抗议这种非法选举总统的方式。但是,被广泛预想的直系与其对手之间的战争,当时没有成为现实。战争延期的原因有下列几方面:

第一,自从1922年战争结束后,有迹象表明直系内部两个互相竞争的集团之间的裂痕正在逐渐扩大。天津—保定集团是操纵逐黎拥曹的势力;而以吴佩孚为中心的洛阳集团,原则上不反对曹锟当选为总统,但认为统一国家则是首要之举。这个分歧使直系内部的关系紧张起来。① 因此,选举以后,曹锟处理直系与其他派系的关系时,十分谨慎,以便赢得时间消除内部分裂,特别是要安抚吴佩孚。

第二,直系正在福建有某些进展,但不希望把扩张的步伐迈得太快。1923年3月,孙传芳、周荫人被派遣从皖系手里夺取福建。他们遇到了顽强的抵抗,最后终于打了进去。可以理解,直系不愿意树敌过多。

第三,直系认为对其权力构成最危险的挑战只可能来自奉系。1922年后奉系情况的改进显然引起直系的严重关注。1923年8—10月之间,直系几次派使者劝说奉系放弃自治,重新参加政府。② 而当奉系于10月31日严厉谴责曹锟当选总统,并威胁要另组政府时,直系只是置之不理。这些事件表明,直系知道它现在有更迫切的事要做,因此,此时十分小心,不与奉系形成直接对抗的局面。

不管奉系的言词多么大胆,它同样采取谨慎的态度。虽然它的军事训练是为了与直系进行决战,但到1923年底时,训练只进行了一年的时间。虽然奉系中的许多人愿意帮助福建的皖系,但其军队还没有经过足够的考验。而且如果奉系反对直系,就不能不希望从国民党那里得到任何帮助,因为国民党在整个1923年正在它自己的地区与南方的军阀交战,国民党本身还在进行改组。这两件事使国民党无暇顾及对外关系。因此,奉系不可能建立第二个"三方联盟",它决定等待时机,延缓决战。

虽然战争没有立即大规模地爆发,但这种紧张局势只是暂时受到抑制。直系统治中央政府并寻求扩大领土的方针,必然引起与其他派系重要

---

① 李剑农:《中国近百年政治史》第2卷,591～596页。
② 半粟:《中山出世后中国六十年大事记》,319～327页。

角色的冲突。曹锟就职一年之后，客观形势发生了很大变化，奉系已赢得一年多的时间训练军队，国民党也已建立了自己的军校，孙中山又在计划进行北伐。虽然军校还没有培养出大量的士兵，孙中山的北伐计划到目前为止还没有成效，但他的决定对奉系则是一个很大的鼓舞。另一方面，直系现在在福建已建立了牢固的统治，因而可以更轻松地对付奉系。因此，这三方面都处于等待状态，就差一根导火线了。

此时浙江成了导火线。当孙传芳攻入福建时，皖系败军退至浙江，并入浙江的军队。① 这就大大增强了它反对直系南方各省的力量。1924年8月，江苏、江西、安徽和福建（现在是直系成员）给了浙江一个最后通牒，要它解散这些军队，当遭到浙江拒绝后，9月1日战争爆发。

很难理解为什么浙江敢于藐视直系的优势力量，除非它曾得到奉系支援的保证。不管怎样，9月5日，张作霖宣布支持浙江。同一天，孙中山宣布将进行北伐。9月17日，直系设立反奉系战争的指挥机构。10月13日直皖之间的战争以皖系完全失败而告终，孙传芳征服浙江。在北方，直奉打得难分难解。突然，10月23日传来消息说直系的冯玉祥私下从前线回来占领首都，接管了中央政府，这对直系的士气是个很大的打击。几天之内，前线被突破，军队被击溃。吴佩孚想拼死夺回首都，但失败了，只带了几千人逃到南方。11月3日，前线战事停止。② 尽管直系在长江流域仍然保留大片领土，但它的统治时期正式结束。

直系失败，第二阶段随之结束。这个阶段的开始标志着形势向权力均势的格局发展。以卡普兰的范型与这个阶段的某些特点相比较，将显示它们之间的相似之处。

中国的行动者与第一条法则（要增加力量但最好通过谈判而不采取战争方式）密切相符。士兵总数的增加，战争的激烈，伤亡的增多，冲突地区的扩大，以及主要敌对者集合的军队数目空前的大，都说明这些行动者的战争机构正在不断加强。皖系参战军的训练，直系在洛阳的训练，以及奉系军在1922—1924年间的改进，都是各派系把很大精力投入军队建设

---

① 李剑农：《中国近百年政治史》第2卷，648～649页。
② 文公直：《最近三十年中国军事史》第2卷，181～196页。

的显著例子。这些角色在力量增长的竞赛中主要不是为得到与别人相同的均势，而是为了要取得优势。

当均势受到破坏时，中国的军人并不立即诉诸武力，当出现危险时，有关角色常常表示愿意谈判、和平解决。所以这三次战争之前都有一段紧张时期，主要的敌对者或某个第三方力求在谈判桌前解决矛盾，只有当谈判破裂时，才发生战争。1920年，皖系拒绝放弃对参战军的领导，是战争的直接原因。1922年，奉系决心保留梁士诒内阁，因为这是弥补它在领土扩张方面不如直系的唯一办法。当双方都坚持己见时，战争随即爆发。1924年皖系（浙江）不愿意解散它的一部分军队，奉系不愿意看到在皖系受损的情况下直系的权力又得到扩张。结果，又发生了战争。在每个例子中，这些人物都拒绝放弃增加力量的机会而选择了战争。

这些角色显然并不认为他们应该停止战争以免消灭一个重要的国家民族角色。他们削弱并最后把皖系从重要角色中消除了。但是，在皖系被削弱的同时，国民党逐渐强大起来，保持了这些重要角色之间结合的灵活性。

这三个例子都说明，几个重要角色结成联盟，以反对那个占统治地位的角色，如1920年对皖系，1922年和1924年对直系。一般的角色可以很快结成联盟反对统治角色，如1920年的直奉联盟，1922年和1924年的奉系、皖系和国民党的联盟，这些角色的各自力量都比统治者弱并或多或少是这个统治者的受害者。所以，在每种情况中都是弱者结成防守联盟反对共同的强者。

在中国的派系中，有几个因素使遵守这一准则成为可能。首先，这些角色的内部组织有助于采取行动，这大大简化了联合的手续。因为一个派系的决策机构只由少数具有相同观点的角色所组成，很容易看到他们的共同利益，并采取相应的行动。

其次，由于特殊的"亚文化"中存在错综复杂的个人关系网，以及具有一系列共同的行为准则，这就大大地促进了人们之间的相互了解。每个军人都是一个可以接受的同盟者，因为这些角色关心的是个人利益，而不是人本身。他们可以把派系内部的权力发展看得很冷淡，而从反对统治角色的某种直接威胁的短期利益出发，决定是不是结成联盟。因此，虽然皖系在1920年是奉系的敌人，但它们都毫不困难地在1922年和1924年联合起来反对直系。

还有一个增强联合的灵活性因素，就是不存在意识形态的约束。这些角色并不根据某些规定去限制人们的行动。国民党的改组是在 1923—1924 年后进行的，在这第二阶段的大部分时间里，国民党的行动与北洋军阀没有什么不同，它们曾不顾意识形态上的对立而与所有的重要角色在这时或那时结成或企图组成联盟。这些军人无论从本能上还是所接受的教育上，都是实用主义的政治家。在他们那里，任何原则都必须有利于自己的事业，同时他们也认为，别人肯定也同样如此。这一被国民党选择联盟时的行为所进一步确定和证实的信念，有助于维持联盟中所有角色相互承认的氛围。

尽管系统中的任何角色都为自己的短期目标做好了应付的准备，这是必需的，但这并不是一个充分条件。所有角色都需要完整、迅速的信息以帮助他们认识系统中权力配置的变化，正确地判断其他角色的行为和动机，揣度（identify）霸主的角色，以便尽可能迅速地采取削弱对手的措施。

在中国的系统中，有两种因素使情况有所改善。第一，军人集团的组成相当稳定和持久，日久天长，这些人对其他人的优点和弱点、个人的作风以及军事战略，都比较了解。只要人们之间保持互相来往，就可以得到相当多的情报和了解其一贯的方针。第二，这些角色之间在建立联络渠道方面作了认真努力，交流使者或特使，通过第三者，以及有时召开最高级会谈，都可用来收集情报。所以，关于其他角色的情况由于情报错误或缺少情报，以致作出错误判断的可能性极小。①

在 5 年中发生 3 次大规模的战争事实，证实了中国社会中的平衡作用是多么的有效。所以，第二阶段确实是一个向均势格局发展的时期。

另一方面，在这个时期，那些不重要的角色，都很不愿意参加到系统规定的过程中去。由于重要角色和不重要角色之间，在能力方面存在的广

---

① 中国军阀在保守秘密方面的情况看来很糟糕，许多下级为了金钱或情分，泄露上层秘密。电报员不能保守秘密也是众所周知的。此外，还有大城市的新闻记者严密注视着军队的转移、重要会谈和其他形势紧张的迹象。所以，大多数战争都在好几天前就在报纸上有所预测，被广泛传播。甚至像冯玉祥推翻直系的北京政府，这样极其秘密的计划，也在实行前好几天在报纸上被报道了。

泛差异，使后者往往害怕参与系统的活动会危及自身的安全。直系权力的增长与"省立宪"或"联省自治"运动同时出现绝不是偶然的。这些不重要的角色，竭力想保存自己的力量，利用潜在的地方感情作为庇护。然而，这整个运动是个骗局，是为了暂时防守之需要的一个阴谋。这个运动最起劲的鼓吹者云南和四川，一旦有了足够的力量时，就毫不犹豫地侵犯别省的自治权。同时，这个运动也是派别内处于统治地位的军阀维持其权力的最有利的工具。立宪政府成立之后，经虚假的"选举"承认，仍由原来那班人马掌权。省自治运动就是这样不仅被军人们用来抵抗外来的压力，也为了增强他们内部的合法地位。

在这种合法的庇护下，许多不重要的角色倾向于部分地参加系统规定的活动，把主要的负担转嫁到重要角色身上，这无疑给系统造成紧张，但在这一阶段中这种紧张还不严重，因为重要角色意识到他们占据着统治地位。

国民党并没有作为具有超国家组织原则的角色而遭到反对，因为这时国民党在这方面的作用还不明显，其内部的软弱使其他角色无须立即采取反对它的行动。从维持军阀系统的角度看，可能曾有过采取某些预先措施反对国民党改组计划的想法，因为从长远看国民党的纲领对国家系统有很大影响。然而在这时，这项工作还不很迫切，现在将其暂时搁置，并不对国内平衡造成直接威胁。

这些角色在允许一个被打败的重要角色重新恢复地位的法则方面，由于消除了皖系而未能全部实现。但是，因为皖系的消灭发生在这个阶段快结束的时候，它并不影响这个系统的活动。在这个重要角色消失的过程中，另两个角色上升到重要的地位。国民党和国民军依靠自己一系列的努力而兴起，它们的出现大大减轻了由于违背了这个准则而可能引起的对整个系统的威胁。

第三阶段：1924—1928年

1924年战争结束后，中国的形势发生了很大变化，直系丧失了大量军队和总统职务。最重要的是，它丧失了大量领土，包括绥远、热河、察哈尔、直隶、山东、河南、浙江和福建。曹锟被监禁和吴佩孚的惨败，使这一派系暂时失去了主宰地位。

国民军作为一个新角色出现了，冯玉祥与他1924年政变的共谋者，都是过去的直系军官。他在沿京汉路和京绥路一带地区可以自由行动。他占领了直隶的一部分、河南、陕西、甘肃、热河、绥远和察哈尔。

战利品大部分归于奉系，它得到了沿京津浦铁路附近的地区以及直隶的一部分（包括这个省的军事领导职务）、山东和安徽，并准备最终进入长江流域。直系的失败，使奉系成了国内最强的派系。它拥有20万国内装备最优良的军队。

虽然胜利者在不同方面扩张了领土，但战争一结束，矛盾也就随之而起。奉系不管国民军已占领了天津，仍派遣军队开进这个城市，迫使国民军的督军辞职，并解散了他的军队。① 1924年11月24日，另有1万名奉军派去占领北京与国民军共管。显然是由于奉系日益增加的压力，同一天，冯玉祥宣布辞去国民军指挥的职务到国外旅行。他的辞呈为摄政府拒绝（摄政府是战争结束后，由奉系和国民军共同协商成立的，由现在已无权的政治傀儡段祺瑞摄政）。所以，此后，冯玉祥去张家口担任西北边防军督办。

无疑，国民军竭力要避免与奉系发生冲突。本来国民军比奉军少，而突然得到的大片土地又超出了其管理能力，因此，国民军需要时间扩大军队，巩固地区。第二年，冯玉祥致力于开发西北资源，并把它建成强大的根据地。这个时期，冯玉祥的军队发展成为一支超过10万人的大军。他还得到苏联的军事援助，并与南方的国民党有密切的联系。其他国民军部队也在忙于扩大，仅仅一年之内，胡景翼的军队就达到了25万人，孙岳的军队达到3万人。②

奉系或多或少也存在同样的问题。它需要时间在新得到的地区建立统治。另外，在1925年初，仍在直系控制之下的省份比国民军的地区要更富强。这自然成了奉系下一步扩张活动的目标。1924年12月，摄政府下令免去直系的江苏督军职务，1925年1月初，奉军占领南京，这引起了奉军与直系齐燮元之间的战争。1月底，齐燮元被打败，江苏成了奉系统治的地区。

奉直之间的斗争远未结束，在和平条约中双方都同意把上海作为非军

---

① 半粟：《中山出世后中国六十年大事记》，375页。
② J.E.谢里登：《中国军阀：冯玉祥的一生》，160~169页。

事区。6月，奉系趁上海工人罢工之机把军队开进上海，违背了协议，在后来的3个月中，奉系任命它的3个军官为督军——张宗昌任山东督军、姜登选为安徽督军、杨宇霆为江苏督军。因为这3省位于连接首都和长江流域的京津浦铁路的要道上。直系对奉系此举只能看成是它要进一步向南扩张的前奏。1925年10月10日，孙传芳对江苏奉军发动突然袭击，两星期内迫使江苏、安徽的全部奉军撤至山东，为直系收回了两个省。

同时，奉系与国民军也发生了矛盾。当奉军还占领北方时，国民军就向东边的直隶进军。一场新的危机正在酝酿，但双方都愿意谈判，并达成协议，规定除了前不久不再受奉系影响的直隶省内的京汉路段以外，保定也归国民军。协议签订后，曾有一个时期，似乎危机已经平息。1925年11月22日，突然传来奉系军官郭松龄背叛的消息。后来有证据说明郭松龄的背叛计划是与冯玉祥商量好的。① 所以，冯玉祥的和谈显然是欺骗奉系的一个策略。郭松龄军队刚开始向北进攻沈阳，国民军立即东进攻击直隶的其他奉军。战争开始2～3个星期后，形势对郭松龄有利，国民军也占领了直隶某些地区，后来形势转而对郭松龄不利。到了年底，郭松龄的军队全部被歼，郭松龄本人被杀，国民军在战场上陷于孤立。为了平息奉系的愤怒，为和平铺平道路，冯玉祥再次表示退出政治。不久，他就到苏联去了。

大约在这同时，从不同的角度发生了另一个出乎意料的转折。1925年秋，直奉战争时，吴佩孚计划从湖北向北攻打奉系后方。12月上旬，确实派了一些直系军队到山东与国民军一起攻打奉军，但冯玉祥与郭松龄的阴谋比奉系的霸权政策更激怒了吴佩孚。他宣称要"教训叛徒"，突然决定改变立场。1926年1月，直奉之间很快恢复了友好关系，它们同意联合起来打击国民军。从这时起一直到1928年这个系统的终结，国民军就几乎一直与两个角色之中的一方或两方发生战争。

这时，国民党领导人显然感到自己有足够的力量作另一次统一国家的尝试。1926年6月6日，当北方打得不可开交之时，国民党正式任命蒋介石为国民革命军总司令。国民党的战略是"打倒吴佩孚，妥协孙传芳，放弃张作霖"，因此，它的第一步是攻打吴佩孚的大本营武汉。这时吴佩

---

① J.E. 谢里登：《中国军阀：冯玉祥的一生》，180～185页。

孚正一心一意地进攻南口关的国民军，他认为国民党对他后方的进攻可以很快被击退。等到吴佩孚攻下南口回到南方时，国民党军队已经深入吴佩孚的地区，包围了武昌。1926年9月，国民军得到国民党的委任，它们之间结成了新的联盟。

吴佩孚垮台后，国民党立即把矛头指向孙传芳。在江西、浙江和江苏，国民党军队遇到了孙传芳军队的顽强抵抗。此外，1927年夏，国民党内的分裂，拖延了战场上的进展。因此，直到1927年8月，孙传芳的力量才被粉碎。

在北方，国民军和奉系一直没有停止战争。冯玉祥在苏联稍加逗留之后就回国了。在西北经过短时间的休整，就挥师东进，经过甘肃、陕西。1927年夏，国民军深入河南，迫使奉军向北撤退。① 1927年4月，山西正式加入国民党，积极参加反奉战争。（另外两个不重要的角色，湖南和四川已更早地参加了国民党。）这是山西第一次也是仅有的一次参与系统内的规定活动。

1928年，奉军和直系的一些残余力量与国民党、国民军和山西的联合力量在华北平原上展开激烈的战斗。1928年春，奉军在直隶的环形防线眼看即将崩溃。6月3日，张作霖决定放弃华北撤回东北。次日，他的专车被烈性炸药炸毁，张作霖被炸死。6月8日，山西军队占领北京，战争实际上结束。1928年12月7日，奉系新领导张学良宣布放弃其自治地位，全部行政军事权力归于国民政府（当时位于南京）。经过12年的混战，中国的军阀系统就此结束。

张学良

在第三阶段中，中国的军阀继续努力增强他们的能力。第二阶段的动态均势并没有使这些人产生自满思想，相反，更增加了他们只有武力才能取胜的信念。国民党1924—1925年间显著地扩大，清楚地说明了这一点。在南方，国民党也不遗余力地扩大它的军队。

---

① J. E. 谢里登：《中国军阀：冯玉祥的一生》，221～223页。

利用谈判解决冲突的做法，由于国民党作为重要角色出现而削弱。在第三阶段中，国民党确定了一个坚定的方针，并有能力实行这个方针，它没有必要牺牲其宏伟目标而去进行谈判。但是，为了利用北洋军阀与其南方下级之间的潜在矛盾，国民党也广泛地利用谈判。湖南、江西、福建和浙江等省军阀的多次背叛和投降，都是与国民党代理人拼命讨价还价的结果。北洋军阀在谈判时，一般较多地愿意妥协和维持现状。国民党不是这样，它是以实力地位进行谈判，和平共处不是它谈判的目标，投降或合作才是它的目标。

227　但是，在这个阶段初期，北洋军阀之间的一些冲突，如直奉在长江流域的冲突，奉系和国民军在直隶的冲突，仍然通过谈判制止了战争。在一般情况下至少能在相当时间内拖延战争的爆发。

在这个阶段里，宁愿战争也不愿失去增长力量的机会的倾向十分明显，两次直奉战争，奉系与国民军的战争，甚至国民党与奉系的战争都是这方面的例子。

但是，在宽容重要角色方面，比前阶段更少。在北方，奉系直系与国民军的无情战争，目的就是要消灭它的对手。南方国民党发动的北伐就是决心要把国内所有军阀，不管重要的还是不重要的，统统消灭。

在这个阶段内，反对统治角色或联盟的原则完全被抛弃了。在1925年的两次直奉冲突中，奉系面对的只有直系，其主要原因是由于最有资格提供援助的国民军，正一心一意地管理它刚得到的广大地区。因此，大约有一年的时间，出现了一个相平行的扩张局面：奉系沿着津浦路到长江流域；国民军沿京绥路进入西北。它们之间只发生过一些偶然的小事，总的说来它们的关系是和好的，双方都互相避免大的冲突，因为在它们各自的地区有很多事情要做，从某种意义上说，它们在进行比赛，每个人都想尽可能把更多的地区纳入自己的势力范围。为了回报国民军在直奉冲突时的冷淡态度，奉系对国民军在河南、陕西和甘肃的军事行动中也采取同样的态度。很难断定这两方面究竟谁是统治者，好像双方都想争取。但事实说

229　明国民军比奉系要弱得多，并由于忽视了国内趋势走向了不平衡而丧失了很多机会。

但国民军的疏忽只是问题的一半，直系的态度也同样重要。如果国民

军提议的话，直系会和它联合吗？不会。这个阶段的历史表明，奉系和国民军的扩张政策一旦达到了饱和程度，它们就会立即发生冲突。这时，吴佩孚仍在北进攻打奉系。出现了郭松龄的背叛和奉系—国民军战争在北方的爆发。这时，吴佩孚改变立场，与张作霖达成谅解，转而攻打国民军，国民军把曹锟从监禁中释放，免去段祺瑞的摄政职务，在组成新国民政府问题上征求吴佩孚的意见，但吴佩孚对这些友好的姿态无动于衷。这件事具有特殊意义。因为在中国这是第一次一个被侵略的联盟结束，统治者不再孤立，相反，弱者被迫孤立了，要同时与两个敌人作战。这种情况严重背离了"权力均势"范型，几乎造成国民军的毁灭。

这件事也显示了情报作用的局限性。如前一阶段一样，情报的交流（至少在北洋军阀中间）并没有减弱，但在政治活动中则加进了个人因素，这是个新情况。对背叛行为和两面作风的强烈个人憎恨，使某些人不愿意与这样的人联合。吴佩孚的报复最终驱使国民军与国民党联合，并促使形成了两个持久的联盟：国民党和国民军反对奉系和直系。国民军逐渐转变为具有意识形态的角色，使这个联盟更加牢固。对于系统的平衡起重要作用的联合的灵活性，现在遭到了破坏。这时，争夺权力的斗争愈来愈变成不同个人、不同社会政治秩序之间的斗争。国民党和国民军把"军阀"统治看成是封建主义的，在民族主义和现代化的时代里它不合时宜，不能容忍的。奉系和直系则把国民党和国民军看成是"赤色"的，是传统原则的破坏者，它们不再具有共同的观点，因而不再希望继续维持这个系统。于是，权力均势系统不可能继续存在。

其他军阀认识到不可能与国民党和平共处的时间太晚了，有几个因素造成了军阀们对国民党的麻痹观点。首先，因为国民党很晚才上升为重要力量，北洋军阀有相当一段时间因为国民党曾经是个弱者而不去管它，这种软弱的印象对国民党来说是有利的，它给北洋军阀造成安全的假象。此外，地理障碍也使它不易遭到北方的攻击，因而北方军阀的注意力放在更为迫切的事务上，如互相混战，他们的自满使其不能及时对国民党的力量作出恰当的估计。即使得到了国民党建军成果的情报，也没有引起他们的警惕。吴佩孚留在北方战场上打国民军，而他的大本营却遭到国民党的进攻这一事实，就是吴佩孚低估国民党军队的部分反映。国民党全力攻打湖北时，孙传芳只是站在一边，眼看他的直系同伙被击溃。

甚至当国民党在北伐中已取得进展时，有许多迹象说明北洋军阀仍低估其能力。例如，国民党队伍中有一部分地方军阀，他们是北伐的不利条件。此外，虽然国民党已认识到但还不能摆脱派别斗争，而国民党和共产党之间的联盟也不像看上去那么巩固，国民党即使在胜利的时候，也显示出了其内部的软弱。南京和武汉之间的派别矛盾几乎使国民党四分五裂。国民党的军队曾一度连能否守住防线都成了严重的问题，更不要说前进了。

造成北洋军阀错误估计国民党的另一个重要因素，是国民党过去采取的灵活的联合政策。这些早先的文字承诺减少了军阀们对国民党思想上不妥协的怀疑，使他们相信国民党归根到底与他们自己没有什么本质的不同。

因此，国民党过去的软弱使北洋军阀对它产生了很大的误解。所以，当北洋军阀最后被迫与国民党较量时，他们没有新的措施对付这个新的威胁。

直到这个阶段快结束时，北洋军阀逃避不开国民党"分化和征服"的策略，国民党分化直系军队的战略获得成功，因为孙传芳认为，无论是国民党可能被吴佩孚打败，还是如果吴佩孚被打败了，国民党会满足于得到的领土而愿意谈判。还在孙传芳惨败之前，奉系就开始担心国民党日益增长的威胁，并与孙传芳进行军事合作。但已为时太晚。从这个意义上说，这些角色对超国家之组织原则的未加限制，是这个系统灭亡的决定性原因。

此外，国民党所坚持的超国家（超派系）的组织原则，不仅使角色的联盟更加巩固，而且也使参加者的人数达到了其政治进程的空前规模。国民党通过扮演一个民族主义和反帝国主义拥护者的角色，获得了这些成功。虽然上述两个主题有时已呈现在中国政治之中了，但缺乏意识形态纲领的军阀们从未完全顾及这些。相比之下，国民党不仅更多地承担了民族主义和反帝国主义的宣传任务，而且也有能力利用其意识形态和组织系统的完满优势，占据更多的地盘。其结果，国民党（联合共产党）在民族主义运动中迅速建立起了领导地位。它帮助组织工会，鼓励在与外资交易时采取强硬态度，给罢工工人以物质援助，并组织抵制洋货活动。

国民党为实现民族主义而采取的这些具体做法，使它能够动员广大民众起来反对军阀和外国敌人。民众参与政治生活，从内部从下面打乱和威胁了军阀的统治，军阀们既无法理解它，也缺乏物质力量去征服它。日益增长的群众的支持，对国民党的政治目标作出了重要的贡献。最显著的例子是上海人民公开起义反对军阀统治。在别的地区，人民在阻碍交通、使经济瘫痪或干脆不与军阀合作方面，都取得了可贵的成果。因此，国民党上升为重要角色，很重要的原因是由于一直对政治表示冷淡的人们响应了其意识形态之鼓动所得到的结果。

几乎不再需要说明关于允许失败角色重新回到系统中来的问题。如果北洋军阀胜利了，当时的系统可能还会保留一段时间，但是国民党胜利了，这些就都成为不可能的了。国民党决心摧毁这个制度，不仅是为了满足它的权力欲望，更重要的也是为了实现其意识形态方面的任务。因此，国民党的胜利就意味着这个系统的灭亡。

结论

在这项工作即将结束之时，我想说明一下为什么中国军阀系统只持续了这么短暂的时间。除了第三阶段中介绍过的那些因素之外，中国此一系统的结构中还有某些内在的因素加速了这个系统的结束。

最重要的是国家最终必须统一的共同信念。这个信念使这些军人意识到他们的统治是短暂的，使他们有一种固有的不安全感。他们之中没有人存有永远保持现状的幻想。曾经出现了一些统一的组织形式，他们最关心的是这个统一的组织不要损害他们的个人利益，最好是在他们自己的统治下统一国家。因此，当一个派别比其余人都强大时，它很自然地想在这个系统内得到优越的地位，以此作为统一国家的第一步。虽然中央政府长期名存实亡，但统治角色却常常渴望去管理它，因为这种管理能大大提高这个角色的声誉，并增强它成为国家唯一统治者的权力。

因此，当段祺瑞的力量很快增长使他处于优势地位时，就很自然地成为以武力实现统一政策的第一军阀。他失败后，直系于 1922 年，奉系于

1924年又继承了他的愿望。一个异常重要的角色（虽然这样的角色时有改变）对中国政治系统所发生的作用是长期的。偶尔，一个或更多的角色的异常行为，在"权力均势"系统中，对均势并不是完全意外或不协调的。如果其他角色能合乎范型所提出的要求，这样的异常可以被制止，仍然可以维持这个系统的稳定。但是中国的情况比较特殊，因为它从来没有摆脱过重要角色（通常是最强大的个人）的异常行为的威胁，特别是在第三阶段，角色之间活动的步伐加快了，一个危机紧跟着另一个危机，致使中国处于比较紧张的状态之中。

最后统一国家的终极愿望，造成了角色不容许别人留在系统内的结果，更确切地说，它增强了角色要消灭其他角色而独霸这个系统的欲望。

每个重要角色一旦感到自己有能力时，都想消灭其他角色的事实，使我们注意到了角色的数字与系统稳定性之间的关系，这是存在着这个系统不稳定因素的重要原因之一。一般情况下，重要角色不超过3个。第一阶段，这些角色逐渐形成，到这个阶段结束时，他们还处于组织上的散漫状态。这个阶段的重要角色是皖系、直系和奉系。第二阶段，直系、奉系无疑成了重要角色，皖系的力量虽然被大大地削弱了，但仍然是重要角色。第三阶段，奉、直仍名列前茅，国民军曾一时强大，但南口失败后就削弱了。国民党仅仅是在1925—1926年，才引起了人们的充分注意。

因此，系统的稳定主要取决于两个较弱的重要角色联合起来反对那个强者之能力和愿望。由于发生冲突时，一个重要角色只能得到另一个角色的支援，任何导致增长一个角色的能力而有损其他角色的行动，都会引起严重的注意。在这样的系统中，采取果断的对策是很重要的，拖延或迟缓会使这个角色因为联合力量被明显限制而付出很大的代价，甚至遭到惨重的损失。如果这个角色不能尽快地联合那仅有的另一个可联合的重要角色，以共同反对第三者，那么，它就可能发现它自己被那另外两个角色的联盟所反对。在中国的系统中，三方面人物的能力大致相等，两方人联合起来反对另一方，其结果是可以预料的。

从表面的数字上看，这个系统似乎具有长期存在的美景。因为任何时候都有多数角色愿意保留这个系统而不愿毁灭它。在一定的时间内，总是只有一个角色怀有统治愿望，而要破坏平衡的局面。那两个较弱的重要角色，至少暂时地愿意维持现状，而几乎所有不重要的角色则强烈地愿意维持现状，因为他们要避免统治者的欺侮。但数量上的多数不起决定作用，因为那些不重要的角色决不会急于承担他们的责任。中国的系统实际上分成两个部分。一部分包括重要角色，他们之间互相有许多交往。另一部分包括不重要的角色，他们几乎没有什么来往。重要角色想与不重要角色打交道时（无论是想征服他们还是想得到他们的帮助），小角色总是敬而远之。实际上，中国的系统依赖于少数重要角色的支持。

在三个重要角色的活动中，人们可能认为两个重要角色之间发生了任何冲突，第三个没有参与的角色就会起"平衡"作用。但是在中国的系统中，平衡者很难存在。一个平衡者必须首先具有某些条件，它的地理位置必须远离战事中心，不会受到攻击，它应该不会受到其他角色由于边界改变所产生的直接和即刻的影响，从而才能关注于它们中间的全面平衡。它应具有高度的灵活性和坚强的军事能力，能在快速进攻中取得胜利，而不长期地占领别人的土地。这样的角色常常是受别人欢迎的同盟者。因为它的非侵略本性会减少对方的担心。此外，它应有易于进入危险地区的渠道，并具有安全的供给线。19世纪的英国，具备了这些条件。

但是，在中国所有的重要角色都是以土地为基础，它们的领土往往是互相交叉的，使地理上的分离成为不可能，互相接壤带来了边界问题，有时不以它们的意志为转移而发生一些纠纷。虽然几乎所有重要角色都占有部分海岸线，但都没有成功地发展海军，从而可以进入并不接壤的区域。此外，三个行动者的系统本身使"平衡"很难保持。如果有一个角色采取旁观的态度，那么，另外两个就会担心，敌对者双方都把这种态度视为伺机或危险，而不能容忍，它们都会迫使第三方表态。

而且，即使可能的话，是不是任何一个角色，会愿意长期充当"平衡者"，也值得怀疑。因为，平衡恢复后，自愿退出是困难的。第一，平衡者将面对继续平衡的需要，它要求在这个系统内对另外几个角色随时保持警惕。第二，平衡者要放弃任何在损害失败者的情况下增加自己能力的机会。与此相比，与另一个重要角色建立联盟，可能会得到更具体、更实际的利益，因为这样的联盟很可能取得胜利。在这种情况下，一个角色宁愿充当一个同伙，也不愿充当一个平衡者。

还有一个使角色不愿充当平衡者的原因，亦即平衡者只有很短促的生命。能制止胜利者消灭被打败者的唯一力量，是平衡者的有力干预。但是，这样做，只是为一件不可能成功的事情而徒劳，恢复被打败者的努力，只能使这个平衡者卷入一场反对胜利者的新战争之中。不管那场新战争的结局如何，有一点是肯定的，那就是，平衡者的平衡作用不存在了。

这些因素造成人们宁愿接受赔偿领土或其他资源作为解决办法。这个办法的优点是使这些角色把它们的安全放在增加其能力的基础上，而不是依靠平衡者的公正态度上。而其缺点，则是在客观地估计被打败者的能力以及使胜利者达成公平的分配方面，具有难以克服的困难。1920年和1924年的战争，都以胜利者联盟分割失败者的领土而结束。在分配这些战利品时，不管怎样力求公平，总是很快发生尖锐的利益冲突，从而在胜利者之间导致新的敌对态度。

在中国的系统中，一个角色的权力及其合法性的唯一基础，是它所掌握的军事力量。如果这个力量被摧毁，那么，在它影响下的土地立即会出现权力的真空。这个因素规定了胜利者的方针，并刺激它们的欲望。失败的重要角色没有胜利者的帮助就不能重新获得它过去的地位。因此，胜利者可以表现自我克制，把安全依赖于很不稳定的三者权力均势的系统上；或者执行接受赔偿的自我扩张政策，它可以得到相当大的直接利益，并把安全置于自己力量的基础上。军阀们的选择是明确的。

虽然中国的系统时时显示出与"权力均势"系统相类似的某些特点，但这个系统仍然经常处于偏离均势的趋势下，而向统一的国家的系统发展。只要角色的能力都普遍很低，只要霸权角色处于少数，军阀系统就可以存在。但是所有角色的能力增强，意识形态角色的兴起，情报和现实之间距离的扩大，以及最后霸权角色的优势超过了现有角色（所有次要角色都加入进霸权角色一边），就形成了中国军阀系统不能承受的紧张局面。于是，这个系统就迅速崩溃。

附录一 1916—1928年间政治军事领导人年表

国家元首

职务	姓名	任职时间
总统	袁世凯	1912年3月—1916年6月
总统	黎元洪	1916年6月—1917年7月
代理总统	冯国璋	1917年7月—1918年10月
总统	徐世昌	1918年10月—1922年6月
总统	黎元洪	1922年6月—1923年6月
总统	曹锟	1923年10月—1924年11月
摄政	段祺瑞	1924年11月—1926年4月
大元帅	张作霖	1927年6月—1928年6月

总理及其内阁任期年表

姓名	任期时间
段祺瑞	1916年4月22日—1916年6月29日
段祺瑞	1916年6月29日—1917年5月22日
李经羲	1917年6月24日—1917年7月1日
段祺瑞	1917年7月14日—1917年11月22日
王士珍	1917年11月30日—1918年2月20日
段祺瑞	1918年3月23日—1918年10月10日
钱能训	1918年12月20日—1919年6月13日
靳云鹏	1919年11月5日—1920年7月2日
靳云鹏	1920年8月9日—1921年5月10日

靳云鹏	1921年5月10日—1921年12月18日
梁士诒	1921年12月24日—1922年5月5日
颜惠庆	1922年6月11日—1922年8月5日
唐绍仪	1922年8月5日—1922年9月19日
王宠惠	1922年9月19日—1922年11月29日
汪大燮	1922年11月29日—1922年12月11日
张绍曾	1923年1月4日—1923年6月6日
孙宝琦	1924年1月10日—1924年7月2日
颜惠庆	1924年9月14日—1924年10月30日
黄　郛	1924年10月30日—1924年11月24日
段祺瑞	1924年11月24日—1925年12月31日
许世英	1925年12月26日—1926年3月4日
贾德耀	1926年3月4日—1926年4月20日
颜惠庆	1926年5月13日—1926年6月22日
顾维钧	1927年1月11日—1927年6月16日
潘　复	1927年6月20日—1928年6月3日

附录二 1916—1927年间各省最高军事长官年表

省份	1916	1917	1918	1919	1920	1921	1922	1923	1924	1925	1926	1927
奉天	张作霖	—	—	—	—	—	—	—	—	—	—	吴俊升
吉林	孟恩远	田中玉	孟恩远	鲍贵卿	—	孙烈臣	—	—	张作相	—	—	—
黑龙江	毕桂芳	许兰州 鲍贵卿	鲍贵卿	孙烈臣	—	吴俊升	—	—	—	—	—	万福麟
直隶	曹锟	—	—	—	—	—	—	王承斌	卢永祥	李景林 孙岳	褚玉璞	—
河南	赵倜	—	—	—	—	—	冯玉祥 张福来	张福来	胡景翼	岳维峻	寇英杰	无
山东	张怀芝	—	张树元	田中玉	—	—	—	郑士琦	—	张宗昌	—	—
山西	阎锡山	—	—	—	—	—	—	—	—	—	—	—

续前表

省份	1916	1917	1918	1919	1920	1921	1922	1923	1924	1925	1926	1927
陕西	陈树藩	—	—	—	—	阎相文 冯玉祥	刘振华	—	—	孙岳 李云龙	李云龙	—
甘肃	张广建	—	—	—	蔡成勋	—	陆洪涛	—	—	冯玉祥 刘郁芬	李鸣钟 刘郁芬	刘郁芬
新疆	杨增新	—	—	—	—	—	—	—	—	—	—	—
江西	李纯	陈光远	—	—	—	—	—	—	方本仁	—	邓如琢	无
福建	李厚基	—	—	—	—	—	蔡成勋	孙传芳	周荫人	—	—	无
江苏	冯国璋	李纯	—	—	—	齐燮元	—	—	韩国钧	卢永祥 杨宇霆	孙传芳 (从1925)	—
安徽	张勋	倪嗣冲	—	卢永祥	—	张文生	—	—	王揖唐	姜登选 邓如琢	陈调元	—
浙江	吕公望	杨善德	—	莫荣新	—	陈炯明	—	—	孙传芳	卢湘亭	陈仪 孟昭月	—
广东	陆荣廷	陈炳焜	—	—	—	—	许崇智 陈炯明	许崇智	国民党	—	—	—
广西	陈炳焜	谭浩明	—	—	—	—	刘震寰	无	无	李宗仁 黄绍竑	黄绍竑	—

附录二 1916—1927年间各省最高军事长官年表

续前表

省份	1916	1917	1918	1919	1920	1921	1922	1923	1924	1925	1926	1927
四川	戴戡	刘存厚	无	无	熊克武	刘湘	刘成勋	邓锡侯 刘湘	刘存厚 杨森	刘湘	无	无
贵州	刘显世	—	—	—	—	卢焘	刘显世	—	—	袁祖铭 周西城	周西城	无
云南	唐继尧	—	—	—	—	卢焘	—	—	—	—	无	无
湖南	谭延闿	傅良佐 程潜	张敬尧	—	谭延闿 赵恒惕	赵恒惕	唐继尧	—	—	—	无	无
湖北	王占元	—	—	—	—	萧跃南	—	—	—	—	陈嘉谟	无
河南	姜桂题	—	—	—	张景惠	—	—	—	阚朝玺	宋哲元	汤玉麟	—
热河	田中玉	张敬尧	田中玉	—	—	汲金纯	王怀庆 谭庆林	张锡元	张之江	—	鹿钟麟 高维岳	—
察哈尔	田中玉	—	—	—	马福祥	赵恒惕 马福祥	张锡元 马福祥	—	—	—	刘郁芬 蒋鸿遇	商震（从1926）
绥远	蒋雁行	蔡成勋	—	—	—	—	—	—	—	李鸣钟		

附录三 1916—1928年大事年表

1916 年

6月6日　　袁世凯死，黎元洪继任总统。
9月21日　　张勋召集各省代表于徐州开会。
10月30日　冯国璋被选为副总统。

1917 年

1月11日　　张勋召集各省代表会议于徐州。
3月10日　　国会通过对德绝交。
5月23日　　免去段祺瑞总理职务。
5月29日　　督军团与北京政府断绝关系。
6月2日　　督军团宣布独立，在天津成立总参谋处。
6月12日　　国会解散。
7月1日　　张勋复辟。
7月6日　　复辟失败，冯国璋任总统。
7月14日　　段祺瑞任总理。
8月14日　　北京政府对德奥宣战。
9月18日　　湖南宣布脱离北京政府独立，段祺瑞下令征讨。
11月15日　直系军阀支持和平解决湖南问题，段祺瑞辞去总理职务。
12月18日　段祺瑞任参战督办。

1918 年

1月30日　　北京政府重新进攻湖南。

2月25日	奉系进军直隶。
3月23日	段祺瑞任总理。
5月16日	签订中日共同防敌军事协定。
5月30日	曹锟停止参与湖南战争。
6月14日	陆建章被刺。
8月21日	吴佩孚要求停止内战。
10月10日	徐世昌被选为北京政府总统。

1919年

2月20日	南北议和会议于上海召开。
5月13日	议和会议的南北代表辞职。
6月24日	徐树铮任西北边防军总司令。

1920年

3月18日	直系军队开始撤离湖南。
4月23日	浙江督军卢永祥建议废除督军制。
5月26日	湘军向北洋军队发动进攻。
6月11日	免去张敬尧湖南督军职。
7月3日	曹锟和张作霖宣布徐树铮罪状。
7月6日	皖系军队动员战争。
7月14日	直皖战争开始。
7月19日	直皖战争以皖系失败而结束。
11月1日	湖南宣布自治。

1921年

4月25日	曹锟、张作霖和王占元之间召开天津会议。
5月30日	张作霖得以控制热河、察哈尔和绥远。
6月29日	武昌兵变导致发生湖南直隶战争。
7月7日	王占元辞去湖北督军职，萧耀南继任。
9月1日	湘直停战条约签订于湖北。

9月20日　　川军进攻湖北,为直系军队击退。

1922年

1月1日　　湖南公布省宪法。
1月6日　　吴佩孚宣布反对梁士诒内阁。
1月19日　　直系军阀要求驱逐梁士诒总理。
3月31日　　张作霖把军队派到北京附近。
4月8日　　奉军和直军开始动员。
4月29日　　直奉战争开始。
5月5日　　直奉战争以奉系失败结束。
5月15日　　直系军官要求恢复黎元洪总统职务。
6月3日　　张作霖宣布东北自治。
6月11日　　黎元洪复任总统。

1923年

1月23日　　《孙越宣言》于上海签订。
2月21日　　孙中山回广州任军政府大元帅职。
3月6日　　直系孙传芳攻入福建。
6月13日　　黎元洪总统被逐。
10月5日　　曹锟选为总统。
10月13日　　孙中山宣布讨伐曹锟,奉系皖系宣布反对曹锟当总统。

1924年

1月21日　　国民党召开代表大会宣布改组党的计划。
2月23日　　北京政府买了价值四百万元的意大利武器。
8月25日　　广州商团向国民党挑战。
9月1日　　江浙战争爆发。
9月4日　　张作霖和孙中山宣布支持浙江。
9月17日　　直系宣战反对张作霖。
10月13日　　浙江失败。

10月15日	广州商团叛乱被镇压。
10月23日	冯玉祥夺取北京政权。
11月2日	曹锟辞总统职。
11月8日	直奉战争以吴佩孚的全面失败而结束。
11月24日	段祺瑞执政。
12月31日	孙中山到北京与北方领导人商讨。

1925年

1月7日	奉军占领安徽和江苏。
2月1日	善后会议开始。
3月12日	孙中山于北京逝世。
4月20日	善后会议结束。
10月15日	孙传芳进攻奉军，迫使奉军撤离长江流域。
10月21日	吴佩孚任十四省联军总司令，宣布反张作霖战争。
11月22日	郭松龄倒奉。
11月23日	国民党西山会议派在北京开会。
12月5日	冯玉祥的国民军开始反奉系的作战活动。
12月24日	郭松龄的倒奉被粉碎。
12月30日	徐树铮在北京附近遇刺。

1926年

1月4日	冯玉祥放弃对国民军的领导，吴佩孚指挥军队进攻国民军。
3月20日	中山舰事件后，国民党采取反对共产党人的行动。
4月9日	国民军军官驱逐段祺瑞执政。
4月15日	国民军撤离北京政府，退向西北。
5月17日	国民党对共产党人实行新的限制。
6月6日	国民党任命蒋介石为国民革命军总司令进行北伐。
7月11日	国民党军队占领长沙。
8月23日	冯玉祥参加国民革命军。
9月7日	国民党军队攻下汉口。

9月20日	国民党军队占领南昌。
10月10日	国民党军队占领武昌。
12月1日	张作霖任安国军总司令。
12月31日	国民党完全占领福建和浙江。

1927年

3月7日	国民党二届三中全会在汉口举行。
3月22日	国民党军队占领上海。
3月24日	国民党军队占领南京,发生南京事件。
4月12日	上海工会被解除武装。
	国民党"清除"共产党人。
	阎锡山宣布忠于孙中山主义。
4月17日	武汉和南京建立相对立的政权。
6月2日	国民党军队占领徐州。
6月18日	张作霖就任北京新军政府大元帅。
6月19日	冯玉祥宣布支持南京政府。
7月23日	武汉国民党与共产党人断绝关系。
8月1日	共产党发动南昌起义。
8月6日	张宗昌占领国民党地区徐州。
8月12日	蒋介石下野以促使党的统一。
8月24日	孙传芳进攻上海南京地区。
9月1日	孙传芳的进攻被击退。
9月10日	国民党南京和武汉两派和解。
9月29日	阎锡山向张作霖宣战。
12月16日	国民党军队夺回徐州。

1928年

1月9日	蒋介石复任国民革命军总司令职务。
4月30日	国民党军队占领济南。
5月3日	中日军队在济南发生冲突。

5月19日   日本劝张作霖退回关外。
5月25日   张作霖拒绝日本人的劝告。
6月3日   张作霖离开北京回东北，火车被炸，身死。
6月8日   阎锡山军队进入北京。北伐结束。

附录四　参考书目

中文部分

白　蕉《袁世凯与中华民国》，上海，1936年版。
半痴生《模范军人冯玉祥全书》，上海，1922年版。
半　粟《中山出世后中国六十年大事记》，上海，1928年版。
蔡屏藩《陕西革命纪要》，台北，1962年版。
蔡廷锴《蔡廷锴自传》，香港，1946年版。
曹聚仁《蒋百里评传》，香港，1963年版。
曹汝霖《一生之回忆》，香港，1966年版。
陈高傭《中国历代天灾人祸表》，上海，1939年版。
陈功甫《中国革命史》，上海，1931年版。
陈恭禄《中国近代史》，上海，1935年版。
陈　晖《广西交通问题》，长沙，1938年版。
陈克华《中国现代革命史实》，香港，1965年版，3卷本。
陈列夫《中国近代史》，香港，1964年版。
陈锡璋《北洋沧桑史话》，台北，1967年版，2卷本。
陈训正《国民革命军战史初稿》，南京，1936年版，6卷本。
邓云特《中国救荒史》，上海，1937年版。
丁文江《民国军事近纪》，上海，1926年版。
樊荫南《当代中国名人录》，上海，1937年版。
范文澜《中国近代史》，上编，第一分册，北京，1952年版。
方显廷《中国经济研究》，长沙，1938年版。
费保彦《善后会议史》，北京，1925年版。
冯玉祥《冯玉祥军事要点汇编》，无出版时间与单位。

冯玉祥《冯玉祥日记》，北平，1932年版。

冯玉祥《我的生活》，上海，1947年版，3卷本。

龚德柏《龚德柏回忆录》，香港，1964年版。

龚德柏《也是愚话》，台北，1964年版。

何炳棣《中国会馆史论》，台北，1966年版。

胡　适《丁文江传》，台北，1956年版。

胡　适《丁文江这个人》，台北，1967年版。

黄绍竑《五十回忆》，杭州，1945年版，2卷本。

黄远庸《远生遗著》，台北，1968年版。

贾士毅《民国财政史》，上海，1927年版，2卷本。

贾士毅《民国续财政史》，上海，1932年版。

贾逸君《中华民国名人传》，北平，1932—1933年版，2卷本。

贾逸君《中华民国史》，北平，1930年版。

贾宗复《中国制宪简史》，台北，1953年版。

蒋百里《裁兵计划书》，上海，1922年版。

蒋百里《国防论》，台北，1965年版。

蒋介石《苏俄在中国》，台北，1958年版。

金国宝《中国货币问题》，上海，1927年版。

来新夏《北洋军阀史略》，武汉，1957年版。

李方晨《中国近代史》，台北，1960年版。

李剑农《中国近百年政治史》，台北，1959年版，2卷本。

李烈钧《李烈钧将军自传》，1944年版。

李守孔《中国现代史》，台北，1958年版。

李宗仁《李总司令最近演讲集》，1935年版。

刘秉麟《近代中国外债史稿》，北京，1962年版。

刘大中《中国工业调查报告》，南京，1937年版。

刘凤翰《新建陆军》，台北，1967年版。

刘凤翰《于右任年谱》，台北，1967年版。

刘世仁《中国田赋问题》，上海，1925年版。

刘　彦《帝国主义压迫中国史》，上海，1927年版，2卷本。

刘　峙《黄埔军校与国民革命军》，南京，1947年版。

罗家伦《革命文献》，台北，1953—1974年版，1—67辑。

罗玉东《中国厘金史》，上海，1936年版。

罗玉田《军阀逸闻》，台北，1967年版。

马　五（雷啸岑）《我的生活史》，台北，1965年版。

马寅初《马寅初演讲集》，上海，1925年版，4卷本。

毛思诚《民国十五年以前之蒋介石先生》，香港，1965年版。

南海胤子《安福痛史》，北京，1926年版。

欧振华《北伐行军日记》，1931年版，无出版单位。

齐纯祖《民国春秋》，香港，1961年版。

千家驹《广西省经济概况》，上海，1926年版。

千家驹《旧中国公债史资料》，北京，1955年版。

千家驹《中国农村经济论文集》，北平，1935年版。

钱端升《民国政制史》，上海，1946年版，2卷本。

秦德纯《秦德纯回忆录》，台北，1967年版。

萨孟武《水浒与中国社会》，澳门，1966年版。

沈亦云《亦云回忆》，台北，1968年版。

沈云龙《黎元洪评传》，台北，1963年版。

施养成《中国省行政制度》，上海，1947年版。

孙怀仁《中国农村现状》，上海，1933年版。

唐祖培《民国名人小传》，香港，1953年版。

陶菊隐《北洋军阀统治时期史话》，北京，1957年版。

陶菊隐《督军团传》，上海，1948年版。

陶菊隐《蒋百里先生传》，上海，1948年版。

陶菊隐《近代轶闻》，上海，1940年版。

陶菊隐《六君子传》，上海，1946年版。

陶菊隐《吴佩孚将军传》，上海，1941年版。

陶希圣《中国社会之史的分析》，上海，1929年版。

田布衣《北洋军阀史话》，台北，1964年版。

王云五《我的生活片断》，台北，1952年版。

文公直《最近三十年中国军事史》,台北,1962 年版,3 卷本。
沃邱仲子《当代名人小传》,2 卷本。
沃邱仲子《段祺瑞》,上海,1921 年版。
无聊子《第二次直奉大战记》,上海,1924 年版。
吴　虬《北洋派之起源及其崩溃》,上海,1937 年版。
吴铁城《四十年来之中国与我》,台北,1957 年版。
吴廷燮《合肥执政年谱》,台北,1962 年版。
萧　潇《当代中国名人志》,上海,1939 年版。
徐昌岁《内阁公债史》,上海,1932 年版。
徐道邻《徐树铮先生文集年谱合刊》,台北,1962 年版。
徐树铮《徐树铮电稿》,北京,1963 年版。
徐义生《中国近代外债史统计资料（1853—1927）》,北京,1962 年版。
严中平等《中国近代经济史统计资料选辑》,北京,1955 年版。
阎锡山《治晋政务全书初编》。
杨家骆《民国名人图鉴》,南京,1937 年版。
杨汝梅《民国财政论》,上海,1927 年版。
易国干《黎副总统政书》,台北,1962 年版。
郁　明《张作霖外传》,香港,1965 年版,2 卷本。
袁世凯《新建陆军兵略录存》,北京,1898 年版。
张国平《白崇禧将军传》,1938 年,无出版单位。
张君劢《关于内战的六次演讲》,上海,1924 年版。
张其昀《党史概要》,台北,1951—1955 年版,3 卷本。
张其昀《中国军事史略》,上海,1946 年版。
张其昀《中华民国史纲》,台北,1954 年版。
张肖梅《四川经济参考资料》,上海,1939 年版。
张云家《于右任传》,台北,1958 年版。
张忠绂《中华民国外交史》,北平,1936 年版。
张梓生《奉直战争纪事》,台北,1967 年版。
张梓生《壬戌政变记》,上海,1924 年版。
章君穀《吴佩孚传》,台北,1968 年版,2 卷本。

章　熊《中华民国的内阁》，北平，1928年版。
周谷城《中国社会之变化》，上海，1931年版。
周开庆《民国四川人物传记》，台北，1966年版。
周开庆《民国四川史事》，台北，1969年版。
朱其华《中国社会的经济结构》，上海，1931年版。
朱世煌《民国经济史》，上海，1948年版。
朱仲玉《北洋军阀的统治》，北京，1956年版。
邹　鲁《回顾录》，南京，1946年版，2卷本。
邹　鲁《中国国民党史略》，台北，1951年版。
——①《北伐战史》，台北，1967年版，5卷本。
——《曹锟历史》，天津，1924年版。
——《川滇战争报告书》，重庆，1920年版。
——《冯玉祥的总检查》，北京，1922年版。
——《奉直战史》，上海，1924年版。
——《江西省运输概况》，1941年版。
——《陆军统计简明报告书》，北京，1926年版，28卷本。
——《善后会议公报》，北京，1925年版，9卷本。
——《十年来的中国》，上海，1937年版，2卷本。
——《实行兵农合一之商榷》，太原，1947年版。
——《苏联阴谋文件汇编》，北平，1928年版。
——《吴佩孚》，北平，1940年版。
——《吴佩孚传》，台北，1957年版。
——《吴佩孚先生集》，台北，1960年版。
——《吴佩孚先生年谱》，无出版单位。
——《徐永昌先生纪念集》，香港，1964年版。
——《阎督军政书》。
——《阎故执政锡山史略》。
——《一九一九年南北议和资料》，北京，1962年版。

---

① 中文部分加"——"者为具体编著者不详。——译者注

——《袁世凯窃国记》，台北，1954年版。

——《直奉大战史》，上海，1922年版。

——《中国经济论文集》，上海，1934年版，2卷本。

——《江浙战史》，上海，1924年版。

外文部分

Abend, Hallett. *My Years in China.* 1926—1941. London, 1944.

Adshead, S. A. M. *The Modernization of the Chinese Salt Administration, 1900—1920.* Cambridge, Mass. , 1970.

Andrzejewski, Stanislaw. *Military Organization and Society.* London, 1954.

Apter, David E. *Politics of Modernization.* Chicago, 1967.

Arnold, Julean. *Commercial Handbook of China.* Washington, D. C. , 1924.

——. *China Through the American Window.* Shanghai, 1932.

Barker, John Earl. *Explaining China.* London, 1927.

Bienen, Henry, ed. *The Military Intervenes: Case Studies in Political Development.* New York, 1968.

——. *The Military and Modernization.* Chicago, 1971.

Biographical Dictionary of Republican China. New York, 1967—1971, 4 vols.

Borg, Dorothy. *American Policy and the Chinese Revolution.* New York, 1947.

Browder, Earl Russell. *Civil War in Nationalist China.* Chicago, 1927.

Buck, John Lossing. *Chinese Farm Economy.* Shanghai, 1930.

——. *Agricultural Survey of Szechwan Province, China.* New York, 1943.

——. *Land Utilization in China.* New York, 1964.

Bulletin of the School of Oriental and African Studies (University of

London, 1968), Vol. XXXI, Part 3.

Carlson, E. F. *The Chinese Army, Its Organization and Military Efficiency*. New York, 1940.

Chang Chung-li. *The Chinese Gentry*. Seattle, 1955.

———. *The Income of the Chinese Gentry*. Seattle, 1962.

Chapman, H. O. *The Chinese Revolution, 1926—1927*. London, 1928.

Ch'en, Jerome. *Yüan Shih-k'ai: 1859—1916*. London, 1961.

Cheng Fang. *A General Course on Chinese District (Hsien) Government*. Changsha, 1939, 2 vols.

Cheng Sih-gung. *Modern China: A Political Study*. London, 1919.

Chiang Kai-shek. *Soviet Russia in China*. New York, 1958.

Ch'ien Tuan-sheng. *The Government and Politics of China*. Cambridge, Mass., 1950.

Chow Tse-tsung. *The May Fourth Movement*. Stanford, Calif., 1960.

Ch'ü T'ung-tsu. *Law and Society in Traditional China*. The Hague, 1961.

———. *Local Government in China under the Ch'ing*. Stanford, Calif., 1962.

Claude. Inis L. *Power and International Relations*. New York, 1962.

Close, Upton. *In the Land of the Laughing Buddha*. New York, 1924.

Clubb, Edmund. *Twentieth Century China*. New York, 1964.

Columbia Essays in International Affairs: The Dean's Papers, 1967. Edited by A. W. Cordier. New York, 1968.

Daalder, Hans. *The Role of the Military in the Emerging Countries*. The Hague, 1962.

Durkheim, Emile. *The Division of Labor in Society*. New York, 1964.

Earle, Edward Mead, ed. *Makers of Modern Strategy*. Princeton, N. J., 1941.

The Federalist (Papers). New York, 1961.

Fei Hsiao-t'ung. *Peasant Life in China*. New York, 1939.

——. *Earthbound China*. Chicago, 1945.

Feuerwerker, Albert. *The Chinese Economy, 1912—1949*. Ann Arbor, Mich, 1968.

——. *The Chinese Economy, 1870—1911*. Ann Arbor, Mich, 1969.

Fong, H. D. *China's Industrialization: A Statistical Survey*. N. p. , n. d.

Freedman, Maurice. *Lineage Organization in Southeastern China*. London, 1958.

Gale, Esson M. *Salt for the Dragon: A Personal History of China, 1908—1945.* East Lansing, Mich. , 1953.

Gamble, Sidney D. *Peking: A Social Survey*. New York, 1921.

——. *Ting Hsien: A North China Rural Community*. New York, 1954.

——. *North China Villages*. Berkeley, Calif. , 1963.

Garthoff, Raymond L. , ed. *Sino-Soviet Military Relations*. New York, 1966.

Gendai chuka minkoku, manshu teikoku jinmei roku. Tokyo, 1927.

Gendai shina jinmei kan. Tokyo, 1928.

Gilbert, Rodney. *What's Wrong with China?* London, 1926.

Gillin, Donald G. *Warlord, Yen Hsi-shan in Shansi Province, 1911—1949*. Princeton, N. J. , 1967.

Ho Ping-ti. *Studies on the Population of China, 1368—1953*. Cambridge, Mass. , 1959.

——. *The Ladder of Success in Imperial China: Aspects of Social Mobility, 1368—1911*. New York, 1962.

Ho Ping-ti and Tsou Tang, eds. *China in Crisis*. Chicago, 1968, 2 vols.

Houn, Franklin. *Central Government of China, 1912—1928*. Madison, Wis. , 1959.

Hsiao Kung-chuan. *Rural China: Imperial Control in the Nineteenth Century*. Seattle, 1960.

Hsü, Francis. *Under the Ancestors' Shadow*. New York, 1948.

Impey, Lawrence. "Chinese Progress in the Art of War," *China Weekly*

Review, Dec. 27, 1924.

———. *The Chinese Army as a Military Force*. Tientsin, 1926.

Isaacs, Harold. *The Tragedy of the Chinese Revolution*. Stanford, Calif., 1961, 2d rev. ed.

Janowitz, Morris. *The Professional Soldier*. New York, 1960.

———. *The New Military*. New York, 1964.

Janowitz, Morris, ed. *The Military in the Political Development of New Nations*. Chicago, 1964.

Johnson, John J., ed. *The Role of the Military in Underdeveloped Countries*. Princeton, N.J., 1962.

Jowe, Peter S. "Who Sells the Guns to China's War Leaders?" *China Weekly Review*, April 18, 1925.

(*Kaitei*) *Gendai shina jinmei roku*. Tokyo, 1928.

Kann, Eduard. *The Currencies of China*. Shanghai, 1926.

Kaplan, Morton A. *System and Process in International Politics*. New York, 1957.

Kotenev, Anatol. The Chinese Soldier. Shanghai, 1933.

Krech, David, Richard S. Crutchfield, and Egerton L. Ballachey. *Individual in Society: A Textbook of Social Psychology*. New York, 1962.

Kuhn, Philip A. *Rebellion and Its Enemies in Late Imperial China*. Cambridge, Mass., 1970.

Liu, F. F. *A Military History of Modern China, 1924—1949*, Princeton, N. J., 1956.

Lunt, Carroll. *The China Who's Who*. Shanghai, 1925.

Machiavelli, Niccolo. *The History of Florence*. Gloucester, Mass.

Macnair, Harley F. *China in Revolutions: An Analysis of Politics and Militarism under the Republic*. Chicago, 1931.

———. *China*. Berkeley, Calif., 1951.

Mallory, Walter H. *China. A Land of Famine*. New York, 1926.

Malone, C. B., and J. B. Taylor. *The Study of Chinese Rural Economy.* N, p., 1924.

March, James G., ed. *Handbook of Organization.* Chicago, 1970.

Matsumoto Collection of the Press Cuttings Relating to China, *The Early Twentieth Century.* Microfilm, University of Michigan, Ann Arbor.

Millard, Thomas F. *China. Where It Is Today and Why.* New York, 1928.

Murphey, Rhoads. *Shanghai: Key to Modern China.* Cambridge, Mass., 1953.

Myers, Ramon H. *The Chinese Peasant Economy.* Cambridge, Mass., 1970.

Nieh. C. L. *China's Industrial Development: Its Problems and Prospect.* China Institute of Pacific Relations, 1933.

Nivison, David S., and Arthur F. Wright. *Confucianism in Action.* Stanford, Calif., 1959.

North, Robert C. *Moscow and Chinese Communism.* Stanford, Calif., 1953.

Oman, Sir Charles. *A History of the Arts of Way in the Middle Ages.* London, 1924.

Organski, A. F. K. *World Politics.* New York, 1968, 2d ed.

Pearl, Cyril. *Morris of Peking.* Sydney, Australia, 1967.

Perkins, Dwight H. *Agricultural Development in China, 1368—1968.* Chicago, 1969.

Powell, John B. *My Twenty-Five Years in China.* New York, 1945.

Powell, M. C., and H. K. Tong. *Who's Who in China.* Shanghai, n. d.

Powell, Ralph L. *The Rise of the Chinese Military Power, 1895—1912.* Princeton, N. J., 1955.

The Present Condition of China. N.P., 1932.

Pye, Lucian W. *Warlord Politics.* New York, 1971.

Quigley, Harold Scott. *Chinese Politics and Foreign Powers.* New

York, 1927.

Records of the Department of State Relating to Internal Affairs of China, 1910—1929. National Archives Microfilm Publications, Microfilm no. 329.

Redfield, Robert. *The Little Community and Peasant Society and Culture*. In one volume. Chicago, 1963.

Reinsch, Paul S. *An American Diplomat in China*. New York, 1922.

Saishin shina kanshin roku. Tokyo, 1918.

Schwartz, Benjamin I. *Chinese Communism and the Rise of Mao*. Cambridge, Mass., 1951.

Sheridan, James E. *Chinese Warlord: The Career of Feng Yü-hsiang*. Stanford, Calif., 1966.

Shih Yang-cheng. *The Chinese Provincial Administrative System*. Shanghai, 1947.

Solomon, Richard H. "Mao's Effort to Reintegrate the Chinese Polity: Problems of Authority and Conflict in Chinese Social Process," in A. Deak Barneff, ed. *Chinese Communist Politics in Action*. Seattle, 1969.

Spanier, John. *Games Nations Play*. New York, 1972.

Sutton, Donald Sinclair. "The Rise and Decline of the Yünnan Army, 1909—1925." Ph. D. dissertation, University of Cambridge, 1970.

T'ang Leang-li. *The Inner History of the Chinese Revolution*. London, 1930.

Tawara Teijiro, ed. *Shinmatsu minsho chugoku kanshin jinmei roku*. Tokyo, 1918.

Tawney, R. H. *Land and Labor in China*. Boston, 1966.

Taylor, A. J. P. *The Struggle for Mastery in Europe, 1848—1918*. Oxford, 1954.

Te-i-chai-chu-jen, ed. *Wu P'ei-fu chan shih*. Tokyo: Toyo Bunko Microfilm, 1960.

Tosan-sho kanshin roku, ed. by Tanabe Shujiro. University of Michigan Library, Ann Arbor.

Toynbee, Arnold J. *A Study of History*. Abridgement of vols. 1—6 by D. C. Somervell. New York, 1947.

Tung, William L. *The Political Institutions of Modern China*. The Hague, 1964.

Wang, Y. C. *Chinese Intellectuals and the West, 1872—1949*. Chapel Hill, N. C., 1966.

Weber, Max. *The Theory of Social and Economic Organization*. New York, 1966.

Wilbur, C. Martin, and Julie Lien-ying How, eds. *Documents on Communism, Nationalism, and Soviet Advisers in China, 1918—1927*. New York, 1956.

Willoughby, Westel Woodbury. *Constitutional Government in China: Present Conditions and Prospects*. Washington, D. C., 1922.

Woodhead, H. G. W. *The Truth about the Chinese Republic*. London, 1925.

——. *Adventures in Far Eastern Journalism*. Tokyo, 1935.

Wou, Odoric Ying-kwang. "Militarism in Modern China as Exemplified in the Career of Wu P'ei-fu, 1916—1928." Ph. D. dissertation, Columbia University, 1970.

Wright, Arthur F., and Denis Twitchett, eds. *Confucian Personalities*. Stanford, Calif., 1962.

Wright, Arthur F., ed. *Confucian Persuasion*. Stanford, Calif., 1960.

Wright, Mary Clabaugh, ed. *China in Revolution: The First Phase, 1900—1913*. New Haven, 1968.

索 引

（索引页码为英文版页码，见本书各页边上的标码）

Anfu Club，安福系，27—28，29，33，156，160；dissolution of，安福系的解散，209

Anhwei-Chihli war，皖直战争. see Chihli-Anhwei war，见直皖战争

Anhwei faction，皖系，34，69，71ff，114，147，214，217；and Tuan Ch'i-jui，段祺瑞，32，45，69，71—72，73；and Chihli faction，直系，34，136，138，145—148各处，209，214；and Northwestern Frontier Army，西北边防军，34，81；members of，成员，45，70，74；and balance-of-power system，权力均势体系，208，234；and Fengtien faction，奉系，211，215ff，219；and KMT，国民党，218. See also Chihli-Anhwei war，同见直皖战争

Anhwei province，安徽，23，45，130，164

Anti-Restoration campaign，反复辟运动，137f

Arms Embargo Agreement，武器禁运条约，121ff，124，258n18

Association of the Provincial (Military) Governors，省区联合会，16—17. See also Hsüchow conferences，同见徐州会议

Balance-of-power system，权力均势体系. See Kaplan's balance-of-power system model，见卡普兰的权力均势体系范型

Banner armies，八旗军，11f

Boxer Rebellion，义和团运动，116

Braves，勇，12—13

Bureau of War Participation，参战军机构，21，30

索 引

Canton，广州，29，113，124，160

Chang Chih-tung，张之洞，13

Chang Ching-hui，张景惠，71

Chang Ching-yao，张敬尧，23，25，69，73，94

Chang Fu-lai，张福来，70

Chang Hsüeh-liang，张学良，71，226

Chang Hsün，张勋，17，52，54，88，127；and Anti-Restoration campaign，反复辟运动，137f

Chang Huai-chih，张怀芝，22ff，28，42

Chang Tso-hsiang，张作相，71

Chang Tso-lin，张作霖，25f，37，75，88，115，123，142，177，226；and Fengtien faction，奉系，24，71，75，197，211；and Tuan Ch'i-hui，段祺瑞，24，24n，31；and Manchuria，东北，51，207；and foreign arms，外国武器，123n；and Chihli faction，直系，62；and Chekiang province，浙江，217

Chang Tsung-ch'ang，张宗昌，88，103，161，166n，223

Chao Chieh，赵杰，70

Chao T'i，赵倜，31—32，70

Chekiang province，浙江，23，50，130，136，138，143；and balance-of-power system，权力均势体系，215，217f

Ch'en Chia-mu，陈家谟，70

Ch'en Chiung-ming，陈炯明，54，200

Ch'en Kuang-yüan，陈光远，20f，23f，42；and Chihli faction，直系，65，70，73

Ch'en Shu-fan，陈树藩，69

Ch'en Wen-yün，陈文运，69，73

Cheng Shih-ch'i，郑士琦，69，73

Chi Chin-shun，汲金纯，71

Ch'i Hsieh-yüan，齐燮元，42，70，223

Chia Te-yao，贾德耀，69

Chiang Fang-cheng, 蒋方震, 80, 106n

Chiang Kai-shek, 蒋介石, 40, 43, 100f, 190, 197; and Chinese Communist party, 中国共产党, 200; and National Revolutionary Army, 国民军, 225

Chiang Teng-hsüan, 姜登选, 223

Chiang Yen-hsin, 蒋雁行, 42

Chihli-Anhwei war, 直皖战争, 32, 34, 136f, 138—139, 145, 147; and balance-of-power system, 权力均势体系, 208—209

Chihli faction, 直系, 32f, 49, 64n, 69, 73, 214, 217; and Ts'ao K'un, 曹锟, 30—31, 34, 65, 70—72; and Fengtien faction, 奉系, 32, 136, 138, 148, 209, 211, 214—215, 223f; and Anhwei faction, 皖系, 34, 136, 138, 145ff, 148, 209, 214; geographical distribution of members, 成员的地理分布, 45, 74, 86; organization of, 组织, 70, 72, 73, 143; finances of, 财经, 167, 169; and Kuominchün, 国民军, 225f, 229f; and KMT, 国民党, 226, 230f; and balance-of-power system, 权力均势体系, 227, 234

Chihli-Fengtien wars, 直奉战争. see First Chihli-Fengtien war, 见第一次直奉战争; Second Chihli-Fengtien war, 第二次直奉战争

Chihli province, 直隶, 129f

Chin Yün-ao, 靳云鹗, 70

Chin Yün-p'eng, 靳云鹏, 42, 69, 209

Chinese Communist party (CCP), 中国共产党, 200, 230f

Ch'ing government, 清政府, 10ff, 78, 116

Chou Yin-jen, 周荫人, 70, 214

Ch'u-chün, 鄂军, 12. See also Hsiang-chün, 同见湘军

Ch'ü T'ung-feng, 曲同丰, 60, 69, 73

Communications Faction, 交通系, 28

Confucianism, 儒家思想, 96, 180, 264nl

Currency, 货币, 161ff, 171, 262n29

Eastern Expedition，东征，101

Emperor Kuang-hsü，光绪皇帝，102

Feng Kuo-chang，冯国璋，20，23f，52—53，104；and Tuan Ch'i-jui，段祺瑞，11，20f，20n，24，29，33；views on local autonomy，对地方自治的看法，20，29，33；peace policy，和平政策，22—23，24；and Yüan Shih-k'ai，袁世凯，38

Feng Yü-hsiang，冯玉祥，4，26，49，88f，142，162，177f，200；and troops，军队，44n，59n，63n，85，95ff，109n，111f；and Chihli faction，直系，49，70，239；ideology of，思想/意识形态，56；and Soviet Union，苏联，97，110n，112，125，223ff，259n34；and Kuominchün，国民军，98，125，222—223，239；and KMT，国民党，223

Fengtien faction，奉系，24，69，75，122f，145f，148，169，177；and Chihli faction，直系，32，136，138，148，211，215，217f，223f；members of，成员，45，71，74f，104f，143；organization of，组织，71，75，143，145；and Japan，日本，123；and KMT，国民党，147ff，211，215，218，225f，230f；and Anhwei faction，皖系，209，211，215，218f；and balance-of-power system，权力均势体系，222，229，234；Kuominchün，国民军，222—223，224ff，230

Fengtien-Kuominchün war，奉—国民军之间的战争，137，140，224，227，229

Fengtien province，奉天，23

First Chihli-Fengtien war，第一次直奉战争，127，137ff，145，147，211，217；cost of，代价，168；number of troops，军队数量，213；balance-of-power system and，权力均势体系，227

France，法国，121

Fu Liang-tso，傅良佐，19，21

Fukien province，福建，94f，164，214

Great Britain，英国，122，157

Green Standards，绿营，11—12

Han Fu-ch'ü，韩复榘，98，103
Hanyang arsenal，汉阳兵工厂，118，120
Ho Feng-lin，何丰林，42，69，143
Honan province，河南，31f，118，125，129f，136，164，193; revolt of，河南叛乱，213
Hsiang-chün，湘军，12，151
Hsiao-chan，小站，13，14
Hsiao Yao-nan，萧耀南，70
Hsü Lan-chou，许兰洲，51
Hsü Shih-ch'ang，徐世昌，29
Hsü Shu-cheng，徐树铮，25，31，64，69; and Anfu Club，安福系，27; and Northwestern Frontier Army，西北边防军，31
Hsüchow conferences，徐州会议，17，252n4
Hu Ching-i，胡景翼，70，223
Huai-chün，淮军，12，45
Huang Shao-hung，黄绍竑，47—48
Hunan campaign，湖南战役，18—19，20，21，135，137f，168; and Wu P'ei-fu，吴佩孚，207—208
Hunan province，湖南，25，28，32，125，130，161; fighting in，战斗，18—19，22，25，94f，138; Neutrality of，中立，50，54; and provincial constitutionalism，省立宪运动，102n; and balance-of-power system，均势体系，208; and KMT，国民党，226
Hupeh province，湖北，21f，32，130，136，164; and Hanyang arsenal，汉阳兵工厂，118，120

Japan，日本，30，107，113，116，121，123; and loans，借款，27，156，262n17; and Sino-Japanese Mutual Defense Pact，中日共同防敌军事协定，27，30，121; and Tuan Ch'i-jui，段祺瑞，27，30，33，121，123，

156，168；and first Sino-Japanese War，第一次中日战争，116；as arms supplier，武器供应者，120—121，122f

Kan Ch'ao-hsi，阚朝玺，71
Kansu province，甘肃，23，164
Kaplan's balance-of-power system model，卡普兰的权力均势体系范型，204，214f，264n6；behavioral rules of，行为法则，204—205；equilibrium of，均衡，204，220，226；actors in，角色，206，208，217—222 各处，230—236 各处；stability and，稳定，206，233f；information and，情报，220，229；"balancing"，平衡，235f
Kiangsi province，江西，21，24，32，130，164，217
Kiangsu province，江苏，21，32，50—51，53，130，136，138，153；arsenal in，兵工厂，24，118；Chekiang province and，浙江，217
KMT（Kuomintang），国民党，2，3，9n，43，86，101，112，142，146，148，178；role in south，在南方的角色，4，53f，146，177；ideology of，思想/意识形态，56，58—59，99，102，115，231，255n17；military training of，军事训练，98—99，100，112ff，198，201，257n50；organization of，组织，99f，102，174f，190，219，231，255n15；and Soviet Union，苏联，112，124f，175f，198f，257n44，259n32；finances of，财经，160—161，169，174n，175—176，197；and Chinese Communist party，中国共产党，200；and balance-of-power system，权力均势体系，208，218，221f，226，230ff，234，237；and Fengtien faction，奉系，211，215，218，225；and Anhwei faction，皖系，218；and Kuominchün，国民军，223，225；and Chihli faction，直系，225f，230；and nationalism，民族主义，231—232；See also Northern Expedition, Sun Yat-sen, Whampoa Military Academy，同见北伐、孙中山、黄埔军校
Kuan yü，关余，153f
Kung Pang-to，宫邦铎，70
Kuo Sung-lin，郭松龄，163，224，227，229

Kuominchün，国民军，98，115，125，169；and Fengtien faction，奉系，137，140，222—223，225ff；and KMT，国民党，223，225；and Chihli faction，直系，225f；and Soviet Union，苏联，125，257n38，257n40，259n34；and balance-of-power system，权力均势体系，222，229，234

Kwangsi province，广西，47f，94，125，130—131，132，193；opium and，鸦片，164—165；gambling and，赌博，165—166

Kwangtung province，广东，118，125，130，132，164ff；attacks on，进攻广州，48，94f

Kweichow province，贵州，125，131f，193

Li Ch'ang-t'ai，李长泰，42
Li Chi-ch'en，李济琛，201
Li Chin-ts'ai，李进才，69
Li Ching-lin，李景林，71，74
Li Hou-chi，李厚基，42，69，73
Li Hung-chang，李鸿章，12，14
Li Shun，李纯，16f，20，23，42；and Chihli faction，直系，64，70，73；and Tuan Ch'i-jui，段祺瑞，21，24
Li Tsung-jen，李宗仁，48，55，166n1，201
Li Yüan-hung，黎元洪，16f，213f
Liang Shih-i，梁士诒，28，209f
Liu Cheng-huan，刘震寰，200
Liu En-ko，刘恩格，27
Liu Hsün，刘询，69，73
Liu Yü-ch'un，刘玉春，70，140
Loyang clique，洛阳集团，214
Loyang military training program，洛阳军事训练，111，218
Lu Chien-chang，陆建章，26，188n
Lu Chin，陆锦，70
Lu Ching-shan，卢金山，70

Lu Hsiang-t'ing，卢香亭，70

Lu Jung-t'ing，陆荣廷，48，53，88

Lu Yung-hsiang，卢永祥，42，69，73，143

Ma Liang，马良，69，73

Manchuria，东北，51—52，105，130，158，183n，193f；Japan and，日本，119，123；currency in，货币，162f，171

Maritime Customs，海关，153f，259n25

Meng En-yüan，孟恩远，51

Militarists，军阀：definitions of，in，定义；national unity and，国家统一，18，191f，206，233；marriage-family ties between，婚姻关系，36ff，39，182，253n3；teacher-students ties between，师生关系，39f；schools ties between，同学关系，40ff，43；friendship ties between，友谊关系，41—42，46，59—60，63—64，68；loyalty and，忠诚，41，61，63，183；geographic ties between，地理关系，44，44n，44—46，85—86；mercenary mentality of，雇佣军心态，87，93，114f；upward mobility and，提升，87，88—89，89n，90；corruption among，腐败，92f，92n，184，255n2；sources of incomes of，收入来源，151n，151—156 各处，163—166 各处，170—171，254n1，261n12；domestic borrowing and，国内借款，159f，262n26；economic policies of，经济政策，172—173，164，177；values and，价值，180—181. see also individual militarists by name，同见以个人命名的军阀派系

Military factions 军阀派系：structure of，组织结构，61—64；organization of，组织，65，67；ties between members of，成员之间的关系，67—71 各处；geographic structure of，地理结构，143—147 各处；and balance-of-power system，权力的均势体系，208—232 各处. See also individual factions by name，同见以个人命名的军阀派系

Military recruiting，军事招募，77f，80，83f，85—86；relationship to poverty，与贫困的关系，78—79，80，82，87；"average" recruit，平均招募新兵的周期，79—80

Military training，军事训练，41—42，91，102ff，105f，109ff；and Japan，日本，30，107，113；schools of，学校，41—42，89，102—107 各处，111，190，218，256n33；and officers，军官，89，103f，108—109，110，256n13，256n31；discipline of，纪律，91，95，254n17；indoctrination and，教育，96f；KMT and，国民党，98—99，112—113. See also Loyang military training program，Paoting Military Academy，Peiyang Military Academy，同见洛阳军事训练、保定军校、北洋武备学堂

Nanking conference，南京会议，186
National Defense Army，国防军，30. See also Northwestern Frontier Army，同见西北边防军
Nationalist Revolutionary Army，国民革命军，225
Nanyang Army，南洋军，13
Newly Established Army，新军. See Peiyang Army，见北洋军
Ni Tz'u-ch'ung，倪嗣冲，22，25，69，73
Northern Expedition，北伐战争，9n，56，75，122，125，137—146 各处，201，227f；and troops，军队，115，200；cost of，代价 169；and KMT finances，国民党财经状况，197—198；and Soviet advisers，苏联顾问，199n
Northwestern Frontier Army，西北边防军，31f，34，81，209；and Tuan Ch'i-jui，段祺瑞，30，32，52；and Hsu Shu-cheng，徐树铮，31
Northwestern Frontier Bureau，西北边防局，32

Opium，鸦片，92，92n，163；as source of military revenue，年收入来源，151，163ff

Pao Kuei-ch'ing，鲍贵卿，42，71
Paoting conference，保定会议，32
Paoting Military Academy，保定军校，43，102，105—106，106n，109，256n24

Peiyang Army, 北洋军, 13, 16, 22, 42, 44, 82, 106, 115; Yuan Shih-k'ai and, 袁世凯, 10—11, 13ff, 67; organization of, 组织, 11, 14, 16, 19, 66; Tuan Ch'i-jui and, 段祺瑞, 18, 34f, 52, 64, 67

Peiyang Military Academy, 北洋武备学堂, 42—43. See also Paoting Military Academy, 同见保定军校

Peking government, 北京政府, 3, 7, 13—18 各处, 31, 52, 191, 217; finances of, 财经, 151f, 153—154, 155ff, 159f, 167f, 209; and Japan, 日本, 156

Peking-Hankow Railway, 京汉铁路, 18, 21f, 130, 165; Kuominchün and, 国民军, 222, 224, 260n46

Peking-Tientsin "Pivot", 京津地区"中枢", 147, 148

P'eng Shou-hsin, 彭寿莘, 70

Pi Kuei-fang, 毕桂芳, 51

Ping ch'ai, 兵差, 166

Poverty, 贫困, 82, 87, 254n7; military recruiting and, 招募新兵, 78ff

Provincial constitutionalism, 省立宪运动, 192n, 221

Provincial military structure, 军阀的省区结构, 48—50

Railways, 铁路, 128ff, 224, 260n46; use of, by militaries, 军用, 128, 165, 171. See also Peking-Hankow Railway, 同见京汉铁路

Recruiting, see Military recruiting, 见军事招募

Research faction, 研究系, 28

Second Chi-Fengtien War, 第二次直奉战争, 118, 137ff, 140, 147, 227

Second Revolution, 二次革命, 15, 78, 151

Self-Strengthening Army, 自强军, 13

Shanghai conference, 上海会议, 29

Shansi province, 山西省, 23, 50, 84, 115, 120, 129f, 177, 193f; and Yen His-shan, 阎锡山, 56, 95f, 111; balance-of-power system and, 权力均势体系, 208; and KMT, 国民党, 225

Shantung province，山东省，23，83，118，129，143，162，193；number of soldiers，当兵的人数，83，83n；railways in，铁路，130

Shen Hung-ying，沈鸿英，48

Shensi province，陕西省，23，125，132，164

Shih Yu-san，石友三，98

Sino-Japanese Mutual Defense Pact，中日共同防敌军事协定，27，30，121. See also Japan，同见日本

Soviet Union，苏联，97，112，121，124f；and Feng Yü-hsiang，冯玉祥，97，110n，112，125，223，259n34；and KMT，国民党，112f，124f，175f，198，199n，259n27，259n32

Suiyuan，绥远，130，213

Sun Ch'uan-fang，孙传芳，70，123，142，197，200，214，217；and KMT，国民党，114，138，190，225，230f；and Chihli faction，直系，224

Sun Lieh-ch'eng，孙烈臣，71

Sun Yao，孙岳，70，223

Sun Yat-sen，孙中山，124，154，166；KMT organization and，国民党组织，56，98；and Three People's Principles，三民主义，96，98；and Fengtien faction，奉系，211；and Northern Expedition，北伐，215，217

System theory，系统理论，6f. See also Kaplan's balance-of-power system model，同见卡普兰的权力均势体系范型

Szechwan，四川，54，94—95，118，125，131f，133n，135，193；recruiting in，招募新兵，83—84；number of wars in，战争数量，134n；provincial constitutionalism and，省立宪运动，221；and KMT，国民党，226

T'ai-p'ing Rebellion，太平天国革命，12

T'an k'uan，摊派，166

T'an Yen-k'ai，谭延闿，19

Tang Yu-lin，汤玉麟，71

T'ang Chi-yao，唐继尧，37, 207

T'ang Shao-yi，唐绍仪，17

Third Division (Chihli faction)，第三师，25, 28, 38, 41, 95. See also Hunan campaign, Wu P'ei-fu，同见湖南战役，吴佩孚

T'ien Chung-yu，田中玉，43, 65, 70

Tientsin conference，天津会议，22, 86

Tientsin-Paoting clique，天津—保定集团，214

Transportation system，运输系统，128ff, 131; number of railways，铁路数量，128ff; number of roads，公路数量，129, 260n41; number of boats，船只数量，131n. See also Peking-Hankow Railway, Railways 同见京汉铁路，铁路

Ts'ai Ch'eng-hsun，蔡成勋，43, 70

Ts'ao Ju-lin，曹汝霖，28

Ts'ao Jui，曹锐，70

Ts'ao K'un，曹锟，3, 22f, 26, 41, 60, 64, 88; and Hunan campaign，湖南战役，21, 25, 28, 145; and Tuan Ch'i-jui，段祺瑞，29—30; and Chihli faction，直系，30—31, 34, 42, 65, 70, 72, 214, 229

Ts'ao Shih-chieh，曹士杰，70

Ts'ao Yin，曹瑛，70, 211

Tseng Kuo-fang，曾国藩，12

Tseng Yun-p'ei，曾云沛，27

Tso Tsung-t'ang，左宗棠，12

Tuan Chieh-kuei，段芝贵，43, 69

Tuan Ch'i-jui，段祺瑞，20—32 各处，38, 52, 73, 104, 106, 138, 143, 168; and Feng Kuo-chang，冯国璋，11, 20, 20n, 24, 29, 33; and Li Shun，李纯，16f, 24; and Hunan campaign，湖南战役，18—19, 135, 165, 207—208; and Peiyang Army，北洋军，18—19, 34f, 52, 64, 67; and Japan，日本，27, 30, 33, 121, 123, 156, 168; and Anhwei faction，皖系，32, 45, 69, 71—72, 73; and national unity，国家统一，233

Tung Cheng-kuo，董政国，70

Wang Chan-yuan，王占元，20f，23n，43，88；and Chihli faction，直系，33，65，70，73

Wang Ch'eng-ping，王承斌，70

Wang Chin-ching，王金镜，43

Wang Huai-ch'ing，王怀庆，43，70，214

Wang I-t'ang，王揖唐，27f

Wang Ju-ch'in，王汝勤，70

Wang Ju-hsien，王汝贤，21，43

Wang Shih-chen，王士珍，24f，43

Wang T'ing-cheng，王廷祯，43

Wang Wei-ch'eng，王维诚，70

Wang Yung-ch'uan，王永泉，69

Warlord. See Militarists，见军阀

War Participation Army，参战军队．see Northwestern Frontier Army，见西北边防军

War Participation Bureau，参战军，21，30

War statistics，战争统计，number of troops mobilized，参战人数，137；size of war zones，战争地区规模，137；casualties，伤亡，138，140—141；cost of wars，战争费用，168—169

Weapons，武器，116—117，118ff，126f，141—142；number of，数量，117，119；arsenals，兵工厂，118ff，122f，125，258n15；foreign arms，外国武器，120n，120—126 各处；and coastal provinces，沿海各省，125f；and inner provinces，内地，131—132，133；arms race and，武器竞赛，135—136

Wei Tsung-han，魏宗翰，69，73

Whampoa Military Academy，黄埔军校，40，43f，98ff，101，114，174；recruiting in，招募新兵，86；training，训练，98n，112—113

Wu Chun-sheng，吴俊升，71

Wu Kuang-hsin，吴光新，19，21，69

Wu P'ei-fu，吴佩孚，55，60，89，104，111，115，140，142，165，182n；and Hunan campaign，湖南战役，25，28，32，95，207；and Ts'ao K'un，曹锟，26，41，60；and Tuan Ch'i-jui，段祺瑞，30f，47n；and Chihli faction，直系，32，34，70，217；and Fengtien，奉天，229；and Kuominchün，国民军，229. See also Hunan campaign, Third Division，同见湖南战役，第三师

Wu Ping-hsiang，吴炳湘，69

Wu-wei-chun，武卫军，14

Yang Ch'ing-ch'eng，杨青诚，70

Yang His-min，杨希闵，200

Yang Shan-the，杨善德，43

Yang Sheng，杨森，135

Yang Yu-t'ing，杨宇霆，71，224

Yen Chih-t'ang，阎治堂，70

Yen Hsi-shan，阎锡山，4，55f，177，201；and military training，军事训练，95，97，111

Yen Hsiang-wen，阎相文，70

Yunnan Province，云南省，21，48，94—95，125，132，193；opium in，鸦片，92，164

Yuan Shih-k'ai，袁世凯，14，38，40，92，151，163；and Peiyang Army，北洋军，10—11，13ff，67，151；and national unity，国家统一，15，33

译　后

　　首先，我们对原著作者齐锡生教授致以深切的敬意。感谢他对中国政治分析所作出的知识贡献和对本书校译再版给予的支持和指导。

　　说起这部译稿的故事，那起码要把历史往前追溯30多年。

　　我的导师林茂生教授和师母杨云若教授20世纪50年代初都是著名中国现代史学家李新先生的学生，后来李新先生与林茂生老师又成为同事兼学友，相熟相知。我的师母杨云若老师自1957年的那场政治运动中被打成"右派"以后就被长期下放。"文化大革命"结束后，为解决林茂生老师一家长期两地分居的问题，时任中国社会科学院近代史所所长的李新先生就把杨云若老师借调到新组建的中国现代史研究室参与研究工作。杨云若老师自幼受到良好教育，中学就读于上海和苏州的教会学校，英语水平甚高，并于1949年考入清华大学，以后又到中国人民大学深造，其学养基础可想而知。鉴于她的专长，当时研究室分配给她的任务是译介西方关于中国近代史研究的状况和前沿进展。杨老师对工作不仅倾心尽责，而且其纯熟的英—汉语言的驾驭能力，也足以高质量地担当此任。我读硕士研究生时与导师一家走得很近，经常到家里请教学问，还不时蹭吃蹭喝。师母偶尔也审读我的稿子。记得一次，她在不经意间指出我文中的某处英文拼写的错误，但纠正的方式却是从发音规则入手。这些师母或许早已记不起来的小事，可在我这个学生晚辈的心里留下了难以磨灭的印象。开篇就叙述这些师生之间的私人交往，其用意只在于说明，由杨云若教授主持翻译的著作，其质量是可以让读者放心的。

　　读者手头拿到的这部译著，就是杨云若老师当年在一个简陋的笔记本上留下的翻译痕迹。由于翻译的目的是为研究人员提供宏观知识背景的参考，所以，这部译笔流畅、字迹清秀的"笔记本译稿"，除了留下少许选词斟酌的墨痕外，没有精雕细琢的修饰和较大幅度的调整，可谓一气呵成。就是当年的这本"笔记本译稿"，构成了眼下这部译著之最为核心的基础内容。

读硕士时我们的专业是中国近现代政治思想史，林茂生老师把这部译稿推荐给我们作为研究参考。当时金观涛、刘青峰所著《兴盛与危机》刚刚出版，该书运用系统论方法透视中国历史的宏观结构，社会影响极大。而这个"笔记本译稿"的基本内容也是运用国际政治的"权力均势"理论研究中国军阀政治的著作，于是也引起了我们这些学生的极大兴趣。这部译稿在学生中传来传去大约两年多以后，大家认为该译稿具有较高的学术参考价值，应当向更多的读者推荐，于是就有了整理出版该译稿的念头。在征得杨云若老师同意之后，我就根据原著，补译了原译稿中省略的内容及其部分注释，复制了插图、地图、图表和附录等，在责任编辑费小琳女士的大力支持下，于1991年由中国人民大学出版社出版。

那时，中国没有加入"国际版权公约"，一切都按当时国内流行的方式处理。本书上市时，我不在国内，近一年以后返校，在杂乱的信箱中发现了本书作者齐锡生教授从香港科技大学寄给我的信。信的大致内容是感谢译者翻译他的著作，并介绍了他的基本学术理路和其他后续的研究成果。20世纪80年代末以后，我的个人境遇不佳，不便跟其他学人联系，怕连累别人，于是没有回信。就这样，在本书初版的20多年间，我始终没能与作者齐锡生教授取得联系。在这期间，前前后后有不少学者，其中包括中国著名的历史学家，曾跟我索要过此书。但遗憾的是，本书初版早已销罄，甚至连我自己手头留下的也只是复印件。于是就去复印"复印件"，送给这些需要本书的师长和朋友。至于这些学者为什么需要本书，我则不得而知，只是遵命奉寄就是了。

2007年，中国人民大学出版社学术出版中心策划编辑谭徐锋先生找到我，表示希望把本书收入"海外中国研究文库"，并嘱我与著作者齐锡生教授和主译者杨云若教授联系，争取他们的首肯。杨云若教授是我的师母，自然非常支持，但我却无法与齐锡生教授取得联系，虽然一直在不停地四处打探，但始终未能"得逞"。2008年谭徐锋先生居然弄到了齐教授在国内的电话，但这个电话却永远是"无人接听"。2009年4月，徐锋再次拨通了这个电话，真是鬼使神差，接电话的竟然就是齐教授本人！真是"踏破铁鞋无觅处，得来全不费工夫"。谈及齐教授大作之中文版再版一事，作者与出版社一拍即合。2009年5月底齐教授来北京办事，我们终得会面并详细交换了关于再版本书的意见，一晚所谈甚欢。交谈中，我们还有幸聆听齐教授谈及关于此书写作过程中的许多具体细节和珍贵逸事。一方面，这些往事加深了我们对本书内涵的理解；另一方面，它也使我们对那一代美国华裔学者圈中的求学状况有了真实的感受。其中感受最深的有两点，其一是学术大家的宽厚，其二是青年学子的自信。齐教授特别谈到美国芝加哥大学的两位著名学者，一位是著名政治学家邹谠教授，另一位则是他的导师、著名国际关系理论家卡普兰教授。齐教授说，他刚到芝加哥大学求学时，邹谠教授虽然不是他的直接导师，但却从学问到生活对他给予了格外的关照。齐教授特别强调，邹谠教授是他所接触过的最为谦逊和蔼的学人，虽然贵为名门之后，又学富五车，在美国政治学界享有很高声望，但他无论对同行还是对学生，总是尊重有加，全心倾听，从骨子里渗透出谦谦君子的道德风貌。而作为导师的卡普兰教授也是一样，他曾期望齐教授这样一位东方弟子能发扬和发展自己的国际关系理论，但齐教授却凭兴趣选择了研究中国的军阀政治。面对学生这样的选择，卡普兰教授不仅表现出了并非所有人都能做到的宽容，而且对齐教授"自选题目"的博士论文撰写计划提出了多方面的精辟建议和知识支持。谈及自己当年的这个研究选题，齐教授坦率地承认，作为年轻人，他更喜欢独立思考，不会在没想清楚问题之前随便地附和任何权威。齐教授说，他自己对学术权威当然十分敬仰和真正尊重，但一旦自己经过深思熟虑决定了研究方向，他就会自信地往前走下去。目前的这部著作在写作之前，某位他所一向敬佩的学术界的大权威就曾建议他改换论题，认为这样的研究会陷入死胡同。但齐教授经反复考虑，最后并没有采纳这位权威学者的建议。

这里对校译中的一些情况也做一简单交代。根据出版社的要求，本书的此次再版，我与责任编辑分别根据英文原文，逐段对原中文稿进行了核对和通校，然后再共同商议，解决疑难问题。由于英文原版中涉及中文人名、书名均用韦氏拼音，这样在原译稿中存在有大量的音译情况，错译的情况也不在少数。此次校译，借助于强大的因特网功能，我们对引用人名、书名等做了较细致的核对和更正，在此就不一一列举了。对原著 pp. 219－220 等几处漏译的段落，我们也逐一做了补译。还有些中文不宜直接表达的英文短语，如"Values affecting political legitimacy"，我们则根据具体语境，把它意译为"基于政治合法性价值的行为考量"等等。第七章"经济能力"，涉及当时大量的货币单位，有元、银元、美元、中国两、海关两等，以及各种地方纸币。这不仅给研究军阀的财政经济带来很大的困难，也使翻译上完全实现其准确性几乎成为不可能。虽然我们尽可能地核对有关资料，但仍然有若干币种不能确认。遇到这种情况，我们一般采取较模糊的处理方式，然后用括号直接标出英文原文。如，"Thousand dollars"，这里"dollars"显然指的不是"美元"，我们暂时译为"千元"；涉及"Ch.＄6 million"，我们则译为"600万元（Ch.＄）"，以避免读者误解。本书"导言"和第九章涉及国际政治之"权力均势"的系统理论，该版我们也尽可能地考虑系统理论的专业词汇，在不妨碍流畅阅读的前提下，将 system 一般译为"系统"，而不再使用"体制"或"制度"等译词。诸如 actor 这样的多义词，则根据具体语境，有时译为"行动者"，有时则译为"角色"，以文意通顺为前提。总之，我们这样的处理只是权宜之计，以求知者的批评再做完善。

重复"翻译无尽事"的老话永远不是赘语。由于我们的外语水平和专业知识有限，错误之处当由我个人负责，恳请方家和读者批评指教。

最后，本书作为"国际青年汉学家研修基地"的研究书系之一，我们对该基地领导的大力支持表示深深的敬意！对提出重译本书的谭徐锋先生和一丝不苟的责任编辑吴冰华女士表示诚挚的感谢！

萧延中

2009 年 8 月 5 日于北京

Warlord Politics in China, 1916—1928 by Hsi-Sheng Ch'i

Copyright © 1976 by the Board of Trustees of the Leland Stanford Junior University.

All rights reserved.

Translated and Published by arrangement with Stanford University Press.

本书中文简体字版由中国人民大学出版社在中国境内独家出版发行。未经许可，不得翻印。

图书在版编目（CIP）数据

中国的军阀政治：1916—1928/（美）齐锡生著；杨云若，萧延中译. --北京：中国人民大学出版社，2024.3
（海外中国研究文库）
ISBN 978-7-300-32589-7

Ⅰ.①中… Ⅱ.①齐…②杨…③萧… Ⅲ.①军阀-政治制度-研究-中国-1916-1928 Ⅳ.①D693

中国国家版本馆CIP数据核字（2024）第022129号

海外中国研究文库
中国的军阀政治（1916—1928）
[美]齐锡生 著
杨云若 萧延中 译
Zhongguo de Junfa Zhengzhi（1916—1928）

出版发行	中国人民大学出版社			
社　　址	北京中关村大街31号		邮政编码	100080
电　　话	010-62511242（总编室）		010-62511770（质管部）	
	010-82501766（邮购部）		010-62514148（门市部）	
	010-62515195（发行公司）		010-62515275（盗版举报）	
网　　址	http://www.crup.com.cn			
经　　销	新华书店			
印　　刷	北京联兴盛业印刷股份有限公司			
开　　本	720 mm×1000 mm　1/16		版　次	2024年3月第1版
印　　张	16.5 插页3		印　次	2024年6月第2次印刷
字　　数	242 000		定　价	79.00元

版权所有　侵权必究　印装差错　负责调换